Ludwig Zehetner

Das bairische Dialektbuch

Unter Mitarbeit von
Ludwig M. Eichinger, Reinhard Rascher,
Anthony Rowley und
Christopher J. Wickham

Verlag C.H.Beck München

Mit 5 Karten und 11 Abbildungen

CIP-Kurztitelaufnahme der Deutschen Bibliothek

Zehetner, Ludwig G.:
Das bairische Dialektbuch/Ludwig Zehetner. Unter Mitarb. von Ludwig M. Eichinger ... – München: Beck, 1985.
ISBN 3 406 30562 8

ISBN 3 406 30562 8

Satz und Druck: Hieronymus Mühlberger GmbH, Augsburg
Printed in Germany

Inhalt

Zweiter Teil
Grammatik des Bairischen

Vierter Teil

Bairische Literatur vom 17. Jahrhundert bis zur Gegenwart

Von *Christopher J. Wickham*

Bibliographie

Register

Vorwort

Was dieses Buch leisten will und kann – und was nicht

An Bavarica-Literatur mangelt es wahrhaftig nicht. Wozu also dieses Buch? Trotz der Fülle von Veröffentlichungen über das Bairische, wissenschaftlichen wie volkstümlich-unterhaltsamen, fehlt bislang immer noch eine umfassende, solide, allgemeinverständliche Informationsquelle über die angestammte Volkssprache Altbaierns (zur unterschiedlichen Schreibweise von Bayern/Baiern siehe S. 16). Diese Lücke zu schließen ist das Anliegen dieses Buches, das den Versuch einer objektiven Gesamtdarstellung unternimmt, in laiengerechter Sprache, ohne fachterminologische Verklausulierungen.

Es behandelt die geschichtliche Entwicklung und geographische Verbreitung der Dialekte in Ober- und Niederbayern und der Oberpfalz, beschreibt ihren Laut- und Formenbestand, stellt die bairische Literatur von den Anfängen im 8. Jahrhundert bis in die Gegenwart dar und umreißt die Rolle des Dialekts in der Gesellschaft des späten 20. Jahrhunderts.

Selbstverständlich darf von den einzelnen Kapiteln – über Sprachgeschichte, Dialektgeographie, Grammatik, Literatur sowie über soziolinguistische Fragen – keine Vollständigkeit erwartet werden. Im vorgegebenen Rahmen derlei unternehmen zu wollen, wäre Vermessenheit und von vornherein zum Scheitern verurteilt gewesen. Das hier Gebotene hat in erster Linie exemplarischen Charakter. Der Benutzer wird daher manches vermissen, was er vielleicht erwartet hatte; manches wird ihm aus seiner Sicht nicht ganz richtig erscheinen. Solche Enttäuschungen sind unvermeidlich. Selbst ein großes Handbuch könnte nicht in jeder Hinsicht erschöpfend sein.

Es schien mir gerechtfertigt, das Hauptgewicht auf die Verhältnisse im Kerngebiet Ober- und Niederbayerns zu legen; der dort zwischen Alpenvorland und Donau geläufige mittelbairische Unterdialekt findet sich in den Beispielen am häufigsten repräsentiert. Dies beinhaltet aber in keiner Weise eine Wertung; für diese scheinbare Bevorzugung des Mittelbairischen sprechen einzig quantitative Gründe: hier leben die meisten Baiern/Bayern. Wenn daher der Mundartfreund aus dem Stiftland, dem Rottal, dem Rupertiwinkel, dem Wegscheider Land, vom Lechrain oder aus der ehemaligen Grafschaft Werdenfels manche Eigentümlichkeiten seines Regionaldialekts vermißt, so darf er daraus keine falschen Schlüsse ziehen. Es hat einfach der Platz nicht ausgereicht, um überall ins Detail gehen zu können.

Die Absicht war es, einen Überblick zu geben, der verdeutlicht, daß das Bairische in all seinen Ausprägungen nichts Minderwertiges darstellt (keine verderbte oder „abgesunkene" Hochsprache), weder eine belächelnswerte Kuriosität noch aber auch eine eigentliche Alternative zur Schriftsprache. Es ging darum klarzustellen, daß Herabsetzung oder Verteufelung des Dialekts (wie sie aus verblendetem Bildungsdünkel oder auch im Rahmen der Sprachbarrierendiskussion geschieht) und übertriebene Mundarttümelei (wie sie in manchen Auswüchsen der Bavarica-Welle vorliegt) in gleicher Weise verfehlt sind. Das Bairische ist ein lebendiger Sprachorganismus, an dem sich ein „Stirb-und-Werde" seit Jahrhunderten ganz natürlich vollzieht. In Fakten und Entwicklungstendenzen werden die Leistungen des Bairischen in der Geschichte und seine Rolle in der Gegenwart nachgewiesen, in der Literatur und im alltäglichen Sprachgebrauch.

Die Verfasser haben versucht, Tatsachen zu bieten und Prinzipielles anzusprechen, darüber hinaus aber auch auf ausführlichere Informationsmöglichkeiten hinzuweisen, so daß jeder am Dialekt Interessierte auf die richtige Spur gesetzt wird bei seiner Beschäftigung mit dem Bairischen.

Das Buch will Forscher und Lehrer, Studenten und Schüler ebenso ansprechen wie Kulturschaffende, einheimische Bayern ebenso wie „Zugereiste" und Touristen. Der gebotene Informationsrahmen soll einen objektiveren, vielleicht für manche einen neuen Zugang zur sprachlichen Wirklichkeit in Altbaiern ermöglichen, wo der Dialekt nach wie vor einen beachtlichen Stellenwert besitzt.

Der Experte – jeder, der selbst sammelnd oder forschend mit dem Bairischen befaßt ist, der Sprach- und Literaturwissenschaftler, der Soziolinguist – wird da und dort befinden, es hätte mehr in die Tiefe gegangen werden müssen oder es hätte auf manches ihm selbstverständlich Erscheinende verzichtet werden können. Mag sein. Die Autoren sind sich mannigfacher Lücken und Längen, mancher Unzulänglichkeiten bewußt.

Die dargelegten Sachverhalte beruhen nur zu einem geringen Teil auf eigenen Forschungsergebnissen der Verfasser der Beiträge. Überwiegend sind sie aus der einschlägigen Literatur zusammengetragen, ohne daß alle Quellen jeweils im einzelnen exakt nachgewiesen sind, denen sie sachlich und teilweise bis in die Formulierung hinein verpflichtet sind. Für den Ersten Teil sind das vornehmlich die Werke von König [18], Reiffenstein [30], Schmidt [34] und Dünninger/Kiesselbach [122], für den Zweiten Teil das von Merkle [54] und für den Vierten Teil die Werke von Berlinger [117], Dingler [118], Dünninger/Kiesselbach [122] und Nöhbauer [127]. Soweit die Nachweise erbracht werden, geschieht es durch Angabe der Nummer der betreffenden Veröffentlichung im Literaturverzeichnis. Der Unterzeichnete und die Mitautoren danken allen Autoren der zu den einzelnen Kapiteln aufgeführten Bücher und Einzeluntersuchungen; ohne diese Vorarbeiten hätte dieses Buch nicht entstehen können.

Regensburg, im Herbst 1984 *L. Z.*

Abkürzungen und Symbole

Akk.	Akkusativ (4. Fall)
ahd.	althochdeutsch
bair.	bairisch (dazu siehe S. 00 und 00)
Dat.	Dativ (3. Fall)
fem.	feminin (weiblich)
Gen.	Genitiv (2. Fall)
germ.	germanisch (westgermanisch)
got.	gotisch (ostgermanisch)
hd.	hochdeutsch im Sinne von schrift- oder standardsprachlich
Imp.	Imperativ (Befehlsform)
Inf.	Infinitiv (Nennform des Verbs)
mask.	maskulin (männlich)
mhd.	mittelhochdeutsch
neutr.	neutral (sächlich)
Nom.	Nominativ (1. Fall)
nhd.	neuhochdeutsch
obd.	oberdeutsch
Part. Perf.	Partizip Perfekt (Mittelwort der Vergangenheit)
Part. Präs.	Partizip Präsens (Mittelwort der Gegenwart)
Pl.	Plural (Mehrzahl)
Sg.	Singular (Einzahl)
-Ø	Null-Endung (keine Endung vorhanden)
>	wird zu
<	entstanden aus
[ ]	Umschrift nach dem System der API (siehe S. 15)

Zur Schreibung der Dialektbeispiele

Von den zahlreichen Vorschlägen, die für die Schreibung des Bairischen gemacht worden sind (vgl. dazu etwa [117], S. 273–285, ferner [48, 50, 54, 65, 84, 91, 151]), hat sich bis heute keiner durchsetzen können. Daher sieht sich jeder Autor erneut vor das Problem gestellt: Wie verschrifte ich den Dialekt? Die Anwendung der Lautschrift der „Association Phonétique Internationale" (International Phonetic Association, Weltlautschriftverein, API bzw. IPA) eignet sich zwar für rein wissenschaftliche Zwecke, verfremdet aber das Schriftbild so stark, daß es für den Laien unzumutbar wird. Es wurde daher für dieses Buch eine volkstümliche Umschrift gewählt, die weitgehend mit den Buchstaben des lateinischen Alphabets auskommt. Nur die folgenden Zeichen bedürfen einer Erläuterung:

a dunkles bair. Normal-*a* (API [ɒ], sonst oft *å*)
à überhelles bair. *a* (API [a, ą, æ])
(zu den *a*-Lauten s. S. 75 ff.)
ę offenes *e* (API [ɛ], sonst oft *ä*)
ǫ offenes *o* (API [ɔ], gelegentlich *å*)
au, ai vereinfachte Schreibung für *ài, àu* (API [aɪ, ae; aʊ, ao])
ęi Diphthong wie in englisch „made, say" (API [əɪ], auch *ej, äi*)
^{n} Nasalierung eines Vokals (z. B. *o*^{n} = API [õ])

Länge eines Vokals wird, soweit dies überhaupt erforderlich erscheint, durch Doppelsetzung des Vokalzeichens ausgedrückt (z. B. *Roog* = *Rog* = API [ro:g] „Rock").

Kürze des Vokals wird durch Doppelung des folgenden Konsonantenzeichens gekennzeichnet: *bb* = *p*, *dd* = *t*, *gg* = *k*; *cch*, *ssch* sind vereinfache Schreibungen für *chch*, *schsch* (API [ç, x; ʃ]).

Zur Beachtung: *b, d, g, s* bezeichnen grundsätzlich stimmlose Konsonanten (abweichend von der deutschen Hochlautung!).

Einleitung

1. Bayerisch – Bairisch

Die Schreibung *bairisch* mag verwundern: Bayern schreibt sich doch mit *y*! Ja, aber konsequent erst seit dem Anfang des 19. Jahrhunderts, als hierzulande die Begeisterung für Griechenland so groß war, daß König Ludwig I. den griechischen Buchstaben in den Namen seines Landes einfügen ließ. So wurde aus *Baiern* das Königreich *Bayern* (und auch die Hauptstadt der damals dazugehörigen Pfalz schreibt sich seither *Speyer* statt *Speier*, seit 1825). Die ältere Schreibung *bairisch* verwendet man aber auch heute noch, wenn in Volkskunde und Sprachwissenschaft vom Volksstamm der Baiern oder deren Sprache die Rede ist. Baiern leben ja nicht nur im Freistaat Bayern, sondern auch in Österreich und Südtirol. Aber nicht in ganz Bayern spricht man Bairisch.

Bairisch ist der oberdeutsche Dialekt, der dem Stamm der Baiern (oder Bajuwaren) eigen ist, und in Ober- und Niederbayern, in der Oberpfalz, in Österreich (mit Ausnahme Vorarlbergs) und in Südtirol heimisch ist (siehe dazu S. 58 ff.). Im heutigen Freistaat Bayern gibt es neben dem bairischen Dialekt auch das Schwäbische (im Regierungsbezirk Schwaben westlich des Lechs), das Ostfränkische (in Mittel-, Ober- und Unterfranken) und in einem kleinen Gebiet im Nordwesten (Aschaffenburg) das Rheinfränkische, im äußersten Norden sogar das Thüringische (Ludwigsstadt).

Seit nach der Völkerwanderung zählt das Bairische zu den großen Dialekten innerhalb des deutschen Sprachraums. Heute umfaßt das Verbreitungsgebiet insgesamt an die 150 000 Quadratkilometer; etwa 15 Millionen Menschen leben in diesem Gebiet. Demnach sind also etwa 17 % aller Deutschsprachigen (über 90 Millionen) im bairischen Dialektraum zu Hause.

In diesem Buch soll nur das Bairische dargestellt werden, wie es in den bairischen Landesteilen des Freistaates Bayern gilt: also die Heimatsprache der *Ober-* und *Niederbayern* und der *Oberpfälzer*. Die Besonderheiten des Bairischen in Österreich darzustellen, ist dem „Österreichischen Dialektbuch“ in dieser Reihe vorbehalten.

Mundarten in Bayern

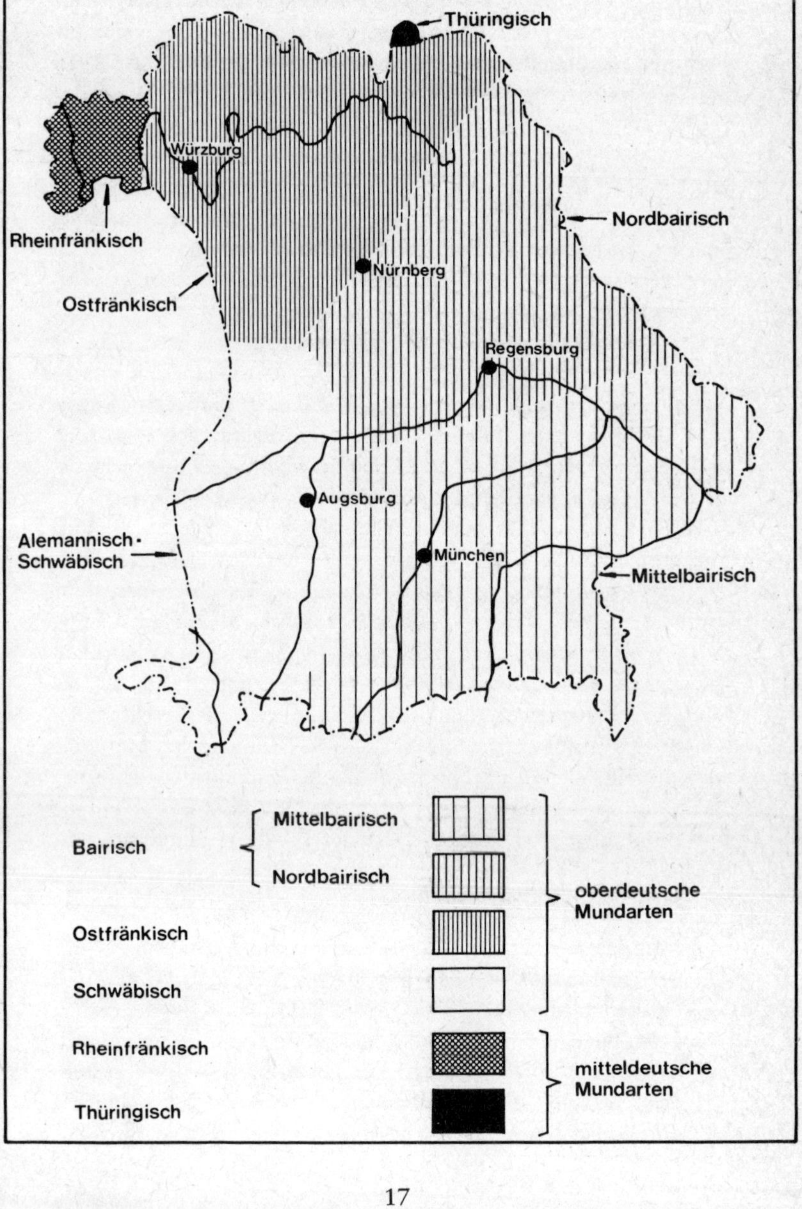

2. *Dialekt/Mundart – was ist das eigentlich?*

Das Wort *Dialekt* stammt aus dem Griechischen; dort bezeichnete es die regionaltypische Ausprägung einer Sprache in einer bestimmten Landschaft. Im 17. Jahrhundert hat der Sprachreformer Philipp von Zesen (1619–1689) den fremdsprachlichen Ausdruck verdeutscht mit *Mundart*. Zesen wollte damit verdeutlichen, daß es sich um die gesprochene Variante der Sprache handelt – im Gegensatz zur geschriebenen, wofür er „Schreibart" setzte. Heute verstehen wir unter Dialekt/Mundart in erster Linie die landschaftsgebundene Form einer Sprache; es steht also der regionale Aspekt im Vordergrund ([117], S. 18 ff.). Und selbstverständlich ist Dialekt/Mundart von Natur aus gesprochene Sprache.

Die Mundartsprecher selbst bezeichnen ihre Sprache (auf die sie stolz sind oder unter der sie leiden) als *Dialekt* (so in Süddeutschland; in Norddeutschland als *Platt*); *Mundart* ist immer eine künstliche Wortprägung geblieben, die wenig volkstümlich geworden ist. In diesem Buch werden die beiden Bezeichnungen unterschiedslos für ein und denselben Inhalt verwendet (vgl. [23], S. 453).

Was Dialekt ist, läßt sich allerdings nur sehr schwer in wenigen Worten beschreiben. Alle Versuche einer präzisen Definition bleiben letztlich unbefriedigend, selbst wenn sie die folgenden sechs Kriterien alle berücksichtigen: die sprachgeschichtliche Entstehung (vor der Hochsprache), die grammatisch-lexikalischen Möglichkeiten (anders als die der Hochsprache, teilweise eingeschränkter), die räumliche Erstreckung (landschaftsgebunden), die Gesellschaftsschicht der Benutzer (Unterschicht – was südlich der Mainlinie nicht zutrifft, wo auch gehobene Schichten durchaus Dialekt sprechen), den Verwendungsbereich (mündlich, familiär-intim) und die kommunikative Reichweite (geringerer Verständigungsradius) (nach [22], S. 3 ff.). Den oft angeführten Definitionsversuch von Bernhard Sowinski hat Josef Berlinger erweitert, so daß er lautet:

> Mundart ist stets eine der Schriftsprache vorangehende, auf den grammatischen Ebenen reduzierte, eher in der Unter- und unteren Mittelschicht der Gesellschaft anzutreffende, örtlich gebundene, auf mündliche Realisierung bedachte und vor allem die natürlichen, alltäglichen Lebensbereiche einbeziehende Redeweise, die nach eigenen, im Verlaufe der Geschichte durch nachbarmundartliche und hochsprachliche Einflüsse

entwickelten Sprachnormen von einem großen heimatgebundenen Personenkreis in bestimmten Sprechsituationen gesprochen wird ([117], S. 23 f.).

Am leichtesten tut man sich, wenn man Dialekt mit „Nicht-Dialekt" kontrastiert. So gelangt man zu dem gegensätzlichen Begriffspaar *Dialekt – Hochsprache*. Diese beiden Erscheinungsformen der Sprache treten kaum je rein auf; es gibt unzählige Zwischenstufen.

Mit den beiden Polen: überregionale standardisierte Schriftsprache (auch „Schriftdeutsch", „Einheits-" oder „Standardsprache") einerseits und dem landschaftsgebundenen Dialekt andererseits ist die Sprachwirklichkeit nur unvollkommen erfaßt. Dazwischen liegt der weite Bereich der Umgangssprache, die zu beschreiben oder zu charakterisieren besonders schwerfällt. Auf jeden Fall weist die Umgangssprache – oder besser in der Mehrzahl: weisen die Umgangssprachen – im heutigen deutschen Sprachgebiet Merkmale von landschaftlichen Dialekten auf.

Auch das Drei-Schichten-Modell *Dialekt – Umgangssprache – Hochsprache* stellt eine Vereinfachung dar, womit die Sprachwirklichkeit nur angedeutet, nicht aber erfaßt ist. Tatsächlich erweist sie sich als ein kontinuierliches Spektrum, das sich von den Lokalmundarten bis zur überregionalen, allgemeingültigen Hoch- und Schriftsprache spannt, also vom nur kleinsträumig belegbaren Dorfdialekt bis hin zur Standardsprache Deutsch.

Was hier dargestellt werden soll, ist die angestammte Landessprache der Baiern, d. h. sowohl ihr Dialekt als auch die darauf basierenden Umgangssprachen in Altbaiern.

Realistisch betrachtet, ist der Begriff „bairischer Dialekt" eine Abstraktion. Einen reinen Nur-Dialekt-Sprecher wird man heute kaum noch auftreiben, es sei denn, man findet einen alten Einödbauern in einem abgelegenen Hochtal, der zeitlebens auf seinem Hof im Kreis seiner Familie und der nächsten Umgebung gelebt hat. Seine im familiären Umgang gebrauchte Sprache mag das sein, was als reine *Bauernmundart* oder *Basisdialekt* gelten kann. Aber selbst dieser angenommene Idealinformant für grundständigen Dialekt wird, sobald er sich mit einem Fremden unterhält, in der Skala seiner Mundartlichkeit nach oben, d. h. in Annäherung an die Umgangs- oder sogar Hochsprache, variieren. Es ist leicht nachweisbar, daß sich das Sprachniveau je nach Partner, Situation und Thema verändert: Der Grad der „Dialekttiefe" paßt sich an. Praktisch ist heute jeder, der von Haus aus Dialekt spricht, durch Schule, Ausbildung, Radio, Fernsehen und unvermeidlichen Kontakt mit Nicht- oder Fremd-Dialektsprechern in der Lage, seine Sprachebene zu verändern. Daß auf dem *Land* die Mundart-Sicherheit größer, damit ein „reinerer", also altertümlicherer Dialekt zu finden ist als in der *Stadt,* ist eine Tatsache. Wenn auch die in den Städten übliche Verkehrssprache als Dialekt bezeichnet wird, wie es in diesem Buch geschieht, so liegt eine inhaltliche Erweiterung vor: „Dialekt" meint also auch die gängige Umgangssprache in München, Regensburg, Ingolstadt, Landshut, Rosenheim, Passau, Amberg, Weiden oder in anderen größeren Städten Altbaierns, dieses Mittelding zwischen dem bäuerlichen Dialekt des jeweiligen Umlandes und der süddeutschen Hochsprache. Das Mischungsverhältnis zwischen den beiden Komponenten wird je nach Sprecher (Herkunft, Bildungsgrad), Situation (privat/öffentlich, Partner) und Thema unterschiedlich sein. Auf jeden Fall aber darf der Dialekt (im weiteren Sinn) auch in den Städten als lebendige Sprachform angesehen werden.

3. *Der Dialekt in Altbaiern*

Die Behauptung, Dialekt sei die „niedrigste" Sprachebene, also die Sprache der sozialen Unterschicht, während sich die Oberschicht der Hochsprache bediene, ist eine unbillige Vereinfachung. Für manche Gegenden des deutschen Sprachraums mag das zutreffen, für den Süden gilt es sicherlich nicht. In der Schweiz etwa verhält es sich so, daß derjenige gesellschaftliche und berufliche Nachteile zu gewärtigen hat, der des Dialekts nicht mächtig ist; Schwyzerdütsch – wenngleich nicht Dialekt im engeren Sinne, so doch stark regionalgebundenes Deutsch – ist die eigentliche Landessprache [172].

Innerhalb der Bundesrepublik nimmt das Bairische hinsichtlich seiner sozialen Akzeptabilität eindeutig eine Sonderstellung ein. Eine Umfrage des Instituts für Demoskopie Allensbach ergab im Jahre 1966: 71% der bayerischen Bevölkerung beherrschen den heimischen Dialekt (gegenüber 46% im nördlichen Deutschland und 57% im Durchschnitt aller Bundesländer); 78% verwenden ihn im Bereich der Familie (Bundesdurchschnitt 57%); 51% am

Arbeitsplatz (40 %); 65 % im Freundeskreis (62 %). Die Mundart ist demnach ein parallel zur Hochsprache bestehendes Kommunikationssystem, dessen sich im Prinzip *alle* Bevölkerungsschichten bedienen, wenn auch in unterschiedlichem Ausmaß und mit unterschiedlicher Distanz zu den Normen der Hochsprache.

Bayern sei es als einzigem deutschen Land gelungen, „durch ausgeprägte Stammeseigentümlichkeit ein wirkliches und in sich selbst befriedigtes Nationalgefühl auszubilden", stellte Bismarck fest, der gewiß kein besonderer Freund Bayerns war. Wesentlicher Bestandteil dieser Stammeseigentümlichkeit ist sicher auch die heimische Mundart als Ausdruck eines Selbstbehauptungswillens – gerade in einer Zeit, in der das föderative Prinzip immer wieder angegriffen wird. Wenn der Baier (wie auch der Franke oder Schwabe) seine Stammeseigentümlichkeit betont, so ist das nicht Partikularismus oder gar Separatismus, sondern Ausdruck der Eigenwertigkeit dieses Landes mit dem historisch begründeten Anspruch, der älteste Staat Europas zu sein [vgl. 187]. Es wäre doch eine beklagenswerte Verarmung, würde von Flensburg bis Berchtesgaden nur mehr *eine* gleichförmige Konfektionssprache Deutsch verwendet! Kulturelle, d. h. auch sprachliche Originalität muß ebenso ein Anliegen unserer Zeit sein wie die unbestreitbar notwendige Beherrschung eines allgemeinen Verständigungsmittels von großer geographischer Reichweite, eben der deutschen Hochsprache.

Erster Teil

Geschichte und Geographie des Bairischen

I. Abriß der Geschichte der bairischen Mundart und Literatur vom späten 8. Jahrhundert bis zur Neuzeit

1. Frühes Mittelalter: Althochdeutsche Sprache und Literatur (8.–11. Jahrhundert)

Am Anfang der deutschen Sprachgeschichte steht nicht irgendein „Urdeutsch“, sondern eine Vielfalt von regionalen Dialekten. Die deutschen Stämme hatten keine für alle gültige gemeinsame Sprache „Deutsch“. Diese ist erst das Ergebnis eines Ausgleichsvorgangs, der sich über viele Jahrhunderte hin erstreckte. Im frühen Mittelalter – also in der Zeit von der Völkerwanderung bis zur Jahrtausendwende – gab es nur *Stammesdialekte* (wobei zu bedenken ist, daß die heutige Wissenschaft ohnehin dazu neigt, unter „Stamm“ nichts anderes zu verstehen als eine Gemeinschaft von Menschen mit gleicher Sprache). Und bis auf den heutigen Tag sind die Dialektgebiete des Bairischen wie auch des Alemannisch-Schwäbischen, Fränkischen und Sächsischen im wesentlichen erhalten geblieben ([30], S. 709).

Einer der deutschen Hauptdialekte, die im späten 8. Jahrhundert in schriftlichen Zeugnissen greifbar werden, ist das *Bairische*. Die Gemeinsamkeiten zwischen dem Bairischen und dem Alemannischen und ebenso mit dem Langobardischen (in Norditalien) sind in dieser Frühzeit unverkennbar. Es läßt sich ein gemeinsames Gerüst des Laut- und Formensystems dieser oberdeutschen Dialekte erkennen. Sie alle weisen den Konsonantenstand nach der *hochdeutschen Lautverschiebung* auf, die im bairischen besonders konsequent vollzogen ist:

germ.	*p, t, k*	>	ahd./altbair.	*pf, ff, f; tz, zz, z; kch, ch*
	b, d, g			*p, t, k*

In den folgenden Beispielen werden anstelle (erschlossener) germanischer Wortformen solche aus der englischen Sprache gesetzt, die ja den germanischen Konsonantenstand weitgehend bewahrt hat (vgl. [34], S. 175 ff):

engl. *ten*	ahd./altbair. *zehan*	nhd. *zehn*
heart	*herza*	*Herz*
set	*setzan*	*setzen*
pund	*pfund*	*Pfund*
give	*kepan*	*geben*
help	*helpfan*	*helfen*
make	*mahhôn*	*machen*
what	*hwaȥ*	*was*
let	*lâȥȥan*	*lassen*

In dieser Frühzeit des Deutschen wurde die *Kirche* Trägerin der Schriftkultur. Das ist die Zeit der Christianisierung Bayerns durch iroschottische Missionare und ihre Schüler (Emmeram in Regensburg, † um 715; Korbinian in Freising, † um 725; Rupert in Salzburg, † um 720; Kilian in Würzburg, † um 690), dann die Zeit Karls des Großen und seiner Nachfolger, der ottonischen und salischen Kaiser. Schriftkultur wurde vor allem in den Klöstern und Domschulen gepflegt. Einzige Schriftsprache war das Lateinische, das selbstverständlich in dem fremden, von den Römern übernommenen Alphabet geschrieben wurde. Wollte man etwas in der Volkssprache aufschreiben, gab es Schwierigkeiten, denn für etliche Laute bot die römische Schrift kein geeignetes Zeichen, so z. B. keine eigenen Buchstaben für w, k, z, th, ch. Die gebildeten Mönche hielten die Volkssprache für unschreibbar und distanzierten sich in ihrer Schreibtätigkeit davon. So ist es verständlich, daß es die Gelehrten in der Zeit vor 1000 nur selten unternahmen, deutsche Texte auf Pergament festzuhalten. Die Beschäftigung mit der als „unkultiviert" erachteten volkstümlichen Sprache galt als überflüssig. Nur einige wenige Schreiber wagten sich – wohl eher außerhalb ihrer eigentlichen Schreibertätigkeit – an die schwierige Aufgabe, muttersprachliche Texte schriftlich festzuhalten. Manche Schreiber, die es mit deutschen Texten versuchten, kapitulierten vor dem schier aussichtslosen Unterfangen, wie z. B. Wisolf, der Aufzeichner des „Georgsliedes", der am Ende seines Manuskripts ein *nequeo* („ich kann nicht mehr") hinmalte – auf Lateinisch wohlgemerkt, das ihm in der Schrift nicht so unüberwindliche Schwierigkeiten bereitete (nach [18], S. 61).

Weil einmal vorhandene deutsche Handschriften von Mönchen in anderen Klöstern immer wieder abgeschrieben wurden, entstand bei dem Versuch, das in einer fremden Mundart stehende Original dem eigenen Dialekt anzupassen, oft eine Überlagerung und Mischung verschiedener Dialektmerkmale. Das ist etwa der Fall beim „Hildebrandslied", dem einzigen uns überkommenen *germanischen Heldenlied* der deutschen Literatur. Diese Stabreimdichtung vom tragischen Kampf Hildebrands mit seinem Sohn Hadubrand ist erhalten in einer altsächsischen Überarbeitung einer wohl bairischen Vorlage. Aus ihrem langobardischen Herkunftsland dürfte diese Dichtung durch einen Baiern, wohl aus dem Regensburger St.-Emmerams-Kloster, nach Fulda übermittelt worden sein, wo dann um 810/820 die uns erhaltene Niederschrift erfolgte.

Wie das Bairische vor 1000 Jahren geklungen haben mag, wissen wir nicht genau; wir können es nur erschließen. Wir kennen nur schriftliche Überlieferungen, und die Schreibweise bildet die gesprochene Sprache nur recht unvollkommen ab. Es werden wohl damals ähnlich große Unterschiede zwischen geschriebener und gesprochener Sprachform bestanden haben wie heute: Was ein zeitgenössischer Mundartautor zu Papier bringt, kann den Klang seines Dialekts nur andeuten, niemals exakt wiedergeben.

Das älteste überlieferte Werk aus althochdeutscher Zeit ist eine Art Wörterbuch. Im „Abrogans", benannt nach seinem ersten lateinischen Stichwort werden lateinische Synonyme (bedeutungsgleiche bzw. -ähnliche Wörter) jeweils ins Deutsche übersetzt. Das Werk entstand um das Jahr 770 in Freising. Es gibt eine Reihe solcher Gebrauchstexte, sogenannter *Glossare*, die dem besseren Veständnis oder als Hilfe für das Erlernen des Lateinischen dienen sollten ([18] S. 67).

Bemerkenswert ist in diesem Zusammenhang, daß sich für die Wiedergabe lateinischer Ausdrücke der *Kirchensprache* eine eigene süddeutsche Tradition herausbildete, die Gemeinsamkeiten mit dem Gotischen zeigt. In bairischen Texten finden wir *deomuati, armherzi, âtum, wîh* für lateinisch *humilitas* (Demut), *misericors* (barmherzig), *spiritus* (Geist), *sanctus* (heilig), während das benachbarte Fränkische, ähnlich dem Angelsächsischen, dafür *odmuoti, miltherzi, geist, heilag* setzt. Vielleicht waren auch Goten unter dem Mischvolk, das nach 500 in den Raum zwischen Alpen und Donau einwanderte und sich Baiern nannte. Auch Wörter aus dem nichtkirchlichen Bereich führen nämlich auf das Gotische zurück, so etwa *Dult* (< got. *dulths*) oder *Maut* (< got. *mota*), Ausdrücke, die bis heute im Bairischen lebendig geblieben sind. (Vgl. dazu S. 57.)

Deutsche Fachausdrücke aus dem rechtlichen Bereich, Personen- und Ortsnamen finden sich in ansonsten lateinisch abgefaßten *Urkunden*:

> *Frigisinga* (744, für Freising), *Autingas* (748, Altötting), *Reganisburh* (770, Regensburg), *Bazauue* (791, Passau), *Tegarinseo* (804, Tegernsee), *Dahauua* (805, Dachau), *Ardeoingas* (806, Erding), *Nandolvespach* (815, Nandlstadt), *Rotachin* (844, Roding), *Swanahiltadorf* (908, Schweinersdorf), *Jacopingun* (981, Jaibling), *Suainicondorf* (1006, Schwandorf), *Phaphinhouin* (1140, Pfaffenhofen) [165, 190].

An den Hauptorten der althochdeutschen Schriftkultur – das sind im bairischen Raum die Klöster Freising (Schreibschule des Bischofs Arbeo, † 783), Regensburg (St. Emmeram), Tegernsee, Passau, Salzburg und Mon(d)see – haben sich im Laufe der Zeit lokale Schreibtraditionen ausgebildet, die den *Schreibdialekt* entscheidend prägen. Grobmundartliche Ausdrücke und Formen wurden vermieden; so etwa tauchen die persönlichen Fürwörter *eß, enk* („ihr, euch"), kaum je in alten bairischen Handschriften auf, weil man sie offenbar als eindeutig dialektale Merkmale ausklammerte. Von der wirklichen Alltagssprache ist daher in den uns überlieferten Dokumenten nur wenig zu spüren. Einzig kleine *Gesprächsbüchlein* lassen die Sprache des Volkes anklingen:

> *Uuer pist dû? Uuanna quimis? Fona uueliheru lantskeffi sindôs?* (Wer bist du? Woher kommst du? Aus welcher Gegend reist du an?)

Ein besonderer Leckerbissen aus den hier zitierten Glossen (nach dem Fundort „Kasseler Glossen" genannt) ist folgender Satz, in dem bairisches Selbstbewußtsein gegenüber den Welschen, also den eine romanische Sprache sprechenden Nachbarn, recht deutlich zum Ausdruck kommt:

> *Tole sint Uualhâ, spâhe sint Peigira,*
> *luzîc ist spâhî in Uualhun,*
> *mêra hapênt tolaheitî denne spâhî.*

(Dumm sind die Welschen, / schlau sind die Baiern, / wenig Schlauheit findet man bei den Welschen, / mehr haben sie Dummheit als Schlauheit.)

Selbstverständlich stellt das, was uns zufällig erhalten ist, nur einen kleinen Bruchteil dessen dar, was tatsächlich geschrieben wurde, und gibt nur einen begrenzten Ausschnitt aus dem Gesamtbild des althochdeutschen Schrifttums. Daß um 800 die Volkssprache in stärkerem Maße schriftlich festgehalten wird, ist ein Verdienst Kaiser Karls des Großen, der Schulen und Wissenschaften förderte und, um das Volk zum Christentum zu führen, die Übersetzung wichtiger religiöser Texte in die Volkssprache anregte. Eine ebenfalls von ihm in Auftrag gegebene Aufzeichnung der „barbara et antiquissima carmina, quibus veterum regum actus et bella canebantur", also der altehrwürdigen heimischen Lieder, die zum Vortrag bestimmt waren, in welchen Leben und Kriege früherer Könige besungen werden, ist leider nicht erhalten, ebensowenig die von ihm in Angriff genommene deutsche Grammatik, die – da der Kaiser wahrscheinlich in Baiern geboren wurde – sogar eine bairische Grammatik hätte sein können.

Die kirchlichen Gebrauchstexte des 9. Jahrhunderts sind ein Zeugnis der Christianisierung in Bayern, Ausdruck der Frömmigkeit eines jung bekehrten Stammes. Erhalten sind uns Beichtformulare, *Gebete* und kleine *Predigten*. Meist handelt es sich um muttersprachliche Nachformungen lateinischer Vorlagen, so etwa der „Psalm 138" (Freising um 900) oder „Otlohs Gebet" (St. Emmeram).

Fatêr unsêr, dû pist in himilum. /
Kauuîhit sî namo dîn. /
Piqueme rihhi dîn. /
Unesa dîn uuillo, sama sô in himile est, sama in erdu. /
Pilîpi unsraz emizzîgaz kip uns eogauuanna. /
Enti flâz unsro sculdi, sama sô uuir flâzamês unsrêm scolôm. /
Enti ni princ unsih in chorunka. /
Ûzzan kaneri unsih fona allêm suntôn, kalitanêm enti antuuartêm enti cumflîchêm. / Amen.

(Freisinger Paternoster um 900: Vater unser, du bist in den Himmeln, / geheiligt sei dein Name. / Es komme herbei dein

Reich. / Es werde dein Wille, so wie er im Himmel ist, ebenso auf der Erde. / Unsere tägliche Nahrung gib uns zu jeder Zeit. / Und erlaß uns unsere Schuld, ebenso wie wir (sie) erlassen unseren Schuldnern. / Und bring uns nicht in Versuchung. / Sondern befreie uns von allen unseren Sünden, vergangenen und gegenwärtigen und künftigen. / Amen.)

Aus Tegernsee ist aus der Zeit um 870 das „Carmen ad deum" (Lied an Gott) überliefert, ebenfalls die Übersetzung eines lateinischen Hymnus:

Sancte sator suffragator *Uuîho fatêr helfâri*
legum lator largus dator... *êôno sprehho miltêr kepo...*
(Heiliger Vater, Helfer, Gesetzgeber, großzügiger Spender...)

In beiden Texten fallen Merkmale des Bairischen auf, so etwa *p, k* für *b, g* (*pist, kip*) oder das Kennwort *wîh* (*weih*) für „heilig". Wegen des ersten Wortes, das auch im heutigen Bairisch noch lebendig ist (*losen, lusen* „hören, horchen") sei der Anfang einer ins Althochdeutsche übersetzten Predigt erwähnt:

Hlosêt ir, chindo liupôstum, rihtî dera calaupa, dera ir in herzin cahuctlîho hapên sculut,...
(Höret, ihr geliebtesten der Kinder, die Regel des Glaubens, die ihr im Herzen im Gedächtnis haben sollt,...)

Unter Bischof Waldo (884–906) entsteht in Freising das „Petruslied", das erste deutsche *Kirchenlied*, erhalten mitsamt der Melodie (in Neumen):

Unsar trohtîn hât farsalt
sancte Petre giuualt
daz er mag ginerian
ze imo dingenten man.
Kyrie eleyson. Christe eleyson...
(Unser Herr hat gegeben St. Peter die Gewalt, daß er kann erretten den ihm vertrauenden Menschen. Herr erbarme dich, Christus erbarme dich...).

Zwei bedeutende eigenständige althochdeutsche *Dichtungen* aus dem bairischen Dialektraum sind – neben dem verlorenen Original des „Hildebrandsliedes" – ein Gedicht vom Schicksal der Seele nach dem Tod und vom Weltuntergang, dem sein erster Herausgeber, Johann Andreas Schmeller, den Namen „Muspilli“ gegeben hat, und ein Schöpfungshymnus, das sogenannte „Wessobrunner Gebet“ (aus dem Kloster Wessobrunn, 814, vielleicht aber aus St. Emmeram oder aus dem Kloster Staffelsee stammend).

Beide weisen sich allein schon durch den in germanischer Tradition stehenden Stabreim als bodenständige, nicht vom Lateinischen beeinflußte Dichtungen aus. Sie sind aber nicht nur Nachklang der alten germanischen Dichtungsform (wie das „Hildebrandslied“), sondern ordnen sich ein in den christlich-heilsgeschichtlichen Zusammenhang: dichterische Darstellung vom Anfang und Ende des göttlichen Weltplans.

Der Wessobrunner Text beginnt mit einer großartigen Schilderung des Chaos, des Nichts, ehe Gott den Kosmos schuf. Diese Leere wird dadurch vergegenwärtigt, daß alles, was die Schöpfung ausmacht, als bis dahin nicht existierend aufgezählt wird.

Dat gefregin ih / mit firahim firiuuizzo meista /
dat ero ni uuas / noh ufhimil /
noh paum nohheinig / noh pereg ni uuas /
ni stern nohheinig / noh sunna ni scein /
noh mano ni liuhta / noh der mareo seo. /
Do da niuuiht ni uuas / enteo ni uuenteo /
enti do uuas der eino / almahtico cot /
manno miltisto . . .

(Das erfragte ich bei den Menschen als der Wunder größtes, daß die Erde nicht war, noch der Himmel oben, noch irgendein Baum noch ein Berg nicht war, noch irgendein Stern, noch die Sonne nicht schien, noch der Mond nicht leuchtete, noch das glänzende Meer. Als da nichts war an Enden und Wenden, da war der eine allmächtige Gott, der Männer gütigster . . .).

Wie dieser Hymnus aus dem 9. Jahrhundert im Wessobrunner Dialekt des 20. Jahrhunderts (westliches Mittelbairisch mit deutlich schwäbischem Einschlag) klingen würde, zeigt die freie (inhaltlich nicht ganz übereinstimmende) Nachformung von Andreas Königbauer (in [118], S. 9):

Dees ho i dafrogt . . ., /
daß d'Erda it gwes isch / it da blob Himmi, /
koa Boom it, / koa Börg it, /
koa oaziga Stera, / koa Sunna hot gschiena, /

da Mo hot it gleucht, / koa Meer und koa Sea it. /
Wia gor nix isch gwes, / herent it und drent it, /
und doo isch gwes der oani / allmächtige Gott, /
da müldisti Mo ...

Im 10. und 11. Jahrhundert wird in den klösterlichen Schreibstuben des Reiches fast kein Deutsch mehr geschrieben. Die volkskulturelle Begeisterung der Karolingerzeit war verflogen. In der Zeit der Ottonen- und Salierkaiser sah die Kirche in ihrem universellen Anspruch keine Veranlassung, von der europäischen Gemeinsprache Latein abzugehen. Die Pergamente füllen sich ausschließlich mit lateinischen Texten; kaum ein deutscher Satz findet den Weg in die Schriftlichkeit ([18], S. 75).

2. *Hohes Mittelalter: Mittelhochdeutsche Sprache und Literatur (12.–13. Jahrhundert)*

Als nach einer Pause von rund anderthalb Jahrhunderten erneut die Literatur in deutscher Sprache einsetzt, wird offenbar, daß sich mittlerweile die Sprache verändert hatte. Lautwandlungen hatten sich im gesprochenen Deutsch vollzogen, die nun auch in der Schrift greifbar werden. Nach der Sprachstufe nennt man die folgende Epoche die *mittelhochdeutsche.*

Die auffälligste der Veränderungen ist die Abschwächung unbetonter Nebensilben, deren ehedem volle Vokale alle in einem vergleichsweise farblosen *e* zusammenfallen:

ahd.	mhd.	
g*i*laub*iu*	geloub*e*	(ich glaube)
heileg*emo*	heilig*en*	(dem heiligen ...)
almahtig*on*	almehtig*en*	(allmächtigen)

Auch die Vokale der betonten Silben erscheinen großenteils jetzt anders geschrieben; demnach hatte sich ihr Lautwert ebenfalls verändert. Besonders markant ist der *i*-Umlaut:

gib*â*rida	geb*æ*rde	(Gebärde)
h*ô*rjan	h*œ*ren	(hören)
w*u*rfil	w*ü*rfel	(Würfel)
g*uo*ti	g*üe*te	(Güte)

Die Lautfolge *sk* hatte sich zu *š* gewandelt, was in der Schreibung *sch* zum Ausdruck kommt (*sc*epphari > *sch*ephær, wa*sk*an > wa*sch*en).

In dieser Zeit breitete sich das Deutsche nach Süden und Osten aus. In Oberitalien siedelten sich Baiern an, wo sie die Sieben und Dreizehn Gemeinden (zwischen Trient, Verona und Vicenza) gründeten: Es entstanden die sogenannten Zimbrischen *Sprachinseln,* wo sich in einigen Orten bis heute eine altertümliche Form des Bairischen so erhalten hat, wie es die Aussiedler im 12. Jahrhundert sprachen. Die Abgeschiedenheit dieser Hochtäler in den Lessinischen Alpen schnitt die Sprache ihrer Bewohner von den späteren Entwicklungen des Binnendeutschen ab (siehe auch S. 59).

Auch das *Jiddische*, die Sprache der europäischen Juden, dessen Satzbau überwiegend und dessen Wortschatz zu annähernd drei Vierteln deutsch ist, hat bairische Elemente in sich aufgenommen, so etwa die im südöstlichen Westjiddisch gebrauchten Pronomen *ets, enk, enker* (ihr, euch, euer) sowie *mir* (für „wir") [146].

Ähnlich wie in althochdeutscher Zeit gibt es im Mittelhochdeutschen auch noch regionale Schriftdialekte in Oberdeutschland, Reflexe der nach wie vor deutlichen geographischen Unterschiede, jedoch fallen Mundarteigentümlichkeiten weit weniger ins Gewicht als früher: Es entwickelte sich eine Art einheitlicher *Literatursprache*, eine Synthese aus den ober- und mitteldeutschen Dialekten Bairisch, Alemannisch (Schwäbisch), Ost-, Rhein- und Mittelfränkisch, Thüringisch und später – nach 1250 – auch Obersächsisch und Schlesisch.

Man könnte die Sprache der klassischen höfischen Ritterliteratur als „mittelhochdeutsche Hochsprache" bezeichnen. Das Bemühen um überregionale Geltung und Verstandenwerden auch außerhalb der eigenen Dialektlandschaft ist der gesamten höfischen Literatur in der Zeit vor und nach 1200 eigen. Die Dichter meiden Ausdrücke und Formen, die zu stark regionalmundartlich klingen. Die Herkunft des Baiern Walther von der Vogelweide und des Schwaben Hartmann von Aue läßt sich auf sprachlicher Ebene innerhalb des Bairischen bzw. Alemannischen nicht genauer eingrenzen. Besonders strenge Maßstäbe legen die Dichter bei den Reimwörtern an. So reimt Hartmann anfangs noch *kam/nam* und *gân/hân*, später meidet er solche Reime aber immer mehr, weil sie für bairische Leser oder Hörer seiner Werke störend wirken mußten: Im Bairischen lauteten die entsprechenden Wörter nämlich *kom/nam* und *gên/hân*, bildeten also keinen richtigen Reim. Die Dichter hatten ein Interesse daran, daß der Verbreitung ihrer Werke möglichst keine sprachlichen Hindernisse im Weg standen, da sie oft – wie etwa Walther – von ihrer Sangeskunst lebten.

Geistliche Dichtungen halten sich weniger an diese überregionale Literatursprache, sondern ziehen mit Rücksicht auf ihr Publikum aus den unteren Schichten volkstümliche Dialektformen vor. Ein Thüringer Legendendichter etwa rechtfertigte die Mundartlichkeit seines Werkes sehr selbstbewußt: Er sei als Thüringer geboren und er wisse nicht, wozu es gut gewesen wäre, wenn er eine andere als seine angestammte Mundart verwendet hätte; denn der handle wie ein Affe, der sich einer Sprache bediene, die er nicht beherrsche ([18], S. 78).

Wenngleich sich also die hohe, standesgebundene Ritterliteratur um 1200 einer weitgehend einheitlichen Sprache bedient, darf das nicht darüber hinwegtäuschen, daß auf der Ebene der Volkssprache nach wie vor mit starken mundartlichen, auch schichtenspezifischen Unterschieden zu rechnen ist – wie das auch heute, fast acht Jahrhunderte später, noch der Fall ist.

Während ein Großteil der geistlichen Dichtung des 11. und 12. Jahrhunderts in der bairischen Ostmark (Österreich) erwachsen ist, gewinnt Altbaiern im 12. Jahrhundert neue und eigenständige Bedeutung als Entstehungslandschaft der *Geschichtsepik*. Die herzogliche Hauptstadt Regensburg mit dem Sitz der Welfenherzöge ist Ausgangspunkt dieser Dichtung, die bereits von adelig-ritterlichem Geist erfüllt ist. Hier entstehen die „Kaiserchronik“, das erste Geschichtswerk in deutscher Sprache (in 17 000 Reimpaaren, um 1140), das „Rolandslied“ des Pfaffen Konrad (um 1170), dessen Auftraggeber wohl Herzog Heinrich der Löwe war, oder auch die „Servatius-Legende“, die wahrscheinlich aus dem Wittelsbacher Hauskloster Indersdorf stammt. Auch das „Ezzo-Lied“, für den Bischof von Bamberg geschrieben, ist in bairischer Mundart überliefert. Im Gedicht vom „Herzog Ernst“ werden geschichtliche Ereignisse und Kräfte, die alte Spannung zwischen dem bairischen Herzogtum und der Reichsgewalt (aktueller politischer Hintergrund ist der Konflikt zwischen Friedrich Barbarossa und Heinrich dem Löwen), mit dem zeitgenössischen Erlebnis der abenteuerlichen Orientfahrt und der Bewährung auf dem Kreuzzug verknüpft.

Die Gegenwartsnähe und Lokalbezogenheit dieser Dichtung zeigt sich etwa auch in der darin geschilderten Belagerung Regensburgs ([122] I, S. 29 f.).

Aus dem niederbayerischen Kloster Windberg (bei Bogen), wo auch bemerkenswerte Psalmenübersetzungen entstanden sind, stammt das Gedicht „Vom Himmelreich" (um 1160): poetisch-anschauliche Schilderung des Jenseits als der glänzenden Stadt Gottes, auf deren Zinnen die Engel gegen den Ansturm des Teufels Wacht halten, wo die Seligen, von allen irdischen Bedürfnissen befreit, in der Anschauung Gottes leben.

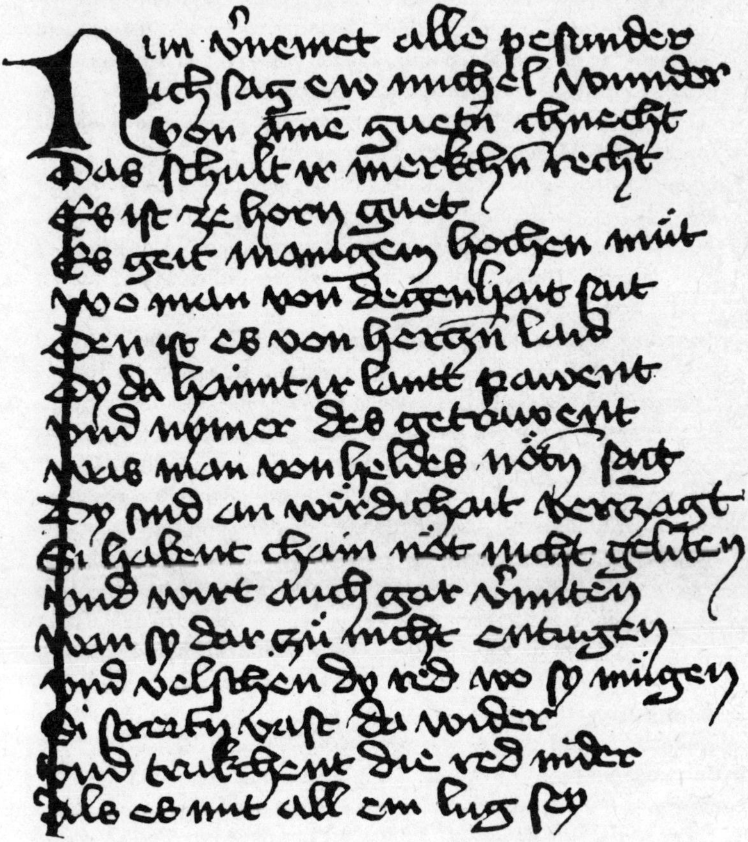

Anfang des „Herzog Ernst" in einer Handschrift des 15. Jahrhunderts

Der Stoffkreis der *germanischen Heldendichtung* erfährt um 1200 eine neue großartige Gestaltung und wird auf Pergament festgehalten. Die archaische Sprache zeugt von jahrhundertelanger mündlicher Tradition. Das Publikum, das sich dafür interessierte, ging weit über den Kreis derjenigen hinaus, welche die höfische Ritterdichtung schätzten. Bedeutendstes Werk aus dieser Gattung ist das „Nibelungenlied", entstanden im bayerisch-österreichischen Donauraum, wahrscheinlich am Hof des Passauer Bischofs Wolfger von Ellenbrechtskirchen, in den ersten Jahren des 13. Jahrhunderts. Ereignisse aus der Zeit der Völkerwanderung, Kämpfe zwischen Burgunden, Goten und Hunnen, die historischen Gestalten ihrer Könige Gunthari, Theoderich und Attila spiegeln sich wider in diesem ersten und zugleich vollkommensten Werk der neuen Gattung des höfischen Heldenepos. Das Nibelungenlied darf als der am meisten gelesene und am reichsten überlieferte „Heldenroman" des Mittelalters bezeichnet werden: Etwa drei Dutzend Handschriften zeugen für die fortdauernde Beliebtheit des Werkes bis zum 16. Jahrhundert. Von späteren bedeutenden Gestaltungen des Stoffes seien Richard Wagners Operntetralogie „Der Ring des Nibelungen" (1863) und Friedrich Hebbels Nibelungen-Dramen (1862) erwähnt.

Ähnlich großer Publikumswirksamkeit und Beliebtheit erfreute sich ein anderes Werk des 12. Jahrhunderts, die „Vision des Tundalus", ein Jenseitsgesicht des irischen Ritters Tundalus, das Gemeingut der mittelalterlichen Literaturen Europas geworden war und zu den Vorläufern von Dantes „Göttlicher Komödie" zählt. Dieser Visionsstoff irischer Herkunft gehört dem ganzen Europa, aber seine erste lateinische Auszeichnung und seine deutsche Nachdichtung hat er an der Donau, in Regensburg und im Prämonstratenserkloster Windberg, erhalten. Das iroschottische Kloster St. Jakob in Regensburg dürfte Vermittler gewesen sein. Das Jenseits, das der Ritter Tundalus in seiner Vision kennenlernt, ist kein abstrakter, nur theologisch definierter Ort; die Stätten der Strafe sind von grausiger und düsterer Realität. Vor allem sind es gewaltige Landschaftsbilder, die der Dichter beschwört. Von den Tiefen der Hölle steigt der Visionär durch eine Region des Zwielichts – Dantes Purgatorium – auf in die himmlischen Gefilde der Seligen.

Die *höfische Ritterdichtung* beginnt um die Mitte des 12. Jahrhunderts mit der Gestaltung von Motiven aus dem Sagenkreis um

König Artus (Arthur), einem ursprünglich keltischen Stoff. Altbaiern liefert kein derartiges Ritterepos; die bedeutenden Dichter Hartmann von Aue, Gottfried von Straßburg und Wolfram von Eschenbach entstammen anderen Landschaften (Wolfram ist Ostfranke). Als Vorläufer der ritterlichen Dichtung erweist sich der im Kloster Tegernsee (das den Bischofssitz Freising als geistiges Zentrum abgelöst hatte) entstandene Roman „Ruodlieb", in lateinischen Hexametern abgefaßt (11. Jahrhundert).

Der Tegernseer Mönch Werinher († 1198) hat auch die berühmt gewordenen Verse eines anonymen Dichters überliefert:

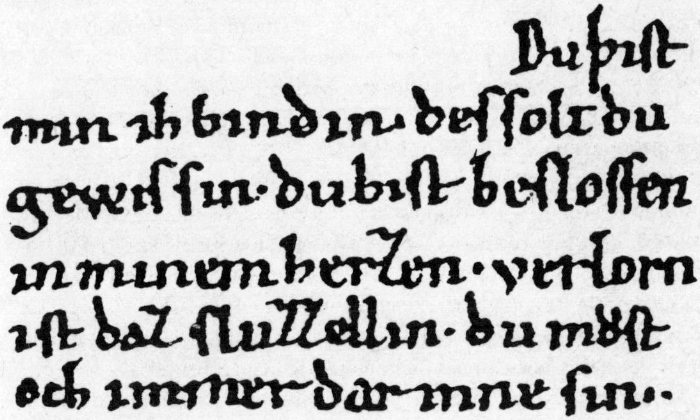
Du bist
min ih bindin. des solt du
gewis sin. du bist beslossen
in minem herzen. verlorn
ist daz sluzzelin. du must
och immer darinne sin.

Du bist mîn
ih bin dîn.
des solt du gewis sîn.
du bist beslossen
in mînem herzen.
verlorn ist daz sluzzelîn.
du muost och immer darinne sîn.

Auf dem Gebiet gerade des *frühen Minnesangs,* dem Vorläufer der höfisch-ritterlichen Lyrik, ist das bairische Gebiet (neben dem niederrheinischen) führend. Großartige, ästhetisch und menschlich auch heute noch anrührende Lieder des frühen Minnesangs stammen von Dichtern aus dem Südosten des deutschen Sprachgebiets, von den Österreichern Dietmar von Aist und dem Kürnberger, den Hauptvertretern des sogenannten „donauländischen Minnesangs", der zwischen 1150 und 1175 im Donauraum entstand. Gegenseitigkeit der Liebe, Sehnsucht und Erfüllung werden besungen, ohne idealisierende Minnetheorie. Bairische Vertreter dieses frühen Sangs sind zwei Brüder aus dem Geschlecht der Riedenburger, deren einer als Burggraf von Rietenburg, der andere als Burggraf von Regensburg in der großen Heidelberger (oder Manessischen) Liederhandschrift vertreten sind.

Der eigentliche *Minnesang*, unter provençalischem Einfluß entstanden, ist eine hochformale, ja spröde Kunst mit festen Regeln, in der als Hauptmotiv eine für den Sänger unerreichbar bleibende *vrouwe* (adelige Herrin) besungen wird. Diese Lyrik ist für den gesanglichen Vortrag an den Höfen bestimmt, vor einer mit den dichterischen Raffinessen vertrauten Gesellschaft. Meist war der Dichter zugleich auch Erfinder der Melodie (*wîse*), die niemals die Empfindungen des Textes auskostet, sondern in ihrer kühlen Ornamentik eigenen Gesetzen unterliegt.

Bedeutendster Vertreter des Hohen Minnesangs in Altbayern ist *Albrecht von Johansdorf*. Er stammt aus dem niederbayerischen Vilstal, sein Herkunftsort ist der Weiler Jahrsdorf (Landkreis Dingolfing-Landau). 1185–1209 ist er urkundlich nachgewiesen als Ministeriale des Passauer Bischofs Wolfger (der auch als Gönner Walthers von der Vogelweide bekannt ist und an dessen Hof möglicherweise das Nibelungenlied entstand). Albrecht gilt als der erste Vertreter der hochhöfischen Sangesweise im östlichen Süddeutschland. Bei aller Beachtung der konventionellen Forderungen des höfischen Gesellschafts- und Kunstideals bewahrt er in seinen Liedern stets den persönlichen Ton, immer voll Zartheit und Gemütsbewegung. Insofern hängt er an der Tradition der alten donauländischen Liebeslyrik, die er aber kunstvoll der höfischen Haltung anpaßt ([122], I, S. 38).

> *Swer minne minneclîche treit*
> *gar âne valschen muot,*
> *des sünde wirt vor gote niht geseit.*
> *si tiuret unde ist guot.*
> (Wer wahre Minne in sich trägt / gänzlich ohne falsche Gesinnung, / dessen Sünde wird vor Gott nicht erwähnt. / Sie (solche Minne) adelt (macht wertvoll) und ist ehrenhaft.)

Für Albrecht sind Dienst an der Frau und Dienst an Gott (Kreuzzug) durchaus vereinbar: Gott und die Geliebte können versöhnt in einem Herzen wohnen, das sie beide mit derselben schlichten Wärme umfängt [121].

Ich hân dur got das crûce an mich genommen
und var dâ hin durch mîne missetât.
nu helfe er mir, ob ich her wider kome,
ein wîp diu grôzen kumber von mir hât,
daz ich si vinde an ir êren:
sô wert er mich der bete gar.
sül aber si ir leben verkêren,
sô gebe got, daz ich vervar.

(Ich habe für Gott das Kreuz an mich genommen (= bin zum Kreuzzug aufgebrochen) / und fahr dahin ob meiner Missetat. / Nun helfe er mir, wenn ich wiederkomme, / daß ich die Frau, die großen Kummer um mich hat, / in Ehren finde. / So erfüllt er mir meine Bitte ganz. / Sollte sie aber ihr Leben (ins Schlechte) verkehren, / so gebe Gott, daß ich von der Reise nicht zurückkehre.)

Später Minnesänger ist Reinmar von Brennberg, der 1276 von Regensburger Bürgern ermordet wurde. Von ihm sind phantasievolle, bilderreiche Minnesprüche überliefert sowie einige an Walther erinnernde Minnelieder. Der Tannhäuser (Mitte des 13. Jahrhunderts), der selbst zu einer Figur der Legende wurde, die schließlich Richard Wagner zu seiner Oper (1845) verarbeitet hat, stammt aus der westlichen Oberpfalz, aus Tannhausen bei Neumarkt.

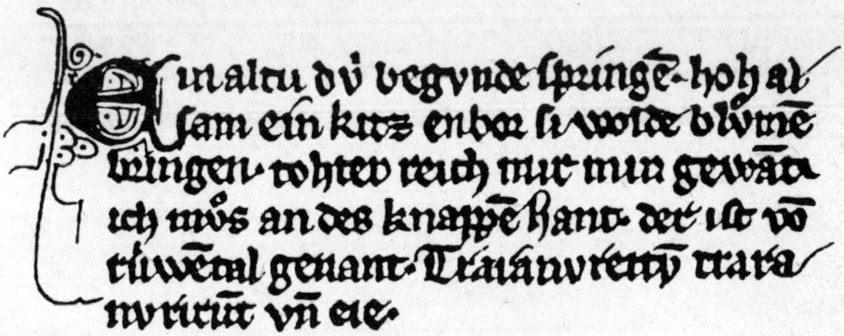

Tanzlied Neidharts von Reuenthal

Noch deutlicher als bei ihm tritt uns in den Liedern des *Neidhart von Reuental* das Gegenstück zum verfeinerten Minnesang entgegen. Neidhart (ca. 1180–1250) ist baierischer Ritter, der in der Gegend von Landshut ansässig war, bis er, Streitigkeiten halber, nach Österreich zog. Seine Tanzlieder, in „Sommer-" und „Winterlieder" eingeteilt, machten ihn berühmt. Darin setzt er das Grobe, Ungehobelte, Plumpe, Bäurische, ja Obszöne bewußt gegen die idealisierende, sublimierende Haltung des hohen Minnesangs. Das späte Mittelalter hatte großes Interesse an Neidharts „dörperlichen" Liedern, man sammelte, schrieb ab und dichtete an seinem Leben und Werk weiter. Dem genialen Parodisten des Minnesangs widerfuhr das seltsame Schicksal, daß er mehr als literarischer Stoff denn als Dichter bis ins 16. Jahrhundert hinein lebendig blieb. Der Weilheimer Stadtrichter Hans Hesseloher (15. Jahrhundert) etwa greift für seine derbe Bauernsatire auf die Neidhart-Tradition zurück.

Die Sprachkunst der ritterlichen Sänger ist hochentwickelt, und ihre Wirkung auf die Dichtung der späteren Zeit ist beträchtlich. Im Vergleich zur frühmittelhochdeutschen Literatur erscheint die Sprache beweglicher, leichter und vielseitiger – eine Leistung, die mit der Luthers oder der Klassik (Lessing, Goethe, Schiller) vergleichbar ist. Es ist allerdings festzuhalten, daß diese Kunst Leistung einer relativ kleinen Oberschicht war und daß ihr Einfluß auf die Gemeinsprache nicht überschätzt werden darf.

Der tatsächlichen Sprache des Volkes stand die *Predigt* näher. Der bedeutendste Prediger des 13. Jahrhunderts war Berthold von Regensburg († 1272). Von ihm sind uns Nachschriften wirklich gehaltener Predigten überliefert. Sie zeugen von der gewaltigen Sprachkraft des Dominikaners, dessen ungeheure Wirkung auf die Zuhörer in zeitgenössischen Berichten geschildert wird.

> „Alle, die ihn je gehört haben, berichten daß seit den Aposteln bis zum heutigen Tag niemand in der deutschen Sprache ihm gleichgekommen sei. Ihm folgte eine große Menge von Männern und Frauen, manchmal 60 000 bis 100 000, zuweilen eine ungeheure Menge aus mehreren Städten vereint, um seine honigsüßen, heilbringenden Worte zu hören."

So schreibt ein italienischer Franziskaner über das Wirken seines bayerischen Mitbruders. Auf seinen Predigtreisen durchzog Berthold ganz Süddeutschland, die Schweiz, Österreich, Schlesien, Böhmen, Mähren und Ungarn. Er wollte *manlîchen strîten wider untugent,* mannhaft streiten gegen den Ungeist der Zeit, damals im Interregnum, der kaiserlosen Zeit des Reiches. Seine Predigten spiegeln die Vielfalt mittelalterlichen Lebens in allen Ständen und Lebensaltern. Volkskundliche Zeugnisse begegnen in Fülle darin: Brauchtum, Aberglaube, Zauberei, Feengeschichten, Heldensagen, Volkslieder und Kinderspiele, Märchenmotive und Sprichwörter. Seine Predigten sind von volkstümlicher Dramatik: einprägsam und einfach, bildhaft und anschaulich, lebhaft und spannend, humorvoll bis bäuerlich-derb – eine originelle schöpferische Leistung. So groß war seine Wirkung, daß Berthold bereits zu Lebzeiten in die Legende eingegangen ist ([122], I, S. 326).

3. *Spätes Mittelalter – frühe Neuzeit: Spätmittelhochdeutsche und frühneuhochdeutsche Sprache und Literatur (14.–16. Jahrhundert)*

In der literarischen Überlieferung des Spätmittelalters spielen Bayern und Österreich eine führende Rolle. Beispiele hierfür sind etwa die Kleinepik des Strickers, die Reimchroniken des Wieners Jan Enikel und des Steirers Ottokar, die große Morallehre des Bambergers Hugo von Trimberg („Der Renner") und nicht zuletzt das „Buch der Natur" des Konrad von Megenberg, des weitgereisten, in seinen Werken Bayern und Österreich verbindenden gebürtigen Oberfranken, der schließlich in Regensburg Domherr war († 1374). War die Literatur des hohen Mittelalters ritterlich-höfisch, so stehen wir jetzt am Anfang der *bürgerlichen Literatur.* Bäuerlich einfach ist das Welt- und Menschenbild der spätmittelalterlichen *Balladen,* etwa der vom „Peter Unverdorben" aus Neunburg vorm Wald.

Das Ende der Stauferzeit ist eindringlich vergegenwärtigt im „Meier Helmbrecht" von Wernher dem Gartenære, einem Innviertler (ca. 1250–1280). Es ist die traurige Lebensgeschichte eines Bauernburschen, der in Hochmut und Ungehorsam Dorf und vertraute Umgebung verläßt, zum Raubritter und Rechtsbrecher wird, elend verstümmelt und geblendet zurückkehrt und ein schlimmes Ende nimmt. In unserem Jahrhundert hat Josef Hofmiller eine Prosanachdichtung dieser „grausen Mär" in literarischem Bairisch geschaffen (1925). Von Rüedeger von Hinkhofen (d.i. Hinkofen bei Regensburg) stammt die Geschichte „Der Schlegel" (um 1290). Nachklang der Minnevorstellung des Hochmittelalters begegnet uns in dem großen allegorischen Gedicht „Die Jagd" (um 1340) des oberpfälzischen Ritters Hadamar von Laber.

Im 13. Jahrhundert weitet sich der schriftliche Gebrauch des Deutschen sehr stark aus. Auf allen Gebieten tritt die Volkssprache nun in erfolgreiche Konkurrenz zum Lateinischen: im Urkundenwesen, in Gesetzestexten und in der Geschichtsschreibung, in Laientheologie und im Erbauungsschrifttum sowie in allen Bereichen der wissenschaftlichen wie volkstümlichen Fachliteratur. Im nichtdichterischen Schrifttum kommen nun die einzelnen Mundarten wieder stärker zum Vorschein, nachdem die überregionale Hochsprache der „höfischen Klassik" sie weitgehend verstellt hatte. Jetzt spiegeln die Schreibsprachen wieder die Bereiche der alten Stammesdialekte wider. Obwohl an regionale Eigentümlichkeiten gebunden, übernehmen die landschaftlichen Schreibsprachen nun eine Art von hochsprachlicher Funktion ([30], S. 712 ff.).

Unter Kaiser Ludwig dem Bayern (Regierungszeit 1314–1347) werden *Reichsurkunden* überwiegend in deutscher Sprache abgefaßt, und zwar für Empfänger in Bayern zu fast achtzig Prozent, während für solche in anderen Reichsgebieten, etwa in Norddeutschland, nach wie vor das Lateinische verwendet wird. Bei weltlichen Adressaten im bairischen Dialektgebiet beträgt der Anteil der deutschen Urkunden, die Ludwig in seiner Eigenschaft als Herzog ausstellte, sogar über 97 Prozent ([18], S. 85). Wäre diesem Wittelsbacher einer seiner Söhne als Kaiser gefolgt, wäre vielleicht die neuhochdeutsche Schriftsprache auf der Grundlage des Bairischen entstanden; aber mit Karl IV., einem Luxemburger, dessen Kanzlei in Prag arbeitete, wurde der ostmitteldeutsche Sprachraum dominant.

Der Stil und Wortschatz der Reichsurkunden ist umständlich und gestelzt und entspricht wohl in etwa unserem heutigen Amtsdeutsch. Volksnahe Sprache tritt uns hingegen in Grundstücksverzeichnissen (*Urbare, Rödeln*) seit dem 13. Jahrhundert entgegen, weil sie von kaum mehr als lokaler Bedeutung waren. Das gilt in noch stärkerem Maße für bäuerliche Rechtstexte, *Weistümer* genannt (ca. 1450–1600), die oft eine sehr dialektnahe Sprache aufweisen.

In sprachgeschichtlichen Epochen gedacht, haben wir die Zeit des Mittelhochdeutschen damit verlassen. Neuerliche Veränderungen berechtigen, bereits von einer Frühform des Neuhochdeutschen zu sprechen. Wir nennen die Schreibsprache der Zeit des Übergangs (von immerhin vier Jahrhunderten zwischen 1250 und 1650!) *Frühneuhochdeutsch*. Von einer Einheitlichkeit kann keine Rede sein. Was ins Auge fällt, ist gerade die verwirrende Vielfalt der uns überlieferten Schreibdialekte. Dennoch entwickelt sich in dieser Zeitspanne aus dem Wirrwarr der Schreibungen allmählich eine überregionale Schriftsprache. Bedeutendster Faktor dabei ist sicher die Erfindung des Buchdrucks (ab 1445).

Das allmähliche Herauswachsen einer einheitlichen neuhochdeutschen Schriftsprache, unserer heutigen deutschen Standardsprache, soll und kann nicht Aufgabe dieser Darstellung sein. Erwähnenswert ist allerdings, daß es weder die kaiserliche Kanzlei in Prag unter Karl IV. noch Luther allein waren, die zu einer Vereinheitlichung auf der Grundlage ostmitteldeutscher Dialekte geführt haben. Wie neuere Forschungen gezeigt haben, ist bei der Entstehung der neuhochdeutschen Schriftsprache nicht von einzelnen Städten oder Landschaften auszugehen, sondern es ist der gesamte oberdeutsche Raum, insbesondere der ostfränkische und bairische, mit einzubeziehen. Elemente der in Prag verwendeten *Kanzleisprache* lassen sich bereits früher in den Kanzleien anderer Städte nachweisen, zumal in den bairischen Städten Nürnberg, Eger und Regensburg. Regensburger Urkunden des 13. Jahrhunderts lassen bereits einheitssprachliche Tendenzen erkennen.

Die einigende Kraft des habsburgischen Staates brachte bereits im 15. Jahrhundert eine verhältnismäßig einheitliche Schreibsprache zustande, die von Augsburg bis Wien und von Nürnberg bis Innsbruck galt und in den mitteldeutschen Raum ausstrahlte. Diese Überregionalität kommt zum Ausdruck in der dafür üblichen Bezeichnung *Gemeines Deutsch* („gemein“ im Sinne von „allgemein“). Die relative Einheitlichkeit dieser Sprachform erklärt ihre Expansionskraft.

Kennzeichen des habsburgischen Deutsch jener Zeit und zugleich ein wesentliches Merkmal des Neuhochdeutschen überhaupt ist in erster Linie die *Diphthongierung* (d. h. Verzwielautung) der alten Langvokale *î, û, û* (geschrieben *iu*) zu *ei, au, eu (äu)*, ferner der Wegfall von unbetontem End-*e*.

mhd.	nhd.
wîp	*Weib*
hûs	*Haus*
hiute	*heut(e)*
hiuslîch	*häuslich*

(Merksatz: *mîn niuwez hûs > mein neues Haus*)

Ausgangspunkt für diesen Lautwandel ist das Südbairische; in Kärntner Urkunden läßt er sich bereits seit dem 12. Jahrhundert nachweisen. Von dort aus hat sich die Schreibung der neuen Zwielaute über das Gesamtbairische ins Fränkische, Schwäbische und bis ins Mitteldeutsche hinein ausgebreitet. Das neue *ei* (< *î*) wird in der Schreibung anfangs streng getrennt gehalten vom alten (ahd. und mhd.) *ei*, für das man die Buchstaben *ai* setzte. Der Grund dafür liegt in der unterschiedlichen Aussprache; man vergleiche im heutigen Dialekt: *a wàisse Farb* aber *i woas* („weiße Farbe" – „ich weiß" < mhd. *wîȥ – weiȥ*).

Der umgekehrte Vorgang, nämlich die *Monophthongierung* (Vereinlautung) von mhd. *ie, uo, üe* zu *ī, ū, ǖ (die lieben guoten brüeder > die lieben* (= *liiben*) *guten Brüder*), hingegen ist eine typisch mitteldeutsche Erscheinung. Nach wie vor bewahrt das Bairische (ebenso wie das Schwäbische) den mittelhochdeutschen Lautstand mit öffnenden Diphthongen (*ia, ua: de liabm guadn Briada*). Das Nordbairische hat – erklärlich vielleicht durch die Nachbarschaft zum Fränkischen – hierfür die sogenannten „gestürzten Zwielaute" entwickelt: *de lęibm goudn Bręida.*

Den jüngeren Umlaut des langen und kurzen *a*-Lautes (sogenannter *Sekundärumlaut,* mhd. *ä, æ*) hält das Bairische bis heute streng getrennt vom älteren (oder Primär-)Umlaut (mhd. *e*). Diese Sonderstellung von *ä, æ* im Bairischen findet in den heutigen Mundarten eine genaue Entsprechung in der Kennlautung *à* (überhelles *a*): mhd. *lær* > bair. *lààr* (leer), *gæh* > *gààch* (jäh), *geschäftig* > *gschàfdi, hähse* > *Hàks* (Hachse). Vgl. S. 54.

Die *Ausstoßung eines unbetonten -e-* im Wortinneren oder am Wortende ist ebenfalls ein Kennzeichen des Neuhochdeutschen.

mhd.	nhd.
gelîch	*gleich*
er klagete	*er klagte*
ambet	*Amt*

gelücke — *Glück*
swane — *Schwan*
vrouwe — *Frau*

Das Bairische ist bei der Weglassung eines *-e* am Ende des Wortes besonders konsequent (s. u. S. 55).

Im 12.–14. Jahrhundert setzt sich ein weiteres Merkmal des Neuhochdeutschen (wie auch anderer germanischer Sprachen, z. B. des Englischen) auch in Oberdeutschland durch, nämlich die *Dehnung* ehemals kurzer Vokale in offener Tonsilbe:

mhd.	nhd.
wŏnen	*wōnen,* „wohnen"
vrĭde	*frīde,* „Friede"
lĕsen	*lēsen,* „lesen"
gĕben	*gēben,* „geben"
văne	*fāne,* „Fahne"
vărn	*fāren,* „fahren"

In großen Teilen des Bairischen (Ober- und Niederbayern, Oberpfalz, Ober- und Niederösterreich, Salzburg) und im Alemannischen hat sich eine weitere Quantitätsveränderung, nämlich die Dehnung von Vokalen in einsilbigen Wörtern, prinzipiell durchgesetzt, während sie in der Hochsprache nur teilweise verwirklicht ist. Im Mittelbairischen ist die *Einsilberdehnung* in jedem Fall, ohne Rücksicht auf den folgenden Konsonanten, durchgeführt:

Dǫǫch, Sǫǫg, Koobf, Looch, friisch, Neesd (Dach, Sack, Kopf, Loch, frisch, Nest).

Wenn wir heute bairisch-dialektales *drucken, hupfen, bucken, stulpen, Bruck, Gartner, Kramer* neben neuhochdeutschem „drükken, hüpfen, bücken, stülpen, Brücke, Gärtner, Krämer" haben, so zeigt das, daß im Oberdeutschen der *Umlaut* in vielen Fällen nicht eingetreten ist, während er im Mitteldeutschen durchgeführt ist, dessen Formen dann standardsprachlich geworden sind. Man vergleiche etwa die Städtenamen *Innsbruck* und *Osnabrück*.

Ähnlich ist es mit schriftsprachlich *o, ö* anstelle von mittelhochdeutsch *u, ü,* wie es im Bairischen heute noch gilt (*u, i*):

mhd.	bair.	nhd. (Standard)
sunne	*Sunna*	*Sonne*

trucken	*drugga*	*trocken*
sumer	*Summa*	*Sommer*
besunder	*bsundas, bsindas*	*besonders*
gunnen	*gunna*	*gönnen*
künec	*Kine*	*König*
künnen	*kinna*	*können*

Die schriftsprachlichen *o/ö*-Formen sind mitteldeutscher Herkunft (vgl. nhd. *Mönch* gegenüber *München* < *bî den munichen* = bei den Mönchen).

Vom ausgehenden Mittelalter sind uns *Nachklänge der höfischen Dichtung* überliefert. Der Landshuter Ulrich Fuetrer († um 1500) schreibt für die literarisch interessierten Bayernherzöge Albrecht III. und IV. das „Buch der Abenteuer", in dem er in über 40 000 Versen Stoffe aus der Artusepik nachgestaltet. Sein Freund, der Münchner Patrizier Jakob Pütrich von Reichertshausen vollendet 1462 seinen „Ehrenbrief", eine Art poetisches Bücherverzeichnis, woraus das nostalgische Interesse seiner Zeit an der Literatur der höfischen Klassik spricht. Eine Münchner Bearbeitung des „Lohengrin"-Stoffes aus dem späten 15. Jahrhundert regte Richard Wagner zu seiner Oper an.

Für die *Geschichtsschreibung* in deutscher Sprache ist Andreas von Regensburg, Augustinerchorherr in St. Mang (Stadtamhof), bedeutsam († 1438); er verfaßte eine „Chronik der Fürsten von Baiern". In seiner Tradition stehen die anderen bairischen Chronisten: Veit Arnpeck (1440–96, Pfarrer in Freising), der niederbayerische Ritter Hans Ebran von Wildenberg (zwischen Landshut und Mainburg) und der bereits genannte Ulrich Fuetrer mit seiner „Chronicken von dem herkömen des fürstentumbs der herren von Payren und Ihrem Regiment", die im Jahre 60 vor Christi Geburt (!) ansetzt und bis zur Zeit ihrer Abfassung (1479) reicht.

Den Ehrentitel „Vater der bairischen Geschichtsschreibung" hat sich Johannes Turmair (1477–1534) erworben, der sich – gemäß Humanistenbrauch – nach der latinisierten Namensform seiner Geburtsstadt Abensberg (in der nördlichen Hallertau) *Aventinus* nannte. Nach dem Studium in Ingolstadt, Wien, Krakau und Paris trat er 1508 in den Dienst der Münchner Herzöge und wurde 1517 Hofhistoriograph. Eingehende Forschungen und zahlreiche Reisen bildeten die Voraussetzung für seine „Bairische Chronik" (bis

1519, zuerst lateinisch als „Annales Boiorum", dann deutsch). Diese Geschichtsschreibung ist Frucht gründlichen Quellenstudiums; so ist es verständlich, wenn er das Werk seines Vorgängers Fuetrer heftig kritisiert: Bei dessen Lektüre schrieb er verärgerte Bemerkungen an den Rand („ist nit war", „hat das Latein nit verstanden", „alles erlogen", „ist narrenwerk" u. dgl.). Da Aventinus mit der Lehre Luthers sympathisierte („Es ist schier dazu kommen, wer einem Bettelmönch seine Läuse nit für heilig hält, soll nit ein Christ sein."), durfte das Werk erst nach seinem Tod gedruckt werden. Es fand rasch große Verbreitung, nicht zuletzt wegen seiner Ursprünglichkeit und volkstümlichen Bildhaftigkeit. Noch Goethe und Leopold von Ranke, der Begründer der modernen Geschichtswissenschaft, rühmen Aventins Leistung. In dem hier abgedruckten Ausschnitt charakterisiert er seine Landsleute so knapp und treffend wie keiner vor ihm und gibt einen Einblick in die ständische Ordnung seiner Zeit.

„Beschreibung der sitten des lands auf das kurzest und in der gemain
Das baierisch volk ist geistlich, schlecht und gerecht, gêt, läuft gern kirchferten, hat auch vil kirchfart; legt sich mêr auf den ackerpau und das viech dan auf die krieg, denen es nit vast nachläuft; pleibt gern dahaim, raist nit vast auß in frembde land; trinkt ser, macht vil kinder; ist etwas unfreuntlicher und ainmüetiger als die nit vil auß kommen ...

Der gemain man, so auf dem gä und land sitzt, gibt sich auf den ackerpau und das viech, ligt demselbigen allain ob, darf sich nichts on geschäft der öbrigkait understên, wird auch in kainen rat genomen; doch ist er sunst frei, mag auch frei ledig aigen guet haben, dient seinem herren, der sunst kain gewalt über in hat, jerliche güld zins und scharwerk, tuet sunst was er wil, sitzt tag und nacht bei dem wein, schreit, singt, tanzt, kart spilt; mag wêr tragen, schweinspieß und lange messer. Grosse und überflüssige hochzeit, totenmal und kirchtag haben ist êrlich und unsträflich, raicht kainem zu nachtail, kumpt kainem zu übel ...

Im ganzen Baierland sein dreierlai stand, die da zu êren und verwaltung land und leut gepraucht werden ... Die von den stenden sein prelaten, adl, purger.

Prelaten haben grosse mechtige reiche gotsheuser, solten tag und nacht zu bestimter zeit des gotsdienst mitsambt iren geistlichen brüedern ausswarten, got und sein heiligen loben, danken, und für die fürsten, so solche clöster, pfrüend und stiften gestift haben, pitten ... Der adl wont auf dem land ausserhalb der stet, vertreibt sein zeit mit hetzen, paissen, jagen; reiten nit zu hof dan wer dienst und sold hat.

Die purger regieren ir stet und märkt selbs, sein handwerchsleut, wirt, paurn, etlich kramer, fragner oder fürkeufl, die armen tagwerker und taglöner ... Es sein auch wenig kaufleut, die grossen handl füeren.

Wo groß seltsam ungewönlich sachen fürfallen, werden die stend alle drei an ain bestimbt ort auf ain aussgeschribnen tag in ein landschaft zam gevodert, ein ietlicher von den prelaten und dem adl erscheint für sich selbs, die purger und stet schicken einen oder zwên auß inen; alda wird ein ausschus gemacht und erwelt, der macht und gewalt hat zu handeln.

So vil sei nun, als die notturft und prauch der wârhaftigen rechtschaffen geschicht erhaischen, gesagt von der landschaft, sitten, preuchen der Baiern."

Anmerkungen

in der gemain	im allgemeinen
schlecht	schlicht
kirchferten	Wallfahrten
ainmüetig	einfachen Sinnes (wie eben Leute, die nicht viel hinauskommen)
gä	Gäu, flaches Land (im Gegensatz zur Stadt)
jerliche güld zins	jährliche Geldsteuern
scharwerk	Fahrdienste für die Herrschaft
wêr	Waffen
überflüssig	im Überfluß, reich üppig
paissen	Hetzjagd
fragner	Kleinhändler
fürkeufl	Verkäufer, Händler
landschaft	Ständeversammlung
zam gevodert	zusammengefordert, einberufen
erhaischen	erfordern

Man beachte die typisch bairischen Sprachmerkmale: *p* für *b* (*ackerpau, purger*); weitgehende Unterscheidung von *ai* (< *ei*) und *ei* (< *î*) (*raicht kainem zu nachtail, gemain, aigen; schweinspieß, wein*); Primärumlaut *e* und Sekundärumlaut *ä* (*prelaten, mechtig, erwelt; sträflich*); Beibehaltung der mhd. Diphthonge *ie, üe, ue* (< *uo*) (*ainmüetig, pfrüend, guet, viech, füeren; spilt, vil, iren*); Abstoßung von unbetonten *e*-Lauten (*adl, handl, paurn, ir stet und märkt, gotsheuser*); ferner Formen wie *sein* (sind), *für* (vor), *zam* (zusammen), *sunst* (sonst) u. v. a. m.

4. Neuzeit: Auf dem Wege zur heutigen neuhochdeutschen Schriftsprache

Nicht zu Unrecht setzt man mit der Erfindung des *Buchdrucks* das Ende des Mittelalters an. Johannes Gutenberg aus Mainz druckte seine berühmte 42zeilige Prachtbibel in den Jahren 1452–56. Die neue Kunst verbreitet sich rasch, und es sind oberdeutsche Städte, die in der Frühzeit des gedruckten Buches führend sind: Nürnberg und Augsburg vor allem, dann aber auch München, Regensburg, Ingolstadt, Passau und Freising.

Luther verwendet ganz bewußt eine *Ausgleichssprache* zwischen nord- und süddeutschen Eigentümlichkeiten, da er bestrebt war, überall verstanden zu werden.

> „Ich habe keine gewisse, sonderliche eigene Sprache im Deutschen, sondern brauche der gemeinen deutschen Sprache, daß mich beide, Ober- und Niederländer (d.h. Ober- und Niederdeutsche) verstehen mögen." (Tischreden)

Seine Sprache ist das im meißnisch-sächsischen Raum unter deutlichem Einfluß bairisch-österreichischer Elemente entstandene Deutsch. Luther ist nicht der Schöpfer einer neuen Sprache, sondern er greift bereits Vorhandenes auf. Sein Einfluß ist vor allem darin zu sehen, daß er mit der Popularität seiner reformatorischen Schriften, vornehmlich mit der Verbreitung seiner Bibelübersetzung, einer Schriftform Geltung verschaffte, die sich im ostmitteldeutschen und ostfränkisch-bairischen Raum herausgebildet hatte. In der Regel gibt Luther isolierte mitteldeutsche Eigentümlichkeiten bald zugunsten ostoberdeutscher Formen auf. Stimmt seine heimatliche mitteldeutsche Form mit dem Ostfränkischen oder Bairischen nicht überein, so entscheidet er sich immer mit Blick auf den Süden ([18], S. 99).

Mit der Reformation ist die führende Rolle des Südostens in der deutschen Sprachgeschichte zu Ende. Die künftige Entwicklung des Neuhochdeutschen verläuft unter dem Zeichen Luthers. So ist es zu verstehen, wenn Jacob Grimm die neuhochdeutsche Schriftsprache als einen „protestantischen Dialect" bezeichnet hat. Bairische Versuche, dem lutherischen Deutsch entgegenzuwirken, wie es etwa der Ingolstädter Theologe Johannes Eck mit der Schaffung einer katholischen oberdeutschen Bibelübersetzung (1537) im Sinn hatte, waren zum Scheitern verurteilt.

Im 16. Jahrhundert beginnen die Bestrebungen, die deutsche Sprache in Regelbüchern zu erfassen, Versuche deutscher *Grammatiken* und Leselehren entstehen. Im mittel- und norddeutschen Raum setzt sich das obersächsisch-meißnische Deutsch durch; die literarischen Epochen des Barock, der Aufklärung und der Klassik sind sprachlich daran orientiert. Seit Leipzig Zentrum des Buchgewerbes wurde, verfestigt sich die von Luther mit geprägte Form des Deutschen. Stammesmäßige und konfessionelle Ursachen lassen den oberdeutsch-katholischen Süden diese Schreibsprache bis ins 18. Jahrhundert hinein ablehnen.

Der Grammatiker und Theaterreformer Johann Christoph Gottsched (1710–1766, gebürtiger Ostpreuße, Professor in Leipzig) setzte sich für die kompromißlose Ausrichtung der deutschen Schriftsprache nach dem Obersächsisch-Meißnischen ein, das er für „die beste Mundart im Deutschen" hielt. Für die süddeutsche Opposition, die sich gegen diese Ausklammerung ihrer Form des Deutschen formierte, sei als Beispiel der Oberpfälzer Sprachforscher Carl Friedrich Aichinger (geb. 1717 in Vohenstrauß, gest. 1782 als protestantischer Prediger in Sulzbach-Rosenberg) angeführt. Obwohl er Gottscheds Autorität grundsätzlich anerkannte, wandte er sich in seinen Schriften, z. B. in seinem „Versuch einer teutschen Sprachlehre" (1754), gegen dessen Rechthaberei und Unduldsamkeit gegenüber Merkmalen anderer Sprachlandschaften. Er trat dafür ein, daß auch den süddeutschen Mundarten, der Heimatsprache der Österreicher, Baiern, Franken, Schwaben und Schweizer, ein Recht zustehe, ihren Teil zu einer allgemein gültigen Hochsprache beizutragen.

> „Eine einzele Provinz kann die andere nicht commandiren: und ein Grammaticus darf den Teutschen mit einander nicht zumuthen, nach seinem Gutdünken etwas anzunehmen, das aller Gewohnheit zuwider ist."

Er bemüht sich um eine ausgewogene Hochsprache, die auch oberdeutschen Merkmalen ihren Platz einräumt [153].

Der Kampf gegen das sog. „lutherische *-e*" (*ich sage* gegen obd. *ich sag, Sprache – Sprach, Name – Nam, die Leute – die Leut, gerade – gerad* usw.) wurde noch lange nicht beigelegt; bairische Schulmeister ereiferten sich erbittert dagegen. Und der Münchner Grammatiker Heinrich Braun (1732–1792) zog sich noch Ende des

18. Jahrhunderts den Tadel des Regensburger Bischofs zu, weil er Schulbücher in der „lutherischen Orthographie“ drucken ließ [169].

Die sprachliche Kluft zwischen dem normgebenden *protestantischen Norden* und dem *katholischen Süden* ist bis heute nicht überwunden. Vollends ins Abseits gerät das südliche Deutsch, seit Orthographie und Aussprache in Normbüchern festgeschrieben sind. Obwohl z. B. im Süden *b/p, d/t, g/k* im Anlaut nicht unterschieden werden, verlangt die Schreibung diese Differenzierung (*backen/packen, Butter/Puder, dir/Tier, Greis/Kreis* usw.). Bereits das bairische Schrifttum des 16.–18. Jahrhunderts, etwa die reiche Predigtliteratur des Barock, ist an der mitteldeutschen Literatursprache orientiert, wenngleich bairische Dialektmerkmale durchaus noch in Erscheinung treten (im folgenden Text kursiv hervorgehoben).

Als Beispiel für die bairische Schriftsprache im frühen 18. Jahrhundert mögen einige Sätze aus Meichelbecks „Chronik des Hochstifts Freising“ von 1724 dienen ([206], S. 319 ff.):

„Der Weyh=Bischoff zu Freysing ware gesinnet / dem heiligen Nonnoso zu Ehren einen neuen Altar aufrichten zu lassen; Da haben Ihro Hochfürstl. Gnaden zuvor *selbiges Ort* wohl besichtigen und betrachten wollen / wie der *Sach* möchte zu thun seyn? Sie befanden aber an dem ... Altar St. Margarethen einen Bogen / durch welchen von alten Zeiten her vile / forderist / so an dem *Rucken* Schmertzen hatten / andächtig *geschloffen* / und offtermahls grosse Linderung erhalten ... Man hat also den steinernen Deckel weiters eröffnet / und Seine Hochfürstl. Gnaden haben das *Trüchlein* selbsten heraus *gehebt* ... Als dises geschehen / hat unser gnädigster Fürst Tag und Nacht *nachgedencket* / mit was möglicher Zierd dise heilige Reliquien möchten beehret / und durch eine kostbare Procession wiederum in den *Domb* gebracht werden ... Hier wollte ich die Verwunderungs=würdige Procession, durch welche der Leib des heiligen Nonnosi wiederum in den Domb versetzet worden / mit allen Umständen gern *einrucken* ... Demnach dann der so lang *erwunschene* Tag annahete / an welchem die 8.tägige Solennität den Anfang sollte nehmen / wurde am Sonntag / als dem 1. Herbstmonath und Vorabend des Fests des heiligen Nonnosi Abends um 3. Uhr mit allen Glocken zu der Vesper das Zeichen gegeben ... *Erchtag* den 3. September hat Placidus Abbt zu Frauen=Cell *in der Fruhe* eine auserlesene Lob=und Ehren=*Predig* in dem Domb gehalten ... Abends ist in dem Hochfürstlichen Gymnasio eine auserlesene Comoedie von dem heiligen Nonnoso gespielet worden / welcher Seine Hochfürstl. Gnaden / und *hoche* Herren *Gäst* mit gröstem Contento beygewohnet ...“

1880 erschien erstmals das „Vollständige orthographische Wörterbuch der deutschen Sprache" von Konrad Duden, in dem die Merkmale des heutigen Standarddeutschen sozusagen kodifiziert wurden. Auf der Titelseite heißt es: „Nach den neuen preußischen und bayerischen Regeln". 1879 hatte nämlich das Königreich Bayern als erstes der großen deutschen Länder eine *verbindliche Orthographie* geschaffen, Preußen war ein Jahr später gefolgt. In erster Linie sind es aber nicht die Duden-Normen der Rechtschreibung, die die Spannung zwischen südlichen Dialekten und Hochsprache ausmachen. Vielmehr ist es die Regelung der Aussprache. Die größtenteils heute noch als verbindlich angesehenen *Aussprachenormen* wurden festgelegt in dem 1898 erstmals erschienenen Werk „Deutsche Bühnenaussprache" von Theodor Siebs, seit der 16. Auflage „Deutsche Aussprache. Reine und gemäßigte Hochlautung" betitelt. Die Siebssche Regelung geht eindeutig zu Lasten des Südens. Nach dem Grundsatz „norddeutsche Aussprache der hochdeutschen Schreibformen" wurde beispielsweise die strenge Scheidung zwischen stimmlosen und stimmhaften Konsonanten fixiert, die dem Süden völlig fremd war und ist, wo etwa *Fliesen* und *fließen* denselben *s*-Laut haben und stimmhaftes *s* im Silbenanlaut gänzlich unbekannt ist. Als bemerkenswertes süddeutsches Element ist wenigstens die Aussprache *št, šp* für geschriebenes *st, sp* im Anlaut aufgenommen worden (*Stein, springen = Štein, špringen,* nicht jedoch im Inlaut: *haspeln* mit *sp* trotz hiesiger Aussprache mit *šp*). Da die niederdeutschen Dialektsprecher das Hochdeutsche quasi als Fremdsprache erlernen mußten – der Unterschied zwischen ihrem Platt und der Schriftsprache ist zu groß –, haben sie das Bewußtsein, die richtigere, d. h. der Schreibform am nächsten stehende Aussprache zu besitzen. Im Süden hingegen, wo Dialekte und Hochsprache einander näherstehen und fast stufenlos ineinander übergehen können, wird die Hochsprache (Lesesprache) mit der Lautgebung des Dialekts verwirklicht ([18], S. 110). Daher hat das hierzulande gesprochene Hochdeutsch immer eine regionale Färbung.

5. *Zusammenfassung*

Dieser Überblick sollte zeigen, daß das Bairische seit Beginn der deutschen Sprachgeschichte und Literatur im späten 8. Jahrhundert immer als klar definierter Dialekt in schriftlichen Zeugnissen belegt ist. Über zwölf Jahrhunderte ist er in seiner Eigenständigkeit nachweisbar.

Trotz erkennbarer Beziehungen zum (ostgermanischen) Gotischen steht seine Zugehörigkeit zum Westgermanischen außer Frage. Mit den Nachbardialekten Alemannisch-Schwäbisch (und – in der Frühzeit – auch dem Langobardischen südlich der Alpen) verbinden es viele Gemeinsamkeiten, während es vom Ostfränkischen deutlich geschieden ist. Dieses jedoch hat als Brücke zum Ostmitteldeutschen dem Bairischen den Zugang bei der Entwicklung unserer heutigen neuhochdeutschen Schriftsprache vermittelt.

Aus alt- und mittelhochdeutscher Zeit und bis ins 16. Jahrhundert herauf sind wesentliche Dokumente der deutschen Sprache und Literatur als bairische Texte überliefert. Erst in der Neuzeit, vom Barock an, tritt Baiern als literarische Landschaft gegenüber anderen Gebieten in den Hintergrund. Und was in Altbaiern an Literatur entsteht, ist zumeist in der neuhochdeutschen Standardsprache verfaßt; sie zu behandeln würde der Zielsetzung dieses Buches widersprechen. Angesichts dieses Sachverhaltes erschien es daher gerechtfertigt, das dichterische Vermächtnis bairischer Autoren bis zum Beginn der Neuzeit in überproportionaler Ausführlichkeit darzustellen und die Behandlung der bairischen Literatur vom Barock bis zur Gegenwart dem Vierten Teil dieses Buches zu überlassen. Von Dialektliteratur, wie wir den Begriff heute verstehen, kann erst die Rede sein, seit es eine relativ einheitliche Standardsprache gibt, von der sich das Bairische als regional oder sozial definierbarer Nichtstandard, eben als moderne Mundart, deutlich abhebt. Die Dialektliteratur aus den letzten zwei Jahrhunderten, vornehmlich aber der Gegenwart, ist als Seitenarm des Hauptstroms der neuhochdeutschen Literatur zu sehen, wo die von Natur aus dem mündlichen Gebrauch vorbehaltene Sprachform als Medium der Literatur benutzt wird.

II. Geographie des Bairischen heute

1. *Ein Dutzend Merkmale des Bairischen*

Selbstverständlich darf hier keine Kurzfassung einer bairischen Grammatik erwartet werden; es soll nur eine für die Geographie des Bairischen nützliche Auswahl von einem Dutzend markanter Kennzeichen der bairischen Mundarten in Bayern vorgestellt werden: einiges, was in Lautlehre, Wortbildung, Wortschatz und Satzlehre als besonders charakteristisch auffällt.

a) Lautlehre

§ 1 Die vom Bairischen ausgegangene *Diphthongierung* (Verzwielautung) der mittelhochdeutschen Langvokale *î, û, û* zu *ei, au eu* ist Bestandteil der neuhochdeutschen Standardsprache geworden (s. o. S. 43 f.). Hingegen ist die entsprechende Entwicklung von *ô* zu *ou, oa* oder *eo* (*roud, road, reod* „rot"), von *â* zu *ou* (*Schdrouss* „Straße") und von *ê, œ* zu *ęi* (*Schnęi, bęis* „Schnee, böse"), wie sie in Teilen des Gebietes gilt, auf den Dialekt beschränkt geblieben. Das gleiche trifft zu für die Weiterentwicklung von mittelhochdeutsch *ei* zu *oa* bzw. *ǫi* (*hoas, broad, brǫida, Loadda/Lǫidda* „heiß, breit, breiter, Leiter").

§ 2 Ebenso ist es mit der *Bewahrung der mittelhochdeutschen Diphthonge ie, üe, uo* als *ia, ua* bzw. *ęi, ou.* Hierin unterscheidet sich das Bairische deutlich vom Ostfränkischen, das – ebenso wie die Hochsprache – dafür einfache Langvokale kennt, z. B. *Bruada/Bruuda* „Bruder" (s. a. S. 44).

§ 3 Eine bairische Kennlautung ist *das überhelle à* für den mittelhochdeutschen Sekundärumlaut *ä, æ,* wofür die Nachbarmundarten und die Schriftsprache einen *e*-Laut haben: *zààch, Schàr, Ràdi, Màndl, Sàggi, Ànddn* „zäh, Schere, Rettich, Männlein, Säcklein, Ente" (s. a. S. 44).

§ 4 Wie auch in anderen oberdeutschen Dialekten werden die mittelhochdeutschen Vokale *ö, œ, ü, iu* (= *û*), *üe, öü* durch *Entrun-*

dung zu *e, i, ai, ia/ẹi*. Demnach stehen sich gegenüber: neuhochdeutsch ‚rösten, böse, Zügel, neu, müde, Freude, Häuser" und bairisch *rẹstn, bẹs/bẹis, Zigl, nai, miad/mẹid Fraid, Haisa.*

§ 5 Ähnlich wie andere binnendeutsche Dialekte ist das Bairische durch eine weitgehende *Konsonantenschwächung* gekennzeichnet, die z. B. zur Neutralisierung des Unterschieds zwischen *b, d, g* und *p, t, k* (vor Konsonanten) geführt hat: mittelbairisch *Bẹda, Bọda; Dọg, Dọọch; Weda, Leda; grang, gring, Grọọng; Weada; dringa; Schọọn* (Peter, Bader; Tag, Dach; Wetter, Leder; krank, gering, Kragen; Werktag; trinken; Schatten/Schaden). Eine Folge dieser Entwicklung, zusammen mit der Einsilberdehnung (s. S. 45), ist u. a., daß es im heutigen Mittelbairisch eigentlich nur mehr zwei Silbentypen gibt: entweder Langvokal + schwacher Konsonant (Lenis) oder Kurzvokal + starker Konsonant (Fortis), z. B. *Dreeg – dregge* (Dreck, dreckig), vgl. auch S. 85. Bei Reibelauten führt die Schwächung zu Formen wie *gwen* (gewesen) oder *Bọ* („Bach", im Gegensatz zum Plural *Bàcch* „Bäche"), *sẹne* (solche(ne)).

§ 6 Bemerkenswert ist ebenfalls die sogenannte *Apokope des -e*, also der Abfall von unbetontem *e* am Wort- oder Silbenende: *Nam, Gab, Sünd, Has,* was auch auf die Formenlehre Auswirkungen hat (*i sing, i nimm, zwoa Dọg* „ich singe, ich nehme, zwei Tage"; zum sogenannten „lutherischen *e*" s. S. 50 f.).

§ 7 Konsonantenschwächung, *e*-Ausfall und die ausgeprägte Neigung zur Lautangleichung (Assimilation) führen zu einem bemerkenswerten *Silbenverlust*. Wortkörper, die im Mittelhochdeutschen und in der neuhochdeutschen Schriftsprache mehrsilbig sind, schrumpfen zusammen und wirken dadurch oft extrem verkürzt. Man vergleiche mittelbairisch *gschnin, drọọng* (1silbig!) und neuhochdeutsch *geschnitten, getragen* (3silbig!). Weitere Beispiele für die mittelbairische Silbenreduktion: *schdeam, om, gem, Bon, Nul, Zel, Họọng* (sterben, oben, geben, Boden, Nudel, Zettel, Haken). Der folgende Satz mit 8 Sprechsilben in der Standardsprache reduziert sich im Dialekt auf nur mehr 4: „Ich habe sie (die Hose) angezogen" – *I họ-s o^{n}zong.*

§ 8 Das Mittelbairische ist gekennzeichnet durch die Auflösung des konsonantischen *l*, das in bestimmten Stellungen zu *i* (oder *e*) wird: mittelhochdeutsch *vil* > *vui/vẹi/vüü, gabele* > *Gọwe* (viel, Gabel).

Da – wie auch in der Umgangssprache in weiten Teilen Deutschlands verbreitet – das *r* in entsprechender Stellung ebenfalls vokalisiert wird *(Gärtner > Gäatna; durch > duach, duich)*, kommt durch diese sogenannte *Liquidenvokalisierung* ein gewaltiger Zuwachs an Zwielauten zustande: *Gęid, Hoiz, Schdui; Gǫatn, Kean, kean, kian, fiati, Schnua* (Geld, Holz, Stuhl; Garten, Kern, kehren (= wenden), kehren (= fegen), fertig, Schnur).

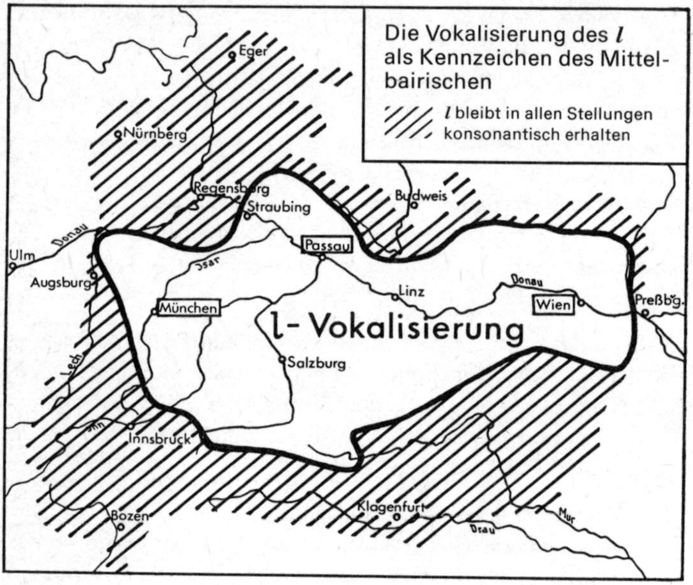

b) Wortbildung

§ 9 Ein Merkmal des Süddeutschen überhaupt ist die Verkleinerung (*Diminuierung*) mittels mhd. *-lîn* > nhd. *-lein*, was im heutigen Dialekt als *-l, -al* (= „*-erl*"), *-i, -e* oder *-ai* erscheint. Beispiele: *Haisl, Hàsal, Kaiwi, Biache/Bęichl, Ressai* (Häuslein, Häslein, Kalb, Büchlein, Rößlein) – aus unterschiedlichen Gebieten Bayerns. Die Koseformen zu „Katharina" können lauten: *Kàthl, Kàthal (Katherl), Kàthi, Kàthe, Kàthài* (dazu ausführlicher S. 140 ff.).

§ 10 Typisch bairisch ist die bei Verben sehr häufige *Vorsilbe der-*, die anstelle von schriftsprachlichem „er-", „zer-" oder „ver-" steht oder aber ganz eigenständige, nicht direkt in die Hochsprache übertragbare Wörter ergibt: *derbarmen, derschrecken, derschlagen, derhungern, derfressen, sich derrennen* (erbarmen, erschrekken, er-/zerschlagen, verhungern; „aufessen können“, „sich zu Tode rennen, verunglücken“) [59].

c) Wortschatz

§ 11 Dem Dialekt steht ein umfangreicher eigenständiger Wortschatz zu Gebote, auf den in diesem Buch nicht ausführlicher eingegangen werden kann. Auf jeden Fall zu nennen sind hier aber einige für das Bairische typische *Kennwörter,* durch die es sich von seinen Nachbarmundarten abhebt. In erster Linie sind das die persönlichen Fürwörter *es, engg* („ihr, euch“, 2. Person Plural), die auch Auswirkungen auf die Formenlehre des Verbs gezeitigt haben (*es/ia kemmts* „ihr kommt“, siehe S. 95), und die Wochentagsnamen *Er(ch)tag* (*Irta, Iada*) und *Pfinztag* (*Pfinsda*) für „Dienstag, Donnerstag“. Weitere Kennwörter sind:

aft „nachher, dann“
Ànterer „männliche Ente“
aper, aber „schneefrei“
Budel „Ladentisch“
Bußl, busseln „Kuß, küssen“
Dachel, Tahel „Dohle“
Dult „Jahrmarkt“ (siehe S. 28)
Fasching (< Fastgang)
Fürtuch (Firta, Fiada) „Schürze“
Göt(i)/Gote (Gęd/God(l)) „Pate/Patin“
iterucken „wiederkäuen“
kenten „zünden“
Kirchtag (Kirta, Kiada) „Kirchweihfest“
Kranewit „Wacholder“
Kuchel „Küche“
Lang(e)ß „Frühling (Lenz)“
Maut „Zoll“ (siehe S. 28)
Rauchfang „Kamin“
schauern „hageln“
Scher „Maulwurf“
Wajer (Weirer, Woia) „Leitseil beim Ochsenfuhrwerk“
Walger „Teigrolle“
Zecker, Segerer „Tragtasche“

Für einige von ihnen – zum großen Teil germanische Erbwörter – darf das Bairische als Reliktgebiet betrachtet werden. Manche sind heute vom Aussterben bedroht, andere sind bereits fast aus dem lebendigen Sprachgebrauch verschwunden, so z. B. *fert(en)* „voriges Jahr“, *tenk (dengg)* „links“, *Pfait (Pfoad)* „Hemd“, *Brein* „Hirse“, *Har* „Flachs“, *Anzen* „Gabeldeichsel“.

d) Satzbau

§ 12 Die Einwortvergangenheit, das einfache Präteritum (*ich kam, schaute* usw.) ist im Bairischen (wie übrigens in ganz Süddeutschland einschließlich der Pfalz) ausgestorben und wird ersetzt durch die zusammengesetzte Vergangenheitsform, das *Perfekt* (*ich bin gekommen, habe geschaut* usw.). Damit im Zusammenhang steht das „gedoppelte Perfekt" („passé surcomposé"), das dazu dient, die Vorvergangenheit auszudrücken: *Er hat nichts gesagt gehabt, aber sie hat es doch gemerkt* („Er hatte nichts gesagt, aber sie merkte es doch."). *Sie sind bereits gegangen gewesen* („Sie waren bereits gegangen."). Insgesamt ist das Tempussystem der Mundart – wie das des gesprochenen Deutsch überhaupt – wesentlich einfacher als das der hochsprachlichen Grammatik, deren ausgebaute Möglichkeiten am Lateinischen orientiert sind.

2. Dialektgeographie des Bairischen

Daß es trotz mannigfacher gemeinsamer Merkmale dennoch nicht korrekt ist, einen einheitlichen Dialekt „das Bairische" anzunehmen, wird einem sofort klar, wenn man den einzelnen Erscheinungen tiefer auf den Grund geht. Streng genommen gibt es „das Bairische" nicht; es ist ein Sammelbegriff für die unterschiedlichen Mundarten im bairischen Raum. Unser Dialekt ist horizontal – also geographisch – und vertikal – d. h. hinsichtlich der Bevölkerungsschichten – untergliedert. Während die historische Dimension im obigen I. Kapitel im Vordergrund stand und die soziale dem Dritten Teil vorbehalten ist, soll hier die räumliche Dimension skizziert werden.

a) Der gesamtbairische Dialektraum

Der gesamtbairische Dialektraum umfaßt die bayerischen Regierungsbezirke Ober- und Niederbayern und die Oberpfalz, ehedem auch das Egerland, ferner einen Streifen von Ober- und Mittelfranken, die österreichischen Bundesländer Ober- und Niederösterreich, das Land Salzburg, die Steiermark, das Burgenland, Kärnten und Tirol sowie das zu Italien gehörende Südtirol (vgl. dazu den Band über die österreichischen Dialekte in dieser Reihe). Er hat eine West-Ost-Ausdehnung von etwa 500 km – vom Lech und

Arlberg bis zum Neusiedler See – und mißt von Nord nach Süd an die 450 km – vom Fichtelgebirge bis zur Salurner Klause im Südtiroler Etschland.

Das geschlossene bairische Dialektgebiet grenzt im Norden und Westen an andere deutsche Dialektlandschaften: an das Ostmitteldeutsche (Obersächsische), an das Ostfränkische und an das Schwäbisch-Alemannische. Im Süden und Osten hingegen berührt es nicht-germanische Sprachen: das Rätoromanische, Ladinische, Friaulische, Italienische, Slowenische, Madjarische (Ungarische), Kroatische, Slowakische und Tschechische. Diese Ausdehnung des Bairischen deckt sich mit dem Stammesgebiet der *Baiern* = *Bajuwaren* (< *Baiawarjôz* = Stamm der Männer aus *Baia*, wo die keltischen *Bojer* gewohnt hatten, also „Volk aus Böhmen *(Baihaimium)*“). Es ist ein Gebiet, das flächenmäßig viermal so groß ist wie die ganze Schweiz. Die geographische Reichweite des Bairischen geht über die mancher europäischer Nationalsprachen, z. B. des Ungarischen oder Finnischen, weit hinaus, ganz zu schweigen von Minderheitssprachen wie dem Ladinischen, Gälischen oder Baskischen.

Außerhalb des zusammenhängenden Dialektgebiets gibt (oder gab) es eine stattliche Anzahl von bairischen Sprachinseln in fremdsprachigem Umland. In Italien sind das die sehr alten sog. „zimbrischen“ Außensiedlungen der Sieben und Dreizehn Gemeinden (Sette, Tredici Comuni; sie wurden von Westtirol und dem bayerischen Loisachtal aus besiedelt; siehe auch S. 33). Eine Ahnung davon, wie das hochmittelalterliche Bairisch im Dorf Ljetzan (Giazza) klingt, gibt der Titel einer Grammatik: *Tautsch. Puoch tze reidan un screiban iz Gareida on Ljetzan.* Ebenfalls in Norditalien gelegen sind Pladen und Zahre, das Fersental und Lusern. Vor allem in den beiden letztgenannten Sprachinseln ist das altertümliche Bairisch auch heute noch durchaus lebendig. In Jugoslawien gab es die Sprachinseln Gottschee (südlich von Laibach) und Zarz (in Oberkrain), in der ČSSR waren es Brünn, Iglau, Landskron, Budweis und Olmütz. In der UdSSR sprechen heute noch viele Nachkommen der im 18. und frühen 19. Jahrhundert dort Eingewanderten ihre nordbairische Mundart (am Altai in Sibirien, in Jamburg am Dnjepr). Auch die Hutterischen Brüder im Norden der USA halten am Dialekt ihres Herkunftslandes (Kärnten) fest, das sie vor viereinhalb Jahrhunderten verlassen haben.

b) Binnengliederung

Nach Auskunft der Sprachwissenschaft sind die drei großen Unterdialekte, das Mittel-, Süd- und Nordbairische, bereits um das Jahr 1100 faßbar. Mit der Bildung der hochmittelalterlichen Territorien haben sich die großenteils heute noch bestehenden Mundartgrenzen ergeben.

Mittelbairisch ist die gängige Bezeichnung für die Mundarten im Isar-Donau-Raum entlang der Achse München – Wien: vom Lech bis zur tschechoslowakischen Grenze (bei Preßburg), vom Alpenrand bis südlich der Donau bei Regensburg und in den östlichen Bayerischen Wald hinein, etwa von Straubing flußabwärts dann beiderseits der Donau. Die relative Verkehrsoffenheit des Donauraums kommt in einer sprachlichen Beweglichkeit und Dynamik zum Ausdruck, die der wirtschaftlichen und kulturellen Bedeutung der Landschaften zwischen München und Wien entspricht. Außer den beiden Hauptstädten liegen historisch wichtige Stätten, deren Bedeutung für die Frühzeit des Deutschen im historischen Abriß aufgezeigt worden ist, in diesem Raum: Regensburg, Freising, Tegernsee, Salzburg, Passau, aber auch Landshut, Ingolstadt, Straubing, Linz, St. Pölten und andere mehr.

Das Mittelbairische stellt die „modernste" Form, die fortschrittlichste Ausprägung des Bairischen dar. Das Städtedreieck München – Wien – Regensburg darf als Herd ostoberdeutscher Neuerungen angesehen werden, in dem sich die meisten Veränderungen gegenüber den historischen Vorformen ereignet haben ([64], Skizze 11). Im Gegensatz dazu heben sich die mehr passiven Randlandschaften ab, wo alte Laut- und Formenbestände besser bewahrt geblieben sind. Mittelbairisch ist diejenige Variante unseres Dialekts, die von der weitaus überwiegenden Zahl der Baiern gesprochen wird und daher von vielen Außenstehenden als „das Bayerische" schlechthin angesehen wird.

Hier ist die Schwächung der Konsonanten am ausgeprägtesten; Kranzmayer spricht von der „mittelbairischen Lautverschiebung", die aus Lenisierung (z. B. *t* > *d*), Behauchungsverlust (*kch* > *kh* > *k* > *g*) und Liquidenvokalisierung (*l* > *i*, *r* > *a*) besteht ([20], S. 97).

Verschlußlauterweichungen und Lautverschmelzungen (Assimilationen) führen zu den oben (S. 55. §7) erwähnten Reduktionsfor-

BINNENGLIEDERUNG DES BAIRISCHEN

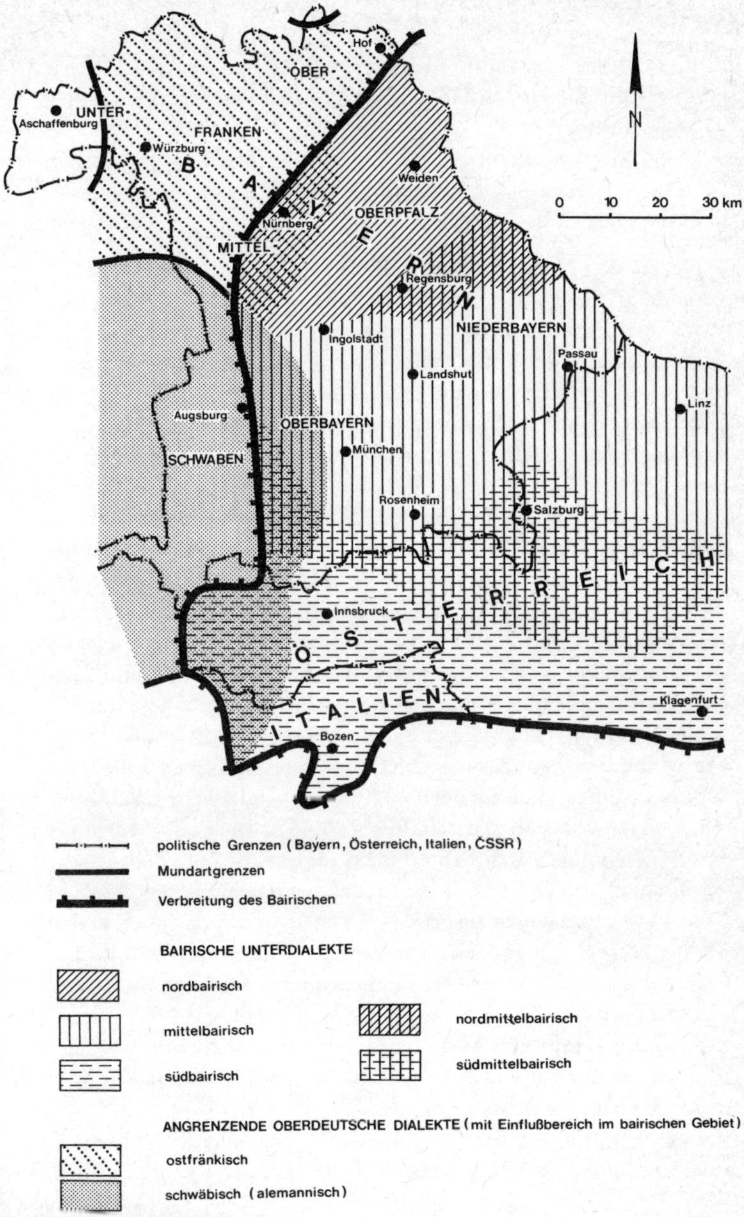

men. Von Schwächungsprozessen sind auch die Endsilben betroffen:

- *-er* > *-a* : *Baua, Fensda* (Bauer, Fenster)
- *-el* (vor allem nach Lippenlauten) > *-i* : *Kiwi, Himmi* (Kübel, Himmel)
- *-en* (nach *n*, altem *ck, ch, h, f*) > *-a* : *kena, singa, drugga, schdecha, Ofa, schlaffa* (kennen, singen, drücken, stechen, Ofen, schlafen)

Neben der Nord/Süd-Staffelung (Nord-, Mittel-, Südbairisch) verläuft als breiter Streifen durch Oberösterreich, Salzburg, das steirische Ennstal und Oberkärnten eine westbairisch/ostbairische Mundartgrenze, die vor allem das Mittelbairische in eine westliche und östliche Hälfte aufteilt. Diese Grenze weist auf die Zeit der ersten bairischen Landnahme zurück und folgt, grob gesehen, etwa der Ostgrenze der karolingischen Ostmark und des frühen Herzogtums Österreich.

Man kann aber auch feststellen, daß sich die heutige *bayerische* und *österreichische Verkehrssprache* deutlich voneinander abheben. Demnach hat sich also die relativ junge politische Grenze zwischen Bayern und Österreich auch zu einer sprachlichen Grenze verfestigt. Tatsache ist, daß Nachbarstädte diesseits und jenseits der Grenze (wie Simbach und Braunau oder Freilassing und Salzburg) heute sprachlich voneinander geschieden sind. Diese jüngere West-Ost-Differenzierung gilt allerdings nicht für die bodenständigen Mundarten, sondern ist Merkmal der städtischen Umgangssprachen. Prägend dafür dürfte jeweils die sprachliche Strahlkraft der Hauptstadt – als wirtschaftliches und kulturelles Zentrum – gewesen sein. Was sich heute hüben und drüben als dialektnahe städtische Verkehrssprache ausbreitet, ist eindeutig am Vorbild Münchens bzw. Wiens ausgerichtet. Das Bairisch, das auch in den Medien akzeptabel ist, z. B. für Werbesendungen in Hörfunk und Fernsehen, ist in Bayern eben weitgehend das Münchnerische und in Österreich das Wienerische. (Vgl. dazu [52].)

An den Rändern des Mittelbairischen findet man *Übergangsgebiete* zu den angrenzenden Mundartlandschaften, wie aus der Karte auf S. 61 gut ersichtlich ist.

Südbairisch ist der Dialekt in Tirol, Kärnten und der Steiermark sowie im südlichen Burgenland – im wesentlichen also auf die österreichischen Alpenländer beschränkt und daher auch „Alpenbairisch" genannt. Es ist ein – gegenüber dem „Donau-Isar-Bairischen" – archaisch anmutender Dialekt, der die historischen Lautstände vor allem bei den Konsonanten besser bewahrt hat. Kennzeichnend ist besonders die konsequent durchgeführte Verschlußlautverschiebung (siehe S. 25 f.), die auch im Fall von germanisch *k* > *kch* erhalten ist, also nicht durch Schwächungserscheinungen reduziert ist (wie im Mittel- und Nordbairischen): *kchrankch, Schdeckch(a)n*. Auch die Nebentonsilben, z. B. *ge-*, *-en*, sind besser bewahrt geblieben: südbairisch *getrǫgen* (vgl. mittelbairisch *grang, Schdęgga, drǫǫng*, „krank, Stecken, getragen"). Charakteristisch sind auch die fallenden Diphthonge *eo, oa* für mittelhochdeutsch *ê, ô* (*Sea, roat* „See, rot"). Eigentliches Südbairisch findet man in Bayern nur in der südwestlichsten Ecke Oberbayerns: im Werdenfelser Land (Garmisch, Mittenwald), um Oberammergau, im Isarwinkel und im oberen Loisachtal.

Die Dialekte des bayerischen Alpen- und Voralpenlandes sowie des westlichen Lechrains weisen zwar einige südbairische Merkmale auf, sind aber dennoch dem Mittelbairischen zuzurechnen; man bezeichnet sie als *Südmittelbairisch*. Die Konsonantenschwächung ist weniger weitreichend; im südlichen und westlichen Oberbayern hört man *khrangch, Wolgchn, Klę* (krank, Wolke, Klee), d. h. die alte Affrikata *kch* ist nicht so stark abgeschwächt worden und hat ihre Behauchung beibehalten. Auch wird *r* nach Vokalen oft nicht vokalisiert: *Khürch, mürkha, Hürkscht, ürm* (Kirche, merken, Herbst, erben; nicht etwa *Kiach, meagga* usw.), auch *Maur, Schaur, Foir* (Mauer, „Hagel", Feuer). Das *r* kann sogar auf Kosten des davorstehenden Vokals zum Silbenträger werden: *frte, Brschtn* (fertig, Bürste) – und ist damit dem silbenfüllenden „*ü*-haltigen" *l* des Nordbairischen an die Seite zu stellen (*Blld* „Bild").

Der dritte große Unterdialekt schließlich, das *Nordbairische*, wird volkstümlich als das Oberpfälzische bezeichnet. Seine Verbreitung deckt sich im großen und ganzen mit der Ausdehnung des ehemaligen Nordgaus. Da aber viele Merkmale des in der Oberpfalz heimischen Bairisch über die Grenzen des heutigen Regierungsbezirks hinaus nach Mittel- und Oberfranken, ins nördliche Niederbayern und in die nördlichste Ecke Oberbayerns ausgreifen, da es außerdem auch der Heimatdialekt der Egerländer ist (bzw. war), so ist die Bezeichnung „Nordbairisch" angebrachter.

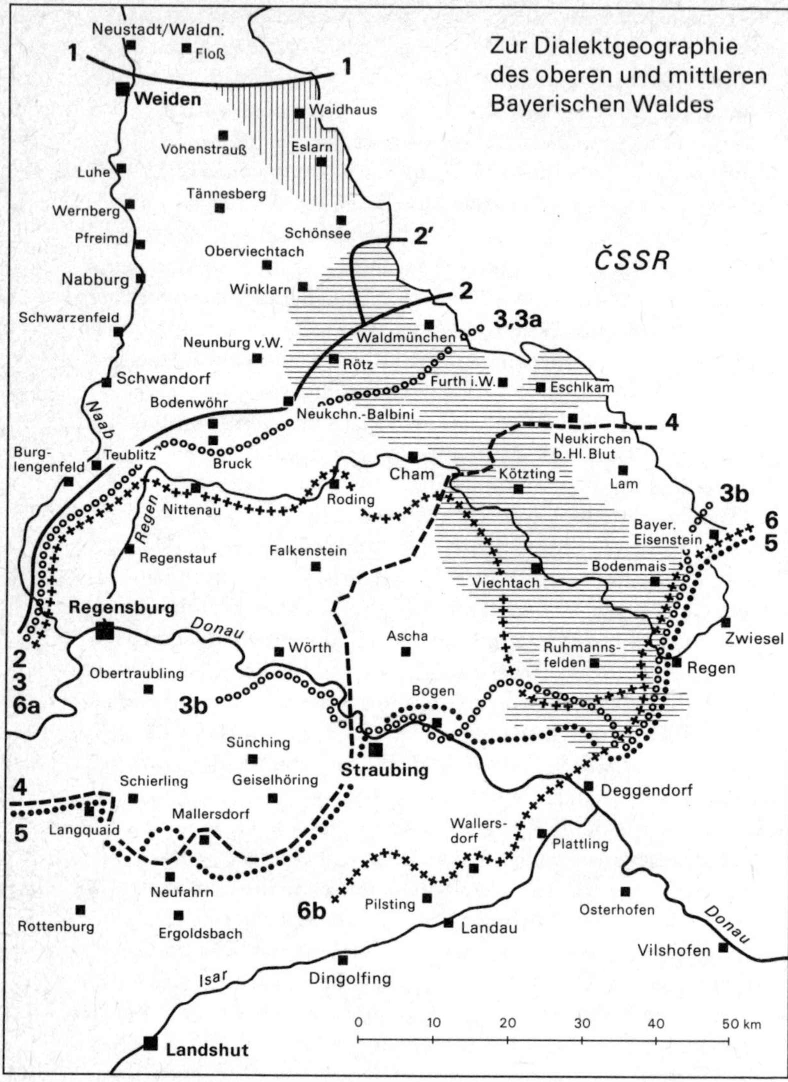

1 ——— „Esel, Kette, Rede, Loch, Ofen“ nördl. ***Iasl, Kian, Riad, Luach, Uafm*** südl. ***Esl, Keen, Reed, Looch, Ofa***

2 ——— „Blut, Wut“ nördl. ***Bloud, Woud*** südl. ***Bluad, Wuad***

2' ——— „Bruder“ nördl. ***Brouda*** südl. ***Bruada***

Gekennzeichnet ist es vor allem durch die Diphthonge (Zwielaute) *ęi, ou* für mittelhochdeutsch *ie, üe, uo,* z. B. *lęib, Bręif, Flęing, Lęicht; męid, Fęiß, Bręida; Brouda, Fous, Bou, Bloud, ea doud* (lieb, Brief, Fliege, Licht (mhd. *lieht*), müde *(müede)*, Füße *(vüeze)*, Brüder *(brüeder)*, Bruder *(bruoder)*, Fuß *(vuoz)*, Bub *(buobe)*, Blut *(bluot)*, er tut *(tuot)*). Weil diese Laute vom Standpunkt des übrigen Bairischen her gesehen *(liab, Bluad)* wie umgekippt wirken, bezeichnet man sie als „gestürzte Zwielaute". Sprachgeschichtlich gehen sie allerdings nicht geradewegs auf die mittelhochdeutschen Zwielaute zurück; man hält sie für eine eigenständige Diphthongierung der daraus entstandenen mitteldeutschen Langvokale *ī, ū* (vgl. oben S. 44 und S. 54). In den mundartlichen Entsprechungen für mittelhochdeutsch langes *â, ê, œ* hat das Nordbairische ebenfalls Zwielaute: *blousn, Schlouf, Schdrouss; węi, Schnęi, bęis, schęi*ⁿ (blasen, Schlaf, Straße; weh, Schnee, böse, schön); das Mittelbairische kennt hier nur die einfachen Langvokale. Im Nordbairischen sind also die alten Langvokale *ô* und *â* in ein und demselben mundartlichen Zwielaut zusammengefallen (*hou(ch), grous; dou, loun*), während im Mittelbairischen nur *ô* verzwielautet wurde (*houch, grous*, aber *dǫ/do, lassn/lossn* „hoch, groß; da, lassen (mdh. *lân*)").

Kennzeichen der nördlichen Oberpfalz – jenseits einer Linie, die etwa von Eschenbach nach Weiden verläuft und dann nach Südosten abknickt – ist die dort heimische Diphthongierung (Verzwie-

---

3 oooooo „nicht" nördl. ***niad*** südl. ***ned***

3a oooooo **3b** oooooo „tief" nördl. ***däif*** Mitte ***duif*** südl. ***doif***

4 ———— Vokalisierung des ***l*** in „Holz" nördl. ***Huulz, Holz*** südl. ***Hoiz***

5 ••••••• „Kuh, Kühe, Bub, Brief" nördl. ***Kou, Käi, Bou, Bräif*** südl. ***Kua, Kia, Bua, Briaf***

6a ++++++ „schön" nördl. ***schäi*** südl. ***sche***ⁿ

6b ++++++ „böse" nördl. ***bäis*** südl. ***bäs***

≡ Aussprache ***Hä, glä*** für „Heu, gleich"
Annähernd deckungsgleich die Verbreitung der Lautung ***Has*** für „Haus"

|||||| ***Isl, Kiin, Riid, Luuch, Ufa*** für „Esel, Kette, Rede, Loch, Ofen"
(Besonderheit zu Linie 1)

lautung) von *e* zu *ia* und die von *o* zu *ua: Iasl, Kian, Iafal, Uafm, Luach* (Esel, Kette(n), Öfchen, Ofen, Loch). Siehe dazu die Karte.

Insgesamt erscheint das Nordbairische als eine in bezug auf Zwielaute besonders reich und eigenwillig entfaltete Dialektlandschaft.

Bei den Konsonanten ist der herausragendste Unterschied zum Mittelbairischen der, daß *l* in all den Stellungen erhalten bleibt, wo es dort zu *i* oder *e* aufgelöst erscheint (vgl. S. 55 f.). Demnach stehen sich gegenüber: nordbairisch *Wold, Göld, vul (vüll, vll), Büld (Blld), Hulz, Kàlwl* und münchnerisch *Wǫid, Gęid, vui, Buid (Buiddl), Hoiz, Kàiwe* (Wald, Geld, viel, Bild, Holz, Kalb (Kälblein)). Die Grenze verläuft, grob gesagt, von Freystadt über Dietfurt – Riedenburg – Neustadt/Donau – Abensberg – Langquaid – Mallersdorf – Straubing – zwischen Cham und Kötzting – etwa nach Neukirchen beim Hl. Blut.

Nennenswert ist auch die auf mitteldeutschen Einfluß zurückgehende Erweichung (Spirantisierung) des in- und auslautenden *g*-Lautes zu *ch: mǫcha, Grouch, Dǫǫch* (mager, Krug, Tag), ein Befund, der sich ebenso wie die unterbliebene *l*-Vokalisierung südlich der Donau bis in die Hallertau hinein nachweisen läßt. Der Ersatz von *j* durch *g*, z. B. *gung, Goch* (jung, Joch), ist heute fast völlig aus dem Sprachgebrauch verschwunden. Nennenswert erscheint schließlich noch die Vokalisierung der Verbendung *-en* nach Vokal: *schaua, baua, schnaia* gegenüber südlichem *schaung, baun, schneim* (schauen, bauen, schneien).

Die Oberpfalz ist seit jeher eine Landschaft gewesen, in der Mundartmischung und -ausgleich in besonderem Maße stattgefunden haben. Nürnberg, das von Haus aus zum Nordbairischen gehört, hat als bedeutende Reichsstadt im späten Mittelalter wesentlich dazu beigetragen, in der Oberpfalz bairische Lautungen und Formen zu festigen, so daß sich trotz der vielfältigen ostfränkischen und mitteldeutschen Einflüsse der bairische Gesamtcharakter des Oberpfälzischen und Egerländischen erhalten hat. Dies gilt bis heute, auch wenn nach wie vor entlang der Hauptverkehrswege Fränkisches einsickert. Da das jüngere Nürnbergische in mancher Hinsicht eindeutig ostfränkisch geprägt ist, erscheint die Westgrenze des Nordbairischen bis zu einer Linie Hersbruck – Hilpoltstein – Weißenburg zurückgedrängt. Die Großstadt Regensburg hat wider Erwarten sprachgeographisch keine nennenswerte Rolle gespielt;

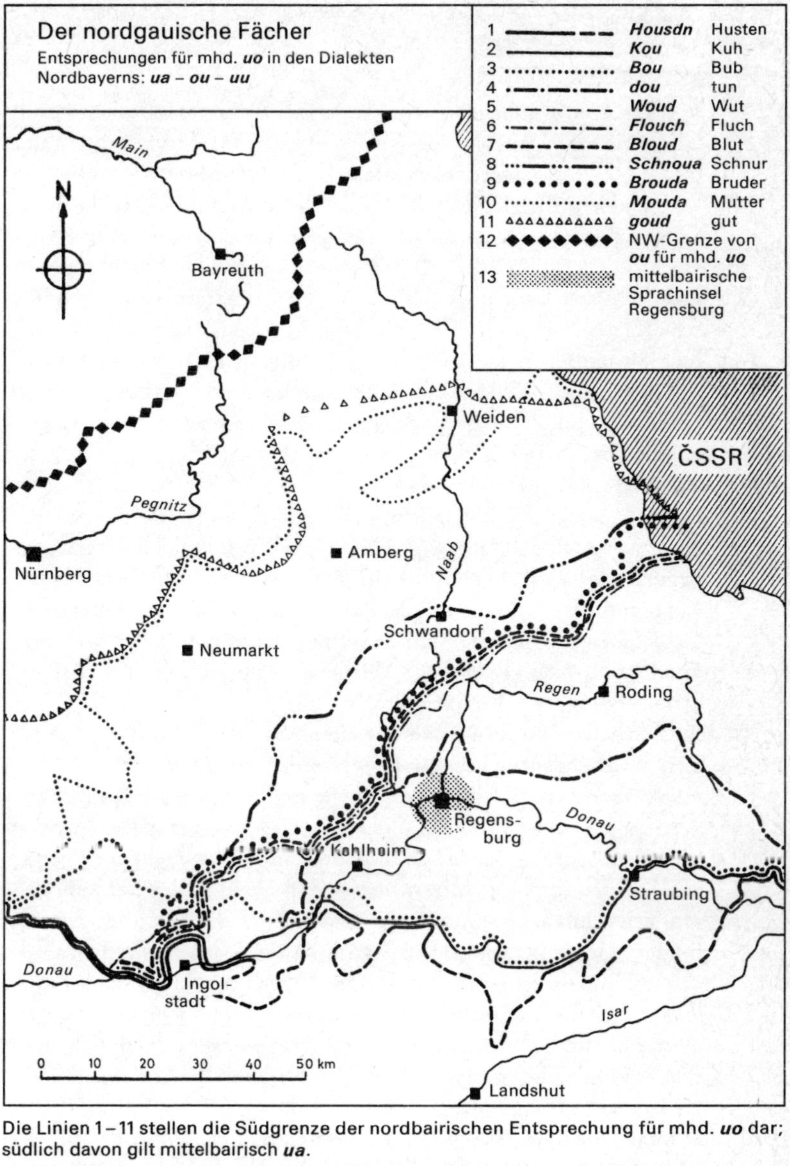

Die Linien 1–11 stellen die Südgrenze der nordbairischen Entsprechung für mhd. *uo* dar; südlich davon gilt mittelbairisch *ua*.

Die Linie 12 gibt die Nordwestgrenze der nordbairischen Lautung für mhd. *uo* an; nordwestlich davon gilt mitteldeutsch *uu*.

sowohl vom Nord- wie vom Mittelbairischen her gesehen, liegt sie am Rand. Die heutige Hauptstadt der Oberpfalz stellt gewissermaßen eine Sprachinsel dar.

Nicht erst in jüngerer Zeit hat es Einbrüche ins Nordbairische von Süden her gegeben. Zeugen dafür sind die Mundartgrenzen, die von der Ingolstädter Gegend aus fächerförmig nach Straubing – Deggendorf, Burglengenfeld – Waldmünchen und Nabburg – Schönsee verlaufen. Nach der oben getroffenen Feststellung überrascht es nicht, daß das Vordringen südlicher Eigentümlichkeiten nicht in erster Linie über Regensburg erfolgt ist; dialektgeographische Karten zeigen, daß sich der Einbruch weiter östlich vollzogen hat (Straubing, Cham, Kötzting, Waldmünchen). Ein sich nach Osten öffnender Keil, dessen Ecken sich etwa mit Neustadt/Donau, Schönsee und Zwiesel markieren lassen, erweist sich als *Übergangsgebiet* zwischen dem *Nord-* und dem *Mittelbairischen.* Erst nördlich eines Linienbündels, das in etwa von Ingolstadt über Burglengenfeld – Schwandorf – Neunburg vorm Wald – Oberviechtach nach Eslarn bzw. Schönsee bzw. Waldmünchen verläuft, beginnt das eigentlich nordbairische Gebiet, damit auch dessen Kennlautung *niad* (nicht), die im Süden und Westen vom *ned*-Gebiet umschlossen ist. Ähnlich verhält es sich mit der Verbreitung von *(d)eds, diats* gegenüber südlichem *ees* und westlichem *ia* (Personalpronomen 2. Person Plural, „ihr").

Die ehedem bunte Vielfalt der alten Mundarten wird in unserer Zeit zusehends eingeebnet, kleinräumige Sonderformen werden aufgegeben, das dialektgeographische Bild wird immer großflächiger. Am besten bewahren Randgebiete wie etwa der untere Bayerische Wald oder der Lechrain ihre altertümliche sprachliche Eigenart. Die heutigen *Umgangssprachen*, vor allem in den Städten, lösen sich allmählich von althergebrachten Bindungen und geraten immer stärker in den Sog der wirtschaftlich, gesellschaftlich und kulturell dominierenden Großstädte München und (in der westlichen Oberpfalz) Nürnberg. Besonders in der südlichen Oberpfalz setzt sich immer deutlicher das *Allgemeinbayerisch* münchnerischer Prägung durch, das, wie gesagt, als modischer Einheitsdialekt auch für rundfunkwürdig erachtet wird.

Eine Untersuchung im nordmittelbairischen Übergangsgebiet (um 1980 [= 107]) hat den Nachweis erbracht, daß sich in unserer Zeit der Sprachwandel nicht über „mikroskopisch kleine

Schritte" vollzieht, wie Kranzmayer meinte ([20], S. 9), sondern über „Häufigkeitsverlagerungen", d. h. alte und junge Lautformen (bzw. solche mit geringerem und solche mit höherem Prestigewert) bestehen nebeneinander, und die Sprecher verwenden – mehr oder weniger willkürlich – einmal die alte (hier: die nordbairische), einmal die modernere (hier: die mittelbairische) Variante („Wort-für-Wort-Veränderungen", [107], S. 19). Die Auswertung von Gesprächen führte zu folgendem Ergebnis über die Häufigkeit des Vorkommens der zur Verfügung stehenden Varianten: In den Wörtern *Pflug, suchen, Futter, Kuchen* wurde zu etwa 55 % nordbairisches *ou*, gesprochen, zu fast 26 % mittelbairisches *ua* und zu etwa 20 % hochsprachliches *u*. Im einzelnen (aus [107], S. 12):

	nordbair. *ou*	mittelbair. *ua*	hochdeutsch *u*
Pflug	19 ×	3 ×	4 ×
suchen	17 ×	7 ×	1 ×
Futter	16 ×	4 ×	5 ×
Kuchen	3 ×	12 ×	10 ×

Es überrascht nicht, daß es das dem landwirtschaftlichen Bereich zugehörige Wort *Pflug* ist, das am häufigsten im Rahmen der konservativen Basismundart gesprochen wird. In diesem Lichte sind Übergangsgebiete wie das Nordmittelbairische also weniger als statische dialektgeographische Befunde zu sehen, sondern richtiger als Landschaften, in denen sich mit fortschreitender Zeit jeweils unterschiedliche „Momentaufnahmen" erstellen lassen, in denen eine Verschiebung erkennbar wird, in diesem Fall eben die, „daß sich das Mittelbairische gleichmäßig auf dem Vormarsch befindet ... Obwohl teilweise eine beachtliche Stabilität der nordbairischen Merkmale zu beobachten ist, kann es doch keinen Zweifel daran geben, daß die Linien, die nordbairische und mittelbairische Dialektmerkmale voneinander trennen (siehe die Karten S. 64 und S. 67), sich immer weiter in Richtung Norden verschieben". Die mittelbairische Lautung erweist sich als dominant, und daher kann behauptet werden, „daß es sich beim Wechsel von der nordbairischen zur mittelbairischen Mundart – psychologisch gesehen – um Dialektabbau handelt" ([107], S. 19).

Insgesamt läßt sich das Bairische in Bayern in zehn Regionen aufteilen, die jeweils anhand auffallender Merkmale deutlich voneinander zu scheiden sind. Diese Grafik sucht dies augenfällig zu machen, indem sie tabellarisch eine Auswahl von charakteristischen Lautungen bietet. Selbstverständlich dürfen für den Einzelfall keine exakten Angaben erwartet werden; Hauptzweck ist es, die in der Karte auf S. 61 skizzierte Binnengliederung durch Beispiele zu ergänzen.

Um die 10 Regionen etwas zu verdeutlichen, seien hier einige Städte und Landschaften genannt:

(1) Waldsassen, Tirschenreuth, Arzberg, Marktredwitz, Wunsiedel, Neustadt/Waldnaab, Weiden
(2) Kemnath, Eschenbach, Auerbach, Sulzbach-Rosenberg, Neumarkt/Opf., Beilngries (Sonderfall: der Raum Ingolstadt – Eichstätt – Hilpoltstein)
(3) Hirschau, Vohenstrauß, Amberg, Nabburg, Neunburg v. W., Schönsee, Schwandorf, Burglengenfeld
(4) Riedenburg, Kelheim, Regensburg, Roding, Straubing
(5) Cham, Kötzting, Viechtach, Regen
(6) Wegscheid, Freyung, Dreiländereck
(7) München, Landshut, Deggendorf, Passau (Großteil von Ober- und Niederbayern, soweit nicht in 2, 4, 5, 6, 8, 9, 10 erfaßt)
(8) Schrobenhausen, Aichach, Fürstenfeldbruck, Starnberg, Weilheim
(9) Berchtesgadener Land, Chiemgau, Miesbach, Tegernsee, Bad Tölz (Sonderfall: westlicher Lechrain bis etwa Weilheim)
(10) Garmisch-Partenkirchen, Oberammergau, Mittenwald.

Dialektographie Bayerns
(tabellarische Übersicht)

Nordbairisch: (1) nördl. Oberpfalz/östl. Oberfranken
(2) westl. Oberpfalz/östl. Mittelfranken (Sonderfall)
(3) mittlere Oberpfalz
Nordmittelbairisch: (4) südl. Oberpfalz/nördl. Niederbayern
(5) mittlerer Bayerischer Wald
Mittelbairisch: (6) unterer Bayerischer Wald
(7) Ober- u. Niederbayern
(8) westl.Oberbayern
Südmittelbairisch: (9) oberbayer. Alpengebiet (Sonderfall: westl. Lechrain)
Südbairisch: (10)Grafschaft Werdenfels, Isarwinkel

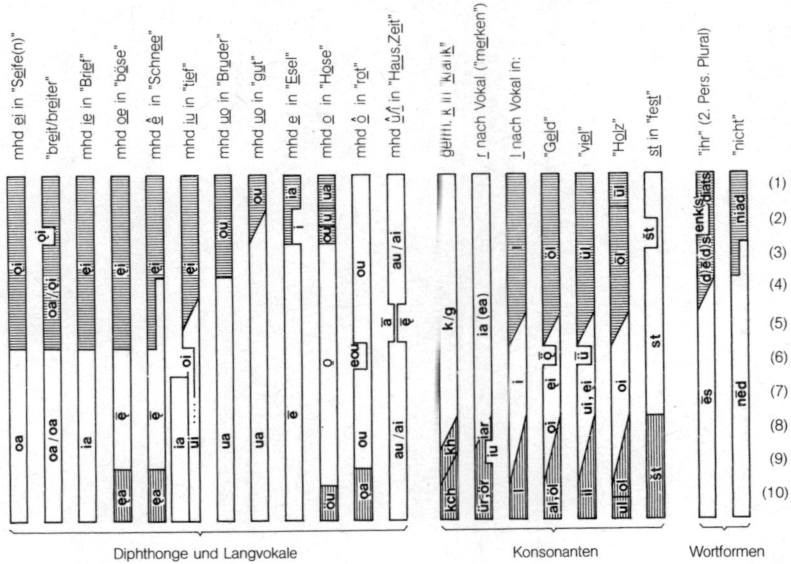

Zweiter Teil

Grammatik des Bairischen

I. Lautlehre

Eine Anzahl wesentlicher Charakteristika, durch die sich das Bairische von der Hochsprache und von benachbarten Mundarten abhebt, ist bereits im Ersten Teil (II.1.) behandelt worden. Hier folgen Ergänzungen.

1. *Vokale*

a) Die a-Laute: i war – i wàr

§ 1 Ein besonders auffallendes Merkmal des Gesamtbairischen ist das Vorhandensein von zwei deutlich unterschiedenen *a*-Lauten, die nicht nur artikulatorisch streng voneinander getrennt gehalten werden, sondern die auch sinntragende Funktion haben (phonologisch relevant sind). Man vergleiche *i war* und *i wàr, Faggl – Fàggl* (ich war – ich wäre, Fackel – „Ferkel"). Auch bei vereinfachter volkstümlicher Dialektschreibung ist es daher notwendig, zwei verschiedene Zeichen für die beiden *a*-Laute zu setzen: für das dunkle *a* den einfachen Buchstaben *a,* für das überhelle *à* das durch einen Gravisakzent modifizierte Zeichen.

Während letzterer Laut immer einigermaßen gleich ausgesprochen wird, kann das dunkle „Normal-*a*" verschiedene Schattierungen aufweisen. In der in Altbayern üblichen Leselautung, etwa in der Schule, gilt das dunkle *a (å)* als regionale Hochlautung; hierzulande das bühnensprachliche „reine" helle *a* zu verwenden, klänge gestelzt und oft sogar lächerlich. Wer in der Mundart aufgewachsen ist und sich nicht bewußt um eine an der Hochlautung orientierte Aufhellung der *a*-Aussprache bemüht hat, wird sich schon allein dadurch zeitlebens als Baier ausweisen. In eigentlicher Mundart – je nach Gegend und Grad der Mundartlichkeit des Sprechens abgetönt – reicht der Klang des dunklen *a*-Lautes (entsprechend ahd./mhd./nhd. *a*) vom dunklen Normal-*a* (das der amerikanischen Aussprache des *o* in Wörtern wie *hot, pot* recht nahe kommt) bis zum vollkommenen *o.* So kann in bestimmten Landstrichen der Vokal in „rasten“ klanglich identisch sein mit der in hochsprachlich „rosten“, nämlich *ręstn* (vgl. dazu [86; 89]).

§ 2 Der zweite *a*-Laut, das überhelle *à*, entspricht nicht nur dem Umlaut (mhd. *ä, æ*):

> *Garddn* – *Gàrddn* (Garten – Gärten/Gerten)
> *fassn* – *fàssn* (fassen (einschöpfen) – (festnehmen),

sondern wird auch in Wörtern fremder Herkunft gebraucht, und zwar auch in der hierzulande üblichen Hochsprache:

> *Àlàrm, Kàtàrrh, Tànte, Tàss(e), Màsse, kràß, quàsi, Theàter, Plàstik, Ràdio* usw.

Wörter wie die folgenden werden ganz selbstverständlich mit zweierlei *a*-Lauten gesprochen:

> *Tàxifahrer, Nagellàck, màssenhaft, Ràssenhaß, Dàmenmantel, Ladenkàsse, Staatsexàmen.*

Viele Sprecher unterscheiden lautlich zwischen *Bank* (Sitzmöbel) und *Bànk* (Geldinstitut), zwischen *Ball* (oder *Bǫi, Bǫl,* „Spielgerät“) und *Bàll* (Tanzfest). Das jeweils erste Wort ist deutschen Ursprungs, das zweite ursprünglich Fremdwort (aus italienisch *banca,* französisch *bal*).

Bemerkenswert erscheint auch die Neigung, einheimische Personennamen wie *Karl, Anna, Barbara, Alexander, Katharina, Franz, Xaver* usw. mit bairischem Normal-*a* zu sprechen, während *Àxel, Dàgmàr, Sàndra, Nàtàschà, Àchim* usw. offenbar als Fremdwörter aufgefaßt werden und mit hellem *à* artikuliert werden.

§ 3 Vollends undurchsichtig erscheint die Aussprache geographischer Namen. Ganz selbstverständlich heißt es *Amerika* mit zweimal dunklem Normal-*a,* aber *Kànàdà* mit dreimal hellem *à,* und *Amerikàner* hat zwei verschiedene *a*-Laute.

Amerika	*Àfrikà, Àsien, Austràlien, Kànàdà, Itàlien, Bàlkàn*
Bamberg, Passau, Dachau	*Schwàbing, Pàsing, Plàttling*
Hamburg, Marburg, Aachen, Fulda	*Hànnover, Kàssel, Dàrmstadt*
Klagenfurt	*Gràz, Bàsel, Konstànz*

Amsterdam, Kopenhagen, Prag	*Dànzig, Pàduà, Neàpel*
Paris	*Àthen, Màdrid*

Wonach sich die *a*-Aussprache im einzelnen richtet, läßt sich nicht immer eindeutig klären. Maßgeblich scheint nicht nur der Grad der Vertrautheit mit dem jeweiligen Namen zu sein, bei fremdländischen Namen auch nicht deren Originalaussprache; es spielt auch eine Rolle, ob das „a“ in betonter oder unbetonter Silbe steht, ob es lang oder kurz ist, und ganz wesentlich auch, ob in seiner Nachbarschaft ein *i* vorkommt, das seine Aufhellung (Umlaut) bewirkt.

Auch ein *l* in der Endung bewirkt eine Aufhellung des davorstehenden *a*-Lautes, so als läge die Verkleinerungsform vor (vgl. dazu S. 140 ff.). So spricht man etwa die Familiennamen *Kratzer, Kastner* mit Normal-*a, Kratzl* oder *Kastlmeier* hingegen mit hellem *à.*

§ 4 In dialektnaher Sprache kann das helle Umlaut-*à* oft als Ausdruck von Gefühlsnachdruck verstanden werden: Nicht nur in der eigentlichen Verkleinerungsform (Diminutiv) tritt es auf, es dient auch zur Verniedlichung, etwa in Kosenamen. Neben den sachlich-neutralen Nennformen *Franz, Max, Hans, Maria* (dunkles *a* oder *å*) stehen die persönlicher – herzlich oder spöttisch – klingenden Formen mit hellem *à: Frànz, Màx, Hàns, Màri,* gleichsam auf halbem Wege zu den regelrechten Diminutiven *(Frànzl, Màxl, Hànsl/Hànsi, Màrerl).* Im Lebensmittelladen verlangt man *Käs(e),* man ißt ein *Käsbrot*; meint man aber „Unsinn, Unfug“, so wird das Wort ausschließlich *Kàs* gesprochen. Im religiösen Sinn gebraucht, heißt es *Sakrament*, als Fluchwort aber *Sàggràment*. Die sachliche Bezeichnung hat also jeweils die schriftsprachenähere Lautung, während das helle *à* Ausdruck von Emotionalität ist.

§ 5 Auch aus anderer Quelle gewinnt das Phonem *à* Zuwachs: Es entspricht manchem neuhochdeutschen *au* oder *eu (äu)* (< mhd. *û, ou, öuw*), z. B. in *àà, Bàm, Dràm, ràmma, ràffa, kàffa, glàm, Schdrà* (auch, Baum, Traum, räumen, raufen, kaufen, glauben Streu). In bestimmten Gegenden hört man *àf, sàffa, ràcha, bràcha,* in anderen *auf, sauffa, raucha, braucha* (auf, saufen, rauchen, brauchen).

§ 6 Für den Fremden mag es schwer sein, so feine Lautnuancen, wie sie bei der Abstufung der *a*-Laute (von *à* bis *o*) vorkommen, zu hören oder gar zu produzieren. Sie sind aber tatsächlich für die Sinnerfassung der betreffenden Wörter bedeutsam, sind also unterschiedliche Phoneme, d. h. bedeutungstragende lautliche Einheiten:

nà – na – nǫ – no (nein, „dann", (hi)nab, noch)
dǫ – do – do^{n} (da, doch, getan)

Im Gespräch kann das so klingen:

Nà, gę no nǫ dǫ. (Nein, geh nur hinunter da!)
Na hǫd-a-s do do^{n}. (Dann hat er's doch getan.)

Man beachte, welchen Unterschied es macht, ob man sagt *o*^{n}*dràd* oder *ǫdràd* (angedreht, abgedreht), ob es heißt *hoits-n* oder *hǫits-n* (Holt ihn! Haltet ihn!). Die Beispielsätze in Ludwig Merkles Grammatik [54] sind so reizvoll, daß sie es verdienen, hier angeführt zu werden:

Sei^{n} *Frau schaugd awa ǫwa, ow-a-r àà aawad.*
Dǫ dààd da da Dàdde do hęiffa.
(Seine Frau schaut aber herunter, ob er auch arbeitet. Da tät dir der Großvater doch helfen.)

b) Diphthonge oder Zwielaute: s Mai voi Męi

§ 7 *Oachkàtzlschwoaf* (Eichkätzchenschweif) und *Loawedoag* (Laibleinteig) sind die beiden berühmten Wörter, die man dem Nichtbayern als Inbegriff bairischer Lautgebung vorsetzt. Sie sind zum Schibboleth erhoben worden, so als erkenne man an deren perfekter Aussprache den Einheimischen. Wie einfältig! Als ob sich das Bairische nur durch diesen einen Zwielaut *oa* auszeichnen würde! Die verschiedenen bairischen Mundarten sind durch eine unglaubliche Vielzahl von Zwielauten charakterisiert, deren Anzahl und Verteilung von Region zu Region allerdings schwankt. Insgesamt kommen in dem hier behandelten Gebiet an die zwei Dutzend verschiedener Diphthonge vor, während die Standardsprache nur drei kennt, nämlich *ei (ai), au* und *eu (äu)*. Die Regionalmundart mit den meisten Zwielauten dürfte das Wäldlerische in der Gegend zwischen Cham und Regen sein, wo 21 Nuancen unterscheidbar sind [90].

Die Palette der in den verschiedenen Mundarten Altbayerns vorkommenden Diphthonge ist erstaunlich bunt und vielfältig:

ia	*eo*	*ài*	*àu*
ea	*iu*	*ai (åi)*	*àu*^{n}
ęa (äa)		*ei*	*ou*
ea^{n}		*ęi (äi)*	*ǫu*
ua		*ei*^{n}	
oa		*ai*^{n}	
ǫa (åa)		*ǫi*	
oa^{n}		*oi*	
		oi^{n}	
		ui	

Ihrer Herkunft nach sind sie ganz unterschiedlich: Einige sind aus alt- und mittelhochdeutscher Zeit bewahrt geblieben oder haben sich aus alten Diphthongen weiterentwickelt; andere sind aus ehemals einfachen Vokalen, meist Langvokalen, entstanden; eine dritte Gruppe geht auf die Einwirkung von benachbarten Konsonanten zurück, im Mittelbairischen vornehmlich auf die Verschmelzung von Vokalen mit dem aus *l* vokalisierten *i* bzw. mit dem aus *r* vokalisierten *a*. Für das Nord- und Südbairische sind jeweils besondere Diphthonge typisch (siehe S. 63 ff.).

§ 8 Sätze wie „Mein Bruder, der Peter, ist ein böser Bub" oder „Jetzt tun mir die Füße so weh, daß ich gar nicht weiß, wie ich gehen soll" klingen in verschiedenen Gegenden recht unterschiedlich. In Oberbayern etwa:

> *Mei*^{n} *Bruada, da Będa, is a bęsa Bua.*
> *Iatz dean ma b Fiass asoo wę, dà(s)-e gǫ ned woas, wia-e ge*^{n} *soi.*

In der Oberpfalz hingegen heißt es:

> *Mei*^{n} *Brouda, da Bęida, is a bęisa Bou.*
> *Ęitz doun ma de Fęiss asuu węi, dà-n-e gǫua niad wois, węi-n-e gęi*^{n} *sul.*

§ 9 Für den Außenstehenden mag es verwirrend sein, wenn er feststellen muß, daß Wörter, die in der Hochsprache lautlich und orthographisch klar unterscheidbar sind, im Bairischen lautlich zusammenfallen, d. h. zu Homophonen geworden sind, so z. B. im Mittelbairischen:

Schdui	(Stuhl, Stiel)
schdęin	(stellen, stehlen)
kǫidd	(Gehalt, „behalte!" (bair. *gehalt*))
kǫid	(kalt, gehallt)
Làid	(Leid, Leute)

In manchen Gegenden, so etwa in der Hallertau, sind die alten (mhd.) Laute *ë, ę, ö, ê, œ, i, ü* zusammen mit dem vokalisierten *l* sämtliche in dem einen Diphthong *ęi* zusammengefallen, so daß *Męi* sowohl „Mehl" als auch „Mühle" bedeutet, und *Schdęi* sowohl „Stiel" als auch „Stelle, (ich) stelle" und „(ich) stehle".

Während noch in den dreißiger Jahren in fast ganz Niederbayern und im Chiemgau die *ęi*-Lautung für mittelhochdeutsch *il, ül* galt, kann man heute feststellen, daß das oberbayrisch-münchnerische *ui* stark an Raum gewonnen hat. Statt *vęi zvęi Gfęi* hört man immer häufiger *vui zvui Gfui* (viel zu viel Gefühl) [84]. Dies ist eins der zahlreichen Zeichen dafür, daß sich die regionalen Unterschiede unter dem Einfluß von Handel, Radio, Fernsehen und Fremdenverkehr immer mehr verringern und verwischen. Die kleinräumigen Besonderheiten nivellieren sich, und das münchnerische Bairisch als die mit dem höchsten Prestige ausgestattete Form überlagert die bodenständigen Kleinmundarten. Es scheint sich als dialektnahe Verkehrssprache in Ober- und Niederbayern, aber auch im Süden der Oberpfalz eine Art von „allgemeinem Bairisch" auszubreiten, das am Münchnerischen orientiert ist.

Wie oben bei der *a*-Skala lassen sich auch für die Diphthonge feine Nuancierungen feststellen, an denen die Bedeutung hängt. Im Niederbayerischen etwa lautet der Satz „Mein Mund (Maul) ist voll Mehl":

Mei^n *Mai is voi Męi.*

Oder:

S Wai węi an Wei^n. (Das Weib (= die Frau) will einen Wein.)

§ 10 Es gilt festzuhalten, daß das Bairische die historische Lautform eines Wortes nicht immer verwischt, sondern in anderen Fällen auch viel deutlicher abbildet als die hochsprachliche Lautung.

Hochdeutsch haben die Zahlwörter „zwei" und „drei" den gleichen Zwielaut, bairisch steht dafür *zwoa, drai.* (In manchen Gegenden ist die altertümliche Unterscheidung je nach Geschlecht des Substantivs durchaus noch lebendig: *zwee Mana, zwou Kia, zwoa Haisa* „zwei Männer, zwei Kühe, zwei Häuser" – männlich, weiblich, sächlich.) Daß die Zahlwörter *zwoa* und *drai* keinen Reim bilden, ist selbstverständlich nicht Willkür, sondern konsequente Lautentwicklung. Das bairische *oa* geht auf altes (mhd./ahd.) *ei* zurück, während bairisches *ai* auf altes langes *î* verweist. Ohne ein mittelhochdeutsches Wörterbuch zu konsultieren, läßt sich aus den bairischen Lautungen die historische Vorform ermitteln. „Zwei, breit, heiß, reisen, keiner, weinen, Stein Laib, ich weiß" ebenso wie „lehnen, Lehm" müssen im Mittelhochdeutschen ein *ei* gehabt haben, denn die bairischen Entsprechungen lauten:

> *zwoa, broad, hoas, roasn, koana, woana, Schdoa, Loab, i woas, loana, Loam.*

Andererseits müssen „drei, mein, dein, scheinen, schneiden, reiten, weiß, Leib(chen), beißen, Preis" ehedem langes *î* gehabt haben, weil bairisch *ai* vorliegt (vor *n* meist *ei, ei*^{n}):

> *drai, mei*^{n}*, dei*^{n}*, scheina, schnein, raiddn, wais, Laiwal, baissn, Breis.*

Die Wörter „Fleisch, Geist, heilig, rein" fallen hier allerdings aus der Reihe. Obwohl es mittelhochdeutsch *vleisch, geist, heilig, rein* hieß und demnach heute jeweils *oa* stehen müßte, lauten sie im Dialekt *Flaisch, Gaisd, hailig, rein.* Verantwortlich dafür ist ihr häufiges Vorkommen in der an der Schriftsprache orientierten Kirchensprache („Und das Wort ist Fleisch geworden; Vater, Sohn und heiliger Geist"). In der Sprachinselmundart der Dreizehn Gemeinden singt man tatsächlich auch heute noch *Stilla Nacht, hoaliga Nacht.*

§ 11 Als weiteres Beispiel dafür, daß im Dialekt differenziert sein kann, was in der Hochsprache zusammenfällt, diene die Lautgruppe *er,* die im Bairischen nach Maßgabe der jeweils zugrundeliegenden historischen Lautung entweder als *ea* oder als *ia* auftritt. Dies gilt zumindest im Kerngebiet von Altbaiern (ohne den Nord- und Westrand; vgl. die Graphik auf S. 71, Stichwort „merken"), wo altes (germanisches) *ë* + *r* zu *ea* wird, wohingegen das jüngere *ė* (Primärumlaut von *a* oder entrundetes *ö*) mit *ir* gemeinsam geht und als *ia* erscheint. Demnach sind im Vokal unterschiedlich: „kehren (= wenden)" und „kehren (= fegen)":

kean (umkean, ei^{n}kean) aber *kian (zamkian),*

ebenso: *Bea – Bia, Beall – Biall, Scheam – iam* (Bär – Beere, Perle – Beerlein (z.B. *Wei^{n}biall* „Rosine, Johannisbeere"), Scherbe(n) – erben).

Diese *ia*-Lautung für schriftsprachlich *er, är, ör* – in den Quellen bereits um 1300 nachweisbar für Regensburg ([20], S. 34) – wird allerdings zunehmend von städtischem *ea* verdrängt, so daß sie heute fast ausschließlich im (ländlichen) Basisdialekt vorkommt und als Kennzeichen für diesen angesehen werden kann:

fiadde, schbian, miagga, Gmiagg, Hiawa, hiadd, Iada, schwiazzn, iaga, schdiagga, Wiadd, Giagl
(fertig, sperren, merken, „Gedächtnis" (*Gemerk*), „primitive Behausung" (*Herberge*), hart (mhd. *herte*), „Dienstag" (*Ertag*), „schmuggeln" (*schwärzen*), ärger, stärker, Wörth (Ortsname), Georg (*Görg*)).

Viele Regionen halten überhaupt an der Unterscheidung zwischen altem *ë* und jüngerem *ė* (siehe oben) fest, wenn etwa „Stekken (Stock)" und „stecken" unterschiedlichen Vokal aufweisen: *Schdęgga – schdegga;* ebenso *będdn – Beddn* („beten, Betten"). Allerdings gibt es auch viele Gebiete, in denen solche Feinheiten verwischt sind („verworrene *e*-Mundarten" [20]). Jedenfalls erhellt aus solchen Beispielen, daß die neuhochdeutsche Schreibform für die altmundartliche Lautung nicht ausschlaggebend ist. Man vergleiche etwa einheitliches *er* in „Zwerg, Herbst, Erding" und die dreifach differenzierte Dialektlautung: *Zweag, Hiagsd, Àrding;* andererseits *er, är, ör* in der Schriftform, aber mundartlich einheitlich *ia* in *Kiazzn, Iawe/Iawl, schwian* „Kerze, Ärmel, schwören".

§ 12 Selbst in Gegenden und bei Sprechern, die mundartfest sind, fällt auf, daß *Lautungen aus der Hochsprache* übernommen werden, obwohl sie im Widerspruch zu den überkommenen Dialektformen stehen, so etwa neben lautgesetzlichem *hoazzn* (heizen) ganz selbstverständlich *Heizung* mit *ài*. Das technische Fachwort, erst in jüngerer Zeit aufgekommen, ist mit dem schriftsprachlichen Diphthong übernommen worden. Ähnlich ist es, wenn man die Verwaltungseinheit *Gemeinde* nennt, während man die dialektale Entsprechung *Gmoa*^{n} nur mehr im übertragenen Sinne gebraucht: *a da ganzn Gmoa*^{n} („in der ganzen Gegend, weit und breit“). Für „Bürgermeister“ hört man heutzutage meist die nur leicht vermundartlichte Form *Büagamaista* (wobei die erste Silbe den Hauptton trägt), das alte *Buagamoasta* (mit dem Ton auf dem *oa*) wird immer seltener.

Es ließen sich unzählige Beispiele finden, an denen deutlich wird, wie die regionale Umgangssprache ursprünglich Fremdes absorbiert, während ursprünglich Dialektales verdrängt wird. Standen früher die beiden Ebenen Dialekt und Schriftsprache in verhältnismäßig schroffem Gegensatz einander gegenüber, so verschmelzen sie zusehends ineinander: Das Resultat ist eine Art Mischsprache aus beiden, in der dann etwa *Heizung* durchaus neben *hoazzn* stehen kann:

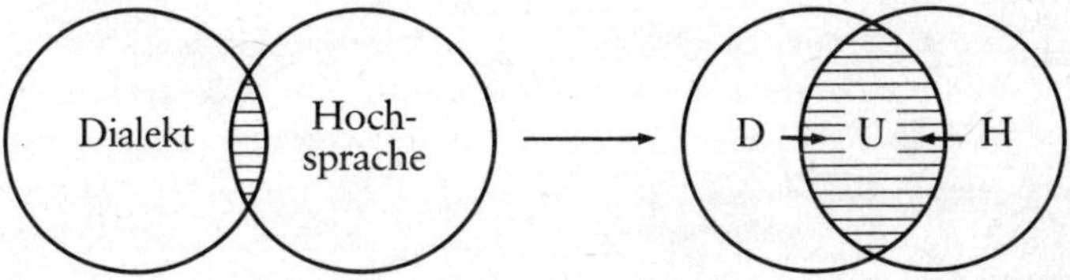

Es gibt für den Dialekt keine verbindliche Festlegung durch Regeln. Mag es auch von vielen bedauert werden, wenn ehrwürdiges Altüberliefertes allmählich außer Gebrauch kommt, wenn bei den Jungen das Gespür für den „echten“ Dialekt abhanden kommt – Tatsache ist, daß die Sprache – und damit auch der Dialekt – eben etwas Lebendiges ist, das sich naturgemäß verändert: Altes stirbt ab, Neues wächst dazu.

2. *Konsonanten*

a) Konsonantenschwächung: Halbfortes – Silbenschnitt – Schwund: Bedrolium, Dattum, Weada

§ 13 Ein wesentliches Charakteristikum des Bairischen in unserem Gebiet (wie auch etwa des Ostfränkischen) ist die bereits mehrfach erwähnte *Konsonantenschwächung*, wodurch sich binnendeutsche Mundarten von der Hochsprache abheben ([20], S. 93 ff.). Demzufolge kennen unsere Mundarten keinen Unterschied mehr zwischen *p* und *b*, *t* und *d* und (vor Konsonanten) zwischen *k* und *g*. Es gibt im Anlaut nur sog. *Halbfortes*, d. h. Plosivlaute mittlerer Stärke, also zwischen *p, t, k* und *b, d, g* gelegen:

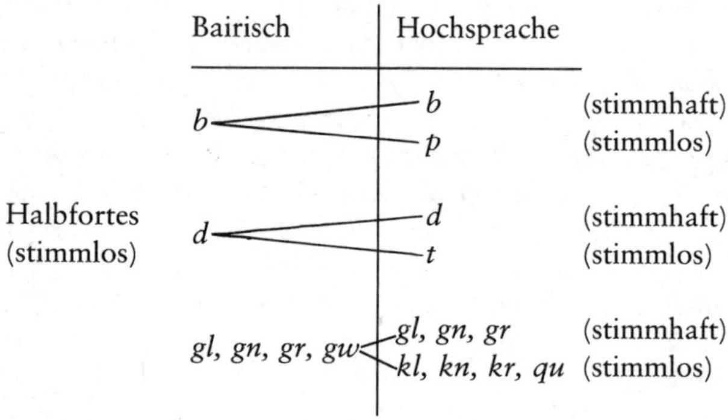

Welche Schwierigkeiten es bereitet, von der Ausgangssprache Bairisch her die richtige Orthographie zu treffen, zeigt sich in den Fehlschreibungen, die in Schülerheften in großer Häufigkeit zu finden sind: *Burzelbaum, Blastig, Gloh, browien, Bedrolium, er dragt, kabutt, gwelen* mit zu weichem, oder *Packplech, auspakkern, Tiplomat, krunzen* mit zu hartem Verschlußlaut (Purzelbaum, Plastik, Klo, probieren, Petroleum, er trägt, kaputt, quälen; Backblech, ausbaggern, Diplomat, grunzen).

Bairisch als Ausgangssprache stiftet auch im Wortinneren mehr Verwirrung, als daß es Hilfe sein könnte für die richtige Schreibung der kritischen Konsonanten; gewisse Kombinationen der Hochsprache sind der regionalen Sprache fremd: Weder kennt sie einen starken Konsonanten nach langem Vokal in Wörtern wie „Vater, Datum, Tüte, löten, Ekel", noch weichen Konsonanten nach kurzem Vokal wie in „Bagger, Paddel, Pudding, knabbern". Solche Wörter werden gerne falsch geschrieben, und zwar mit *pp, tt, ck: Dattum, letten, Eckel, Vehickel, Trompette, Lucke, schäckern* usw., wie es die bairische Aussprache nahelegt (Datum, löten, Ekel, Vehikel, Trompete, Luke, schäkern). Auch Fehlschreibungen wie *starg, Marg, gescheid* für „stark, Mark, gescheit" sind am Klang der mundartlichen Lautung orientiert.

§ 14 Die hier aufgezeigten Probleme gehen auf die Tatsache zurück, daß es im Dialekt nur zwei Silbentypen gibt: ungespannt (weich, schlaff, schwachgeschnitten) und gespannt (stark, straff, scharfgeschnitten) (siehe dazu S. 55, § 5). Im In- und Auslaut gibt die Art des Silbenschnittes den Ausschlag, ob *b, d, g* oder *p, t, k* gesprochen wird. Demnach unterscheiden sich Minimalpaare wie

Feeda – Fedda (Vetta)	(Feder, Vetter)
Weeg – wegg (weck)	(Weg, weg (fort))
Laaga – Lagga (Lacka)	(Lager, Lacke (Wasserlache))
Schduudsn – schduddsn (schdutzn)	(Stutzen, stutzen (zuschneiden))

nicht ausschließlich oder in erster Linie durch den Kontrast zwischen weichem und hartem Verschlußlaut *(d – t)*, sondern durch den unterschiedlichen *Silbenschnitt*, der sowohl die Vokallänge als auch die Konsonantenstärke steuert (vgl. dazu [163]).

§ 15 Im Zusammenhang damit ist auch die noch weitergehende Konsonantenschwächung zu sehen, wenn inlautend *b, bb, p, pp* der Hochsprache und – gegen das Fränkische hin auch *g* – sowie auslautendes *g*, zuweilen sogar *k*, zu den entsprechenden Reibelauten *w* bzw. *ch* erweicht werden *(Spirantisierung):*

b > w
g > ch > Ø

Kiwe/Kiwl, Howe/Howl, awa, liawa/lęiwa, Kaiwe/Kàlwl, dǫ giw-e, na hǫw-e, gràwen/gràwln, Bewi, schęwan
(Kübel, Hobel, aber, lieber, Kälblein (= Kalb), da gebe ich, dann habe ich, „schimmeln", Baby, scheppern)

Nur nördlich der Donau hört man Lautungen wie:

weecha, oach, Buich, i zęich/zuich, Zaich
(wegen, arg, Burg, ich ziehe, Zeug).

§ 16 Das Silben- oder Wortende weist häufig eine Vereinfachung auf, die in gänzlichem *Schwund* eines Verschluß- oder Reibelautes besteht:

i, mi, di, si, na, no, do, glài, àà, hoamle (-li)
(ich, mich, dich, sich, (da)nach, noch, doch, gleich, auch,

heimlich, sowie alle Adjektive auf „-lich");
gnua/gnou, Grua/Grou, Schmi, -bea
Dǫǫweacha, Weada, Houzad, Nǫmidǫǫ(ch), Raufang, Kooleffe, Musi, Kiadaf
(genug, Krug, Schmied, Ortsnamen auf „-berg"; Tagwerker (Taglöhner), Werktag, Hochzeit, Nachmittag, Rauchfang (Kamin), Kochlöffel, Musik, Kirchdorf (häufiger Ortsname).

Solche um silbenauslautendes *-g, -ch* oder *-k* entlastete Formen sind allgemein verbreitet. Im Nebenton, so etwa in Ortsnamen auf „-bach" oder „-ach", erscheint auslautendes *ch* grundsätzlich geschwunden:

Oacha, Woizza, Oaglschbǫ, Bfedara
(Aichach, Wolnzach, Aiglsbach, Pfettrach)

Es gibt aber auch Gegenden, z. B. den Unteren Bayerischen Wald, in denen es

Bǫ, Gru, Bru, Bau, Schlau

heißt für „Bach, Geruch, Bruch, Bauch, Schlauch".

Gern zitiert wird der Satz, der nur mit einem einzigen Konsonanten auskommt:

I gę a ęę àà ǫǫe.
„Ich gehe ja ohnehin (eh) auch hinunter (abhin)."

b) s – sch

§ 17 Was die Verbindungen *st, sp* anbelangt, so lautet die Aussprache in unserem Dialektraum zwar häufiger als in der Hochsprache *scht, schp,* doch ist diese Neigung bei weitem nicht so durchgängig wie im Schwäbischen, wo nahezu jedes *st* als *scht* gesprochen wird, was auch aufs südwestliche Bairisch übergreift. Man kann sagen, daß das Bairische in unserem Gebiet eine Art Zwischenstellung einnimmt zwischen der Hochsprache einerseits und solchen Mundarten andererseits, die auch *fescht, s Beschte, du schreibsch(t), es isch* für „fest, das Beste, du schreibst, es ist" sagen ([64], Skizze 15).

Nach Ausweis der mittelalterlichen Handschriften hat sich das mittelhochdeutsche *s,* das irgendwie zwischen *s* und *sch* klang, seit dem 13. Jahrhundert in eindeutiges *s* und *sch* aufgespalten. So kommt es, daß etwa die neuhochdeutschen Entsprechungen für *rs*/*rz* uneinheitlich sind: Für *ars, hirz, hersen* gilt heute *Arsch, Hirsch, herrschen;* aber in *Ferse, anders* blieb die alte Lautung bewahrt. Das Bairische ist hier konsequenter, vor allem in der Gruppe „Konsonant + *s* + Konsonant", z. B. *rst.* „Durst, Wurst, Ferse, Bürste, Forst, zuerst, anders, Ursula, Wirsing; Raspel, Kaspar, Kasperl, räuspern, Vesper, Kruspel (Knorpel), Krüsperl (schwächlicher Mensch), Gispel (Hanswurst), diskurrieren (plaudern), Maskera-(de)" haben im Bairischen einheitlich die Lautung *sch:*

Duaschd, Wuaschd, Feasch(d)n, Biasch(d)n, Foaschd, zeaschd, andasch(d), Uaschl, Wiasching; Raschbe, Kaschba, Kàschbal, raischban, Veschba, Gruschbe, Grischbal, Gischbe, dischgriian, Maschgara.

Selbst bei Zusammensetzungen, wenn zwischen dem *s* und dem darauffolgenden Konsonanten die Wortgrenze liegt, kann sich dennoch *sch* ausgebildet haben, z. B. im Wort *Donnaschdǫg* (Donnerstag). Dies ist auch der Fall bei zahlreichen Ortsnamen. So wird etwa „Regensburg" ausgesprochen, als läge ein „Regen-spurg" zugrunde: *Rengschbuag.* Ebenso ist es bei „Augsburg, Moosburg, Abensberg, Innsbruck, Kranzberg (um 1200 Chranichsperch), Appersdorf, Miesbach, Allershausen" und vielen anderen mehr:

Augschbuag, Moschbuag, Ǫmschbea(g), Inschbrugg, Granschbeu(g), Abbaschdaf, Miaschba, Ǫischaun.

§ 18 Während in den bisher aufgeführten Fällen ein etymologisches *s* quasi zum *sch* aufgeschwollen ist, verschwand es in besonders häufigen Wörtern gänzlich. In vielen Gegenden heißt es

i mua/mou, gwen (ich muß, gewesen),

und die Konjunktion „daß" lautet genau so häufig *dà* wie *dààs.* Ortsnamen auf „-hausen" werden oft nur *-haun* gesprochen, was gelegentlich sogar durch die offizielle Schreibung sanktioniert erscheint, z. B. *Martinshaun* (bei Landshut).

§ 19 Eine Eigentümlichkeit der westbairischen Dialekte im Raum zwischen München – Salzburg – Linz – Wien – Regensburg ist der

Ersatz von anlautendem *s* durch *h,* wie er in den Pluralformen von „sein“ vorkommt (dazu [64], S. 75 f.):

mia hàn/hàmma	wir sind
es hàdds	ihr seid
si hàn(d)	sie sind

Eine einzelne Reliktlautung liegt vor in *Heaft* „Senf“ (veraltet).

c) Bindelaute und Übergangskonsonanten: gega-r uns, Hendl

§ 20 Ähnlich wie andere europäische Sprachen und Dialekte kennt das Bairische Bindelaute, die eingefügt werden, um zwei zusammenstoßende Vokale voneinander zu trennen (sog. *Hiatustrenner*). Dazu dienen die Konsonanten *r, n, d, w.* In der Schriftsprache heißt es *daran, darum* und nicht *da-an, da-um;* im Französischen *il a,* aber *a-t-il,* im Englischen *there* = *ðea,* aber *there is* = *ðea-r-is* (sog. „linking *r*“) oder man spricht *America-(r)-is greater, the idea-(r)-is* (sog. „intrusive *r*“).

„Wie er gekommen ist“ heißt demnach im Bairischen entweder

wia a kema īs oder *wia-r-a kema-r-īs.*

Weitere Beispiele für hiatustrennende Konsonanten:

Ziag d Schua-r-aus!
Mia kena-r-awa-r-àà-r-a-n andasmǫi kema.
Dǫ dààd a da-r-àà schdinga.
Hǫsd-da-r-àà-r-a-n-Awad gsuachd?
wega-r-eich
gega-r-uns
wia-r-e gsǫgd hǫb, wia-n-e . . .
wia-r-a-n Ǫida
wo-n-e bīⁿ
na dua-r-e, dua-n-e
etz zǫi-n-e
na bau-n-e ma-r-a Haus
(Zieh die Schuhe aus! Wir können aber auch ein anderes Mal kommen. Das würde dich auch ärgern. Hast du dir auch eine Arbeit gesucht? wegen euch, gegen uns, wie ich gesagt habe, wie ein Alter, wo ich bin, dann tu ich, jetzt zahle ich, dann baue ich mir ein Haus).

Auch die verdeutlichende Langform des unbestimmten Artikels ist hierher zu stellen:

mid ara Hagga, auf aran Beag, aufaramǫi/-mǫl
(mit einer Hacke, auf einem Berg, auf einmal).

Solche Übergangslaute können, müssen aber nicht eingeschoben werden, es sei denn bei fest gewordenen Verbindungen wie den Richtungsadverbien

zuari, zuawi/zouwi	„zuhin" (hinzu)
zuara, zuawa/zouwa	„zuher" (herzu)

Beugungsformen von Adjektiven auf *-er,* damit auch alle Komparative, fügen vor der Endung gern ein *-n-* ein

a ganz a mǫgana	„ein ganz magerer (magerner)"
a zwidane	„eine Zuwidere (lästige Person)"
a grę(i)ssana	„ein größerer"
a Schwangane	„eine Schwangere"

Niemals kommt etwa bei *i is* (ich esse) oder *es is glai aus* (es ist gleich aus) ein Einschub vor.

§ 21 Einfügung eines Dentalkonsonanten *(Sproßkonsonant)* kennt auch die Hochsprache: eigen*t*lich, vermein*t*lich, gelegen*t*lich, morgen*d*lich usw. Ähnlich finden wir im Dialekt:

Màndl, Wàndl, Brindl, Nàndl, Hendl

als Verkleinerungsformen zu „Mann, Wanne, Brunnen, Anna, Henne". Ebenso ist es mit der Neigung zum Anfügen eines sogenannten Wohllauts-*t (euphonisches t),* das den Wortabschluß verstärkt. Aus mittelhochdeutsch *obez, babes, saf, predig, ieman* wurde neuhochdeutsch *Obst, Papst, Saft, Predigt, jemand.* In der Mundart ist diese Dentalverstärkung am Wortende noch mehr verbreitet und betrifft, über die Hochsprache hinausgehend, weitere Wörter. Neben *Senft, Sengst, Ferste* (Senf, Sense, Ferse) sind es vor allem Adverbien, denen ein unorganisches *t* zugewachsen ist:

andaschd, draussd/daussd, drinnad, omad, vo(a)nt, nindaschd, naachad, dannad, etzad/ęitzad, dahoamt, denaschd, ent, drent (anders, draußen, drinnen, oben, vorne, nirgends, nachher, danach, jetzt, daheim, dennoch, „diesseits“, „jenseits“).

(Vgl. dazu auch die Verben auf *-eln, -ern* S. 141 f.)

d) Assimilation: Bfiagod

§ 22 Die Lautangleichung *(Assimilation)* hat gerade im Mittelbairischen bedeutende Ausmaße angenommen:

-pen, -ten, -ken	→	*bbm,*	*ddn,*	*gng/ga*
			↓	↓
-ben, -den, -gen	→	*m*	*n*	*ng*
-pel, -tel, -kel	→	*bbl/bbi,*	*ddl,*	*ggl/ggi*
			↓	
-bel, -del, -gel	→	*wl/wi,*	*l,*	*gl*

Neben der gewöhnlichen Angleichung (einstufige, partielle Assimilation), z. B. *-pen > -pn > -pm = bbm* (Stempen > *Schdembbm,* „Pfahl“), begegnet auch recht häufig eine weitergehende Angleichung, die zum Verlust des Verschlußlauts führt (mehrstufige, totale Assimilation), etwa *-del/-tel > dl > l* in Beispielen wie

Nudel > Nudl > Nu^{d}*l > Nu'l (> Nul)*
Zettel > Zedl > Ze^{d}*l > Ze'l (> Zel)*

Gne'l, Nǫ'l, Schdru'l, Schę'l, Bai'l, Ki'l, schilln
schdrain, gschdriin, sian, gsoon, dreen, Brǫǫn
leem, geem, iam, Sǫim, Schdum, Gruam, schraim, bliim
Lǫmmàl, Gęibbail
(Knödel, Nadel, Strudel, Schädel, Beutel, Kittel, schütteln; streiten, gestritten, sieden, gesotten, Braten; leben, geben, erben, Salbe, Stube, Grube, schreiben, geblieben; Ladenmädel (Verkäuferin), Geldbeutel)

Im Mittel- und Nordbairischen ist die Vorsilbe *ge-* vor Verschlußlauten völlig assimiliert:

geblieben > gblibn > bblibm > blim

Ein Ergebnis weitgehender Konsonantenangleichung ist auch das *Bfia* in der landesüblichen Grußformel *Bfia God, Bfiad-de* usw.:

mhd. *behüete > bhüet > bhiat > bfia(d)*

Wie *bh* werden auch *df* und *zf* zu mundartlichem *bf* verschliffen:

die Frau > d Frau > b Frau (Pfrau)
zu früh > z fria > b fria (pfria)

So ist auch die an sich überraschende Dialektlautung *bfrim* für „zufrieden" als Ergebnis weitgehendster Assimilation an das stammanlautende *f* zu erklären:

zefriden > zfridn > zfrin > bfrim

Mit ein paar Beispielen nach Merkle [54] soll die Lautangleichung über die Wortgrenze hinweg demonstriert werden: „Das hätten wir" klingt dann *dees hädd ma* oder *dees häbb-ma.*

Vakàffsb-ma desch-scheene Buiddl?
Du faasb-ma neb-min Ràl.
(Verkaufst du mir das schöne Bild? Du fährst mir nicht mit dem Rad.)

3. Betonung: Tunnel – Tunell

§ 23 Der Baier betont anders, heißt es [89]. Tatsache ist, daß in Süddeutschland bei zahlreichen Wörtern eine andere Betonung üblich ist als im Norden. Ein bekanntes Beispiel ist *(das) Tunell* (Wortakzent auf der 2. Silbe) gegen *(der) Tunnel* (Wortakzent auf der 1. Silbe). Hier folgt eine Auswahl von Wörtern, bei denen sich die landesübliche Betonung von der anderwärts gebräuchlichen abhebt (meist nicht nur im Dialekt, sondern auch in der Hochsprache):

Kaffee, Kiosk, Musik (Musi), Tabak (Dawak), Zigarre (Zigan), Petersil(ie), Asphalt, Motor, Pullover, Telefon, Uniform; allgemein, außerdem, hauptsächlich, absichtlich, notwendig, ausschließlich, bisher, vorher, nachher, seitdem, noch einmal, Neujahr, Pfefferminz, Nachmittag, Südamerika, Oberbürgermeister, Augenblick.

Auch Namen sind davon betroffen, z.B. *Joachim* und *Gisela.* Ortsnamen wie *Ruhpolding* oder *Zorneding* werden auf der ersten Silbe betont und nicht, wie oft von Fremden, auf der zweiten.

Am Rande sei erwähnt, daß die um sich greifende Betonung von Präpositionen, wie sie – zuerst wohl in Sportreportagen, jetzt aber immer häufiger – in Rundfunk, Fernsehen, in öffentlichen Reden, Kommentaren und auch im Alltag zu hören ist, dem bairischen Sprachempfinden zuwiderläuft. Hier bleibt die Präposition im Betonungstal, es heißt nicht *Komm* ***zu*** *mir,* sondern sinngerechter *Komm zu* ***mir***.

II. Formenlehre

In dieser exemplarischen Darstellung anhand von ausgewählten Kapiteln werden im wesentlichen mittelbairische Gegebenheiten im Vordergrund stehen; lautliche Nuancen und regionale Besonderheiten müssen unberücksichtigt bleiben.

In der Formenbildung wirken sich selbstverständlich die bereits bekannten, für das Bairische charakteristischen Lautentwicklungen aus: Konsonantenschwächung (S. 55 § 5, S. 83 § 13), Spirantisierung (S. 85 §§ 15, 16), *-e*-Ausfall (S. 55 § 6), weitgehende Assimilation (S. 90 § 22), Silbenverlust (S. 55 § 7), Umlauthinderung (S. 45), Liquiden- und Endungsvokalisierungen (S. 55 § 8 und S. 62).

1. Verb

a) Infinitiv: lem und lem lassn

§ 24 Die Vokalisierung der Endung *-en* spielt bei den Verbformen eine große Rolle, so vor allem beim Infinitiv und bei den Partizipien der Vergangenheit. Die bairische Entsprechung von schriftsprachlich *-en*/*-n* (lauf*en*, bau*en*, handel*n*, sei*n*; gelauf*en*, gekomm*en* usw.) ist je nach lautlicher Umgebung (Stammausgang des Verbs) unterschiedlich realisiert als *-n, -m, -ng* oder *-a*. Das (nach Ausstoßung des unbetonten *-e-*) anzusetzende silbische *-n* bleibt entweder konsonantisch erhalten, wobei es, abhängig vom Laut davor, zu *-m* oder *-ng* verändert wird (der stammschließende Konsonant kann in die Endung eingeschmolzen sein: *reden > redn > ren; leben > lebn > lebm > lem; sagen > sagn > sǫng*) oder es erscheint vokalisiert zu *-a (singen > singa)*.

		-n	*finddn, baissn, handln, fǫin, ren*
		-m	*schlębbm, gem, schraim, grǫm*
-(e)n → *-n*		*-ng*	*leng, sǫng, gschęng*
		-a	*kemma, kena, singa, làffa, macha,*

hogga (finden, beißen, handeln, fallen, reden; schleppen, geben, schreiben, graben; legen, sagen, geschehen; kommen, kennen/können, singen, laufen, machen, hocken).

Im Hauptgebiet des Mittel- und Nordbairischen gilt *-a* für schriftdeutsch *-en* nach *m, n, ng, f, ch, ck* grundsätzlich. An den Rändern hingegen finden wir zum Teil andere Verhältnisse vor. So hat die nördliche Oberpfalz durchwegs *-chn (mǫchng)* im Gegensatz zu südlicherem *-cha (mǫcha/macha* „machen"). Auffällig sind auch die im gesamten nordbairischen Gebiet, einschließlich des Regensburger Raums, geltenden Formen *baua, schaua, sęęa, fraia, schbaia, schnaia* (bauen, schauen, sehen, freuen, speien, schneien), wofür es mittel- und südbairisch *baun, schaung, sęng, frain, schbaim, schnaim* heißt.

§ 25 Einige Verben tanzen aus der Reihe, nicht nur in bezug auf den Infinitiv. Das sind einmal die sogenannten Wurzelverben „sein, tun, gehen, stehen" (mhd. *sîn, tuon, gên, stên*), die im Bairischen *seiⁿ/sàⁿ, doaⁿ/douⁿ, geⁿ/gęiⁿ, schdeⁿ/schdęiⁿ* lauten. Ungewöhnlich scheinen auf den ersten Blick auch *schnaim, schbeim, ziang, sęng, schaung, gschęng* für „schneien, speien, ziehen, sehen, schauen, geschehen". Der für diese Formen verantwortliche Konsonant findet sich in der Schriftsprache nicht mehr, ist aber im Mittelhochdeutschen nachzuweisen; dort hieß es z. B. *snîwen,* was sich über *schnaiwn/-bm* ganz lautgesetzlich zum heutigen *schnaim* weiterentwickelt hat. Die Existenz des alten *w* bzw. *b* wird augenscheinlich in *es schnaibt* (es schneit) oder in *schnaiwaln* (leicht schneien).

fanga – fang'ng

§ 26 Niemals werden im Bairischen – oder sonst im süddeutschen Raum – Formen wie *komm'm, nehm'm, bring'ng, könn'n* in dialektnaher Sprache zu hören sein. Derlei Verkürzungen, wie sie in modischem Umgangsdeutsch um sich greifen, laufen den bodenständigen Gepflogenheiten zuwider. Hierzulande bleibt nach Nasalkonsonanten immer eine volle Silbe zu hören: *kema, nema, bringa, kena/kina* (kommen, nehmen, bringen, können). Dies gilt selbstverständlich nicht nur für die Infinitive und Flexionsformen von Verben, sondern allgemein: „genommen, drinnen, Blumen, Tannenbaum, Prüfungen" lauten in bairischer Verkehrssprache *gnomma, drinna(d), Bluma(n), Danabàm, Brifunga(n)* und werden niemals verkürzt zu *genomm'm, drin'n, Blum'm, Tann'nbaum, Prüfung'ng.*

b) Die Konjugation der Verben: i red, mia rema, es redds

In der Beugung der Verben sind gegenüber der Hochsprache einige *Endungen* anders. Das betrifft in erster Linie die 1. Person Singular, die im Zuge der allgemeinen Abstoßung von *-e* natürlich endungslos ist: *i làf* (ich laufe), und die 2. Person Plural, die im Bairischen um ein *-s* erweitert als *-ts*/*-ds* auftritt: *es*/*ia làffds* (ihr lauft). Dieses *-s* ist das angewachsene Personalpronomen *es* = „ihr". Auch das Pronomen der 1. Person Plural, verkürzt zu *ma* < *mia* = „wir", kann als Endung angefügt sein: *mia làff(b)ma* neben *mia làffa(n)* (wir laufen).

§ 27 Das Grundschema der Flexionsendungen ist:

i red	*-Ø*	*i reed*	ich rede
du	*-sd*	*du redsd*	du redest
ea	*-d*	*ea redd*	er redet
mia	*-n**/*-ma*	*mia reen*/*reedma*/*rema*	wir reden
es/*ia*	*-ds*	*es*/*ia redds*	ihr redet
si	*-n**/*-nd*	*si reen*/*reend*	sie reden

* Dieses *-n* wird, wie oben beschrieben, lautlich als *-n, -m, -ng* oder *-a, -an* verwirklicht.

	„binden	schleppen	leben	sagen	singen	schlafen	kommen"
Inf.	*binddn*	*schlębbm*	*leem*	*sǫǫng*	*singa*	*schlaffa*	*kemma*
Sg. 1.	*bindd*	*schlębb*	*leeb*	*sǫǫg*	*sing*	*schlaf*	*kimm*
2.	*binddsd*	*schlębbsd*	*lebsd*	*sǫgsd*	*singsd*	*schlaffsd*	*kimmsd*
3.	*bindd*	*schlębbd*	*lebd*	*sǫgd*	*singd*	*schlaffd*	*kimmd*
Pl. 1.	*binddn*	*schlębbm*	*leem*	*sǫǫng*	*singa*	*schlaffa*	*kemma*
	–	–	–	–	*singan*	*schlaffan*	*kemman*
	binddma	*schlębbma*	*leema*	*sǫngma*	*singma*	*schlaff(b)ma*	–
2.	*bindds*	*schlębbds*	*lebds*	*sǫgds*	*singds*	*schlaffds*	*kemmds*
3.	*binddn*	*schlębbm*	*leem*	*sǫǫng*	*singa*	*schlaffa*	*kemma*
	–	–	–	–	*singan*	*schlaffan*	*kemman*
	binddnd	*schlębbmd*	*leemd*	*sǫǫngd*	*singand*	*schlaffand*	*kemmand*

§ 28 Abweichend von diesem Schema fügen alle Verben auf *-eln, -ern, -nen, -men* in der 1. und 2. Person Singular und in der 1. Person Plural ein *-d-* ein, so daß bei diesen sehr zahlreich vorkommenden Verben – es gibt etliche Hundert davon – die Endungen wie folgt aussehen [197] (vgl. dazu oben S. 89 § 21):

-d
-dsd
-d
-n/-dma
-ds
-n/-nd

	„radeln	würfeln	wandern	ordnen“
Inf.	*ràdln*	*wiafen*	*wandan*	*oaddnan*
Sg. 1.	*ràdld*	*wiafed*	*wandad*	*oaddnad*
2.	*ràdl(d)sd*	*wiafe(d)sd*	*wandadsd*	*oaddnadsd*
3.	*ràdld*	*wiafed*	*wandad*	*oaddnad*
Pl. 1.	*ràdln*	*wiafen*	*wandan*	*oaddnan*
	ràdldma	*wiafedma*	*wandadma*	*oaddnadma*
2.	*ràdlds*	*wiafeds*	*wandads*	*oaddnads*
3.	*ràdldn(d)*	*wiafen(d)*	*wandan(d)*	*oaddnan(d)*

§ 29 Verben, deren Stamm auf *-d* oder *-t* endigt, vereinfachen das Konjugationsschema gegenüber der Schriftsprache um das eingeschobene *-e-* in der 2. und 3. Person Singular und in der 2. Person Plural. Auf diese Weise sind, wie beim letztgenannten Schema auch, die ich- und er/sie/es-Formen einander völlig gleich.

	męiddn	*będden*	*aawan*	(melden, beten, arbeiten)
i	*męidd*	*będd*	*aawad*	(ich melde, bete, arbeite)
ea	*męidd*	*będd*	*aawad*	(er meldet, betet, arbeitet)
es/ia	*męidds*	*będds*	*aawads*	(ihr meldet, betet, arbeitet).

In Schülerheften findet man daher Schreibungen wie die folgenden, die die Dialektgrammatik abbilden [86]:

> Wenn ich die Katze *füttert,* fangt sie zum Schnurren an. Ich *bürstelt* ihr das Fell. In der Kirche *opfert* ich ein Zehnerl. Er sagte, du *wackeltst* ja direkt. Seine Mutter *arbeit* in der Fabrik. Dann *bet* er sein Abendgebet. Sie legten sich in die frisch *aufgebetten* Betten. Was *redts* ihr da? (füttere, bürst(l)e, opfere, wackelst, arbeitet, betet, aufgebetteten, redet).

i iß, du fahrst, er lest

§ 30 Auch der *Stamm* der Verben kann im Dialekt in anderer Weise behandelt werden als in der Standardsprache. In erster Linie betrifft das die starken Verben von der Art wie „geben, fahren, laufen“: Standardsprachlichem „ich gebe, du fährst, er läuft“ steht bairisch *i gib, du fǫsd, ea làffd* gegenüber.

Bairisch	Standard
a) *i nimm, gib, iß*	ich nehme, gebe, esse
b) *du/er meßt*	du/er mißt
du werst, er werd	du wirst, er wird
les!	lies!
c) *du tragst, er tragt*	du trägst, er trägt

§ 31 Zahlreiche Verben weisen im gesamten Singular, also abweichend von der Schriftsprache auch in der 1. Person, als Stammvokal das *i* auf, so z. B. „dreschen, fressen, geben, helfen, kommen (bairisch *kemmen*), nehmen, sehen, sprechen, stechen, treffen, treten, vergessen“. Nach der bairischen Grammatik heißt es:

i is, i daschrick, i brich, i schdiab, i wiaf
(ich esse, erschrecke, breche, sterbe, werfe).

§ 32 Während bei diesen Verben der gesamte Singular einheitliches *i* aufweist und der Plural *e,* gibt es eine Gruppe anderer Verben, die auf eine Singular-Abtönung ganz verzichten:

i les	ich lese
du lesd	du liest
ea lesd	er liest.

Außer „lesen“ sind hier zu nennen: „fechten, flechten, löschen (= verlöschen), messen, werden“.

Es wead scho^{n} *wean.* (Es wird schon werden.)

§ 33 Eine Umlautung des Stammvokals in der 2. und 3. Person Singular, wie es die hochsprachliche Grammatik vorschreibt, kennt das Bairische nicht. Es heißt:

du fangst, er laßt, sie schlafft, du wascht, er sauft
(du fängst, er läßt, sie schläft, du wäschst, er säuft).

Hierher gehören ferner: „backen, blasen, braten, fahren, fallen, graben, halten, laden, raten, stoßen“. (Für letzteres finden wir auch die bairische Form *stößen = schdęssn/schdęissn*, was ohnehin nicht mehr umlautbar ist; sonst *schdoussn.*)

Bi schdàd!

§ 34 Wie nicht anders zu erwarten, sind – wie in wohl allen lebenden Sprachen – besonders häufige und wichtige Verben besonders *unregelmäßig*. Einige seien hier mit ihren (mittelbairischen) Formen aufgeführt: „sein, haben, tun, werden, gehen, sehen".

	„sein"	„haben"	„tun"
Inf.	*seiⁿ/sàⁿ*	*hǫǫm*	*doaⁿ*
Sg. 1.	*biⁿ (bin-e)*	*hǫ/hǫb (hǫw-e)*	*dua (duan-e/duar-e)*
2.	*bisd*	*hǫsd*	*duasd*
3.	*is*	*hǫd*	*duad*
Pl. 1.	*sàn/hàn*	*ham*	*dean/duan/dàn*
2.	*saidds/sàdds/hàdds*	*habbds*	*deadds/duadds/dàdds*
3.	*sàn/sànd/hànd*	*ham/hamd*	*dean/duan/dàn/dànd*
Imp. Sg.	*bi*	*hǫ/hǫb*	*dua*
Pl.	*saidds/sàdds/hàdds*	*habbds*	*deadds/duadds/dàdds*
Part. Pf.	*gwen*	*ghabd/ghǫd*	*doⁿ*

	„werden"	„gehen"	„sehen"
Inf.	*wean*	*geⁿ*	*sęng*
Sg. 1.	*wea*	*gę*	*siag/siach/sęg/sig/siich*
2.	*weasd*	*gęsd*	*siagsd*/usw.
3.	*wead*	*gęd*	*siagd*/usw.
Pl. 1.	*wean*	*genga(n)*	*sęng*
	weama	*gema*	*sęngma*
2.	*weadds*	*gędds*	*sęgds/sęchds*
		gengds	
3.	*wean(d)*	*genga(n)*	*sęng(d)*
		gengand	
Imp. Sg.	*wea*	*gę*	
Pl.	*weadds*	*gędds/gengds*	
Part. Pf.	*woan/won*	*ganga*	*gsęng*

Bi schdàd! bedeutet also „Sei still!"

c) Vergangenheit: i hǫb-m kennd

§ 35 Da das Bairische kein einfaches Präteritum (Imperfekt, 1. Vergangenheit) mehr kennt (es sei denn bei Hilfsverben: *ea wa(r), i woidd* „er war, ich wollte"), kommt dem *Perfekt* (2. Vergangenheit) eine ungleich wichtigere Rolle zu als in der Hochsprache. Das Perfekt hat die Funktion der normalen Erzählvergangenheit zur Gänze übernommen. „Ich ging, stand, redete, machte, half" wird ausschließlich ausgedrückt durch die umschriebenen Formen:

*i bi*ⁿ *ganga, gschdanddn; i hǫ(b) gredd, gmachd, ghoiffa/ gholfm.*

Aus diesem Grunde gebraucht der Dialekt die *Partizip-Perfekt*-Formen ungleich häufiger als die Hochsprache.

§ 36 Standardsprachlich sind die Vergangenheitspartizipien durch die Vorsilbe *ge-* ausgezeichnet. Wie nicht anders zu erwarten, stößt das Bairische den unbetonten Vokal aus, so daß einfaches *g-* resultiert:

gfunddn, glachd, gnomma, gsunga, gschiggd, gessen, gaawad (gefunden, gelacht, genommen, gesungen, geschickt, gegessen, gearbeitet).

§ 37 Beginnt die Stammsilbe allerdings mit einem Verschlußlaut, so tritt Totalassimilation ein, d. h. ein *b, d, g, p, t, k, qu (= gw), z (= ds)* saugt das ursprünglich vorhandene *g-* völlig in sich auf, ohne daß es lautlich noch in Erscheinung tritt:

gebracht > gbracht > bracht

So ist es etwa bei:

bunddn, bfiffa, denggd, danzd, zoong, ganga, kàffd (gebunden, gepfiffen, gedacht, getanzt, gezogen, gegangen, gekauft).

Auf diese Art werden beispielsweise die Perfektformen

kend, denggd, kàffd, bidd
(gekannt, gedacht, gekauft, gebeten)

lautgleich mit den Präsensformen für „(er) kennt, denkt, kauft, bittet".

§ 38 Das Partizip Perfekt der Verben „dürfen, können, mögen, müssen, sollen, wollen" ist im Bairischen niemals von der Art *ge-...t* (*gedurft* usw.), sondern immer gleich dem Infinitiv, selbst dann, wenn es als Hauptverb im Satz steht.

Bairisch	Standard
Mia ham ned deaffa.	Wir haben nicht *gedurft.*
(Wir haben nicht *dürfen.*)	
Ea hǫd miassn.	Er hat *gemußt.*
(Er hat *müssen.*)	

In ländlichem Bairisch hört man noch die alten Perfektformen *kindd, gmiggd* (< *gekünnt, gemügt,* „gekonnt, gemocht").

§ 39 In bezug auf die Verteilung der Verben auf die Kategorien „regelmäßig" und „unregelmäßig" decken sich Mundart und Hochsprache nicht. Bildungen wie *ich habe aufgehebt, er ist gerennt, es hat gelitten, wir haben uns hingesessen gehabt* (aufgehoben, gerannt, geläutet, hatten uns gesetzt) sind im Bairischen ganz normal. Zahlreiche Verben, die laut Duden-Norm zu den starken = ablautenden oder zu den sogenannten rückumlautenden Verben gehören, bilden im Dialekt das Partizip Perfekt regelmäßig (schwach), d. h. mit *ge-. . .-t* und ohne Abtönung des Stammvokals (§ 40). Gegenbildlich dazu verhalten sich andere, die in der Hochsprache regelmäßige Formen bilden (schwach), im Bairischen aber starke Verben sind (§ 41).

Es heißt also beispielsweise:

B Muadda hǫd-n gschumpfm ghabd, ętz is-a undda-n Diisch eine-gschloffa, wai-a se gfoachdn hǫd, dàs-a wida ghaud wead. Des hǫd-a gschiicha.
*Wia-s gliddn hǫd, hǫw-a-me hi*ⁿ*gsessn, de andan sàn davo*ⁿ *grend, dàs-sa-s ned dawuschn ham.*
(Die Mutter hatte ihn geschimpft; jetzt kroch er unter den Tisch, weil er sich fürchtete, daß er wieder geschlagen wird. Davor hatte er Angst. Als es läutete, setzte ich mich hin, die anderen rannten davon, damit sie sie nicht erwischten.)

§ 40 Eine Reihe von Verben weist ein regelmäßiges schwaches Perfekt auf (in hochsprachenaher Verschriftung wiedergegeben):

gfangt	(gefangen)	*gnennt*	(genannt)
gfecht	(gefochten)	*grennt*	(gerannt)
derfrert	(erfroren)	*gscheint*	(geschienen)
ghengt	(gehangen)	*gschert*	(geschoren)
ghaut	(gehauen)	*gwendt*	(gewandt)

ghebt	(gehoben)	*gwißt*	(gewußt)
kennt	(gekannt)		

I hǫb bidd.	(Ich habe gebeten.)
I hǫb-n hoam gwaisd.	(Ich habe ihn heim gewiesen = ihn heimgeführt.)
Es hǫd brend.	(Es hat gebrannt.)

§ 41 Umgekehrt bildet eine Anzahl von Verben im Bairischen ihr Partizip Perfekt durch Abtönung des Stammvokals und mit *-n-* Suffix, d. h. diese Verben stellen sich – abweichend vom Standard – zu den starken Verben:

glitten	(geläutet)	*ghunken*	(gehinkt)
derwuschen	(erwischt)	*gschumpfen*	(geschimpft)
gschnieben	(geschneit)	*gstriffen*	(gestreift)
gschnitzen	(geschneuzt)	*gwunken*	(gewinkt)
gschiechen	(gescheut)	*gwunschen*	(gewünscht)
gnossen	(geniest)	*zunten*	(gezündet)
gschloffen	(„geschlüpft")	*gforchten*	(gefürchtet)
brunnen	(gebrannt)	*gsessen*	(gesetzt)

Daneben existieren auch *brennt, derwischt, gsitzt* als Partizipien zu „brennen, erwischen, (sich) setzen".

d) Partizip Präsens: bliarade Rosn

§ 42 Unter den Formen des Verbs verdient auch das Partizip des Präsens (Partizip I) Erwähnung, da es im Dialekt wesentlich häufiger und z. T. in anderer Weise gebraucht wird als in der der Hochsprache. Es wird gebildet mit *-ad,* entsprechend dem standarddeutschen „-end", z. B. *làffad, gęęad* (laufend, gehend).

Die Hochsprache, vor allem im schriftlichen Ausdruck, kennt zu jedem Verb ein Präsenspartizip, das Bairische nicht ohne weiteres. Solche Formen sind nur üblich, wenn sie – mehr oder minder – eine Eigenschaft zum Ausdruck bringen; sie können um so eher verwendet werden, je mehr sie sich bedeutungsmäßig einem *Adjektiv* nähern. Das Partizip I wird nicht gebraucht, um eine augenblickliche Tätigkeit zu bezeichnen; dafür bedient man sich anderer grammatischer Formen.

Dialektgemäß sind demnach Fügungen wie:

bliarade Rosn, a drǫgade Kua, a kochads Wassa, da rinade Wexl, a brenade Zigàn, a gschdingads Flaisch
(blühende Rosen, eine tragende (= trächtige) Kuh, das kochende Wasser, der rinnende Wechsel (= Wasserhahn), eine brennende Zigarre, (ein) stinkendes (= verdorbenes) Fleisch).

Unmöglich hingegen wären Wendungen wie *a kochade Frau* oder *làffade Kinda;* dafür heißt es *a Frau, de wo kochd; de Kinda, de wo dǫ làffan(d).* Hier handelt es sich nämlich eindeụtig um Tätigkeiten, die niemals in der Erstarrung einer Partizipialfügung zum Ausdruck gebracht werden, nicht aber um beständige Eigenschaften.

§ 43 Eine Besonderheit der bairischen Grammatik ist die Verwendung des Partizips I mit *werden,* z. B. *es wead rengad,* „es fängt zu regnen an, das Wetter wird regnerisch". Diese Konstruktion bezeichnet weniger den Anfang einer Handlung, sondern das „Geraten in einen Zustand", wie es J. A. Schmeller 1821 formuliert hat [57], wofür er als Beispiele anführt: *„er, sie, eß wird ... geend, hupfend, lauffend, redend, regnend, siedend". 's Hai is eam brenad won.* „Bei ihm hat das Heu Feuer gefangen." Es ist dem wohl zuzustimmen, daß „werden + Partizip I" den Eintritt in einen Zustand, also nicht in eine Handlung oder einen Vorgang bezeichnet. Tatsächlich ist die Bedeutung des Satzes *Ea wead scho*ⁿ *wida gę̨ęad* nicht die, daß einer zu gehen anfängt, sondern daß er unruhig wird, also in den Zustand einer Unruhe gerät. Demnach sind die Partizipien hier mehr als Adjektive denn als Verbformen zu betrachten; der Übergang ist fließend.

§ 44 Schließlich gibt es auch *substantivierte Partizipien,* oft mit einer zusätzlichen Endung *-s* versehen. Statt *Ea wead gę̨ęad* könnte man auch sagen: *Ea hǫd koan Sitzadn mea*, wörtlich übersetzt: „Er hat keinen Sitzenden mehr", d. h. er hält es sitzend nicht mehr aus, wird unruhig. Reine Substantive sind *Renads, Ràffads, Fressad(s), Sauffad(s), Ǫwaichad(s), Gschbaiwads* (Rennen, Rauferei, Freß-, Saufgelage (Fresserei), „Durchfall", Erbrochenes).

*e) Konjunktiv: Es gàng(ad) – es dàd ge*ⁿ

§ 45 Der Konjunktiv des Präsens spielt auch in der heute gebräuchlichen Standardsprache des Alltags kaum mehr eine Rolle. Im Dialekt ist er als lebendige Form gänzlich verschwunden und hat sich nur mehr in formelhaften Wendungen wie *Hęif da God* oder *Goddsaidangg* („Helf dir Gott“ – wenn jemand niest –, „Gott sei Dank“) resthaft erhalten. Ganz anders verhält es sich mit dem Konjunktiv II, der aus dem Präteritum abgeleitet ist, aber keine Vergangenheit bezeichnet. Er tritt in allen Sprachebenen häufig auf, vornehmlich in der Funktion des Irrealis, also zum Ausdruck des Nicht-Tatsächlichen, Unbestimmten, Gewünschten, Möglichen.

Dank des dialekteigenen Suffixes *-ad* ist der *Einwortkonjunktiv* (synthetisch gebildeter Konjunktiv II) lebendiger Bestandteil der dialektnahen Sprache geblieben. Das Bairische kann zu jedem Verb (außer „haben, sein, (tun)“) eine unverwechselbare einfache Konjunktiv-II-Form mit Hilfe der Endung *-ad* bilden:

i drǫgad, lassad, gewad, hewad
(ich trüge, ließe, gäbe, höbe).

Bei einigen ablautenden Verben tritt das Suffix *-ad* wahlweise an den Präsens- oder an den Präteritumstamm an:

i lassad/liassad, gewad/gàwad
(lass-at/ließ-at, geb-at/gäb-at „ließe, gäbe“).

§ 46 Bei einer schrumpfenden Zahl von starken Verben existiert auch noch die endungslose Konjunktivform, die sich durch Umbzw. Ablaut auszeichnet:

i liass, i gààb, i kààm (ich ließe, gäbe, käme).

Zusammen mit der Umschreibung (analytische Bildung) „täte + Infinitiv“, entsprechend der standarddeutschen Fügung „würde + Infinitiv“, z. B. *i dààd lassn* (ich würde lassen), stehen bei bestimmten Verben insgesamt vier Möglichkeiten der Konjunktivbildung als stilistische Varianten zur Verfügung, bei jedem Verb aber mindestens zwei, nämlich die mit der Endung *-ad* und die Umschreibung mit *dààd:*

	Bairisch		Standard	
(1)	*ea kàm*	---	*er käme*	---
(2)	*ea kàmad*	---	---	---
(3)	*ea kemmad*	*machad*	---	---

(4)	---	---	---	*er machte*
(5)	*ea dààd kema*	*ea dààd macha*	---	---
(6)	---	---	*er würde kommen*	*er würde machen*

§ 47 Die Tabelle macht zweierlei deutlich: Zum einen, daß – mit Ausnahme der Zeile (1) – keine direkten Parallelen hinsichtlich der Bildung zwischen den beiden Sprachebenen bestehen; zum anderen, daß die grammatikalischen Möglichkeiten im Dialekt reicher entfaltet sind als in der Standardsprache. Diese augenscheinliche morphologische Überlegenheit des Dialekts gegenüber dem Standarddeutschen entspricht dem im Bairischen viel breiter gefächerten Anwendungsbereich dieser Formen: als Irrealis, Konditionalis, als Konjunktiv des Wunsches (Optativ), der Möglichkeit (Potentialis), der Wahrscheinlichkeit, der Hypothese, des Zweifels, der Unsicherheit, der Befürchtung, der Ablehnung, der Bescheidenheit, der höflichen Bitte, des erreichten Resultats u. a. m.:

I moanad scho^{n}.	(Das würde ich meinen.)
Des hädd ma.	(Das hätten wir.)
Mia wààn fiadde.	(Wir wären fertig.)
I griagad an Schweinsbrǫn.	(Ich hätte gerne einen Schweinsbraten.)
Dǫ wààr-e.	(Da bin ich.)
I wàà da Zentna Wiggal.	(Ich bin der Ludwig Zehetner, in aller Bescheidenheit.)

Siehe dazu auch S. 196.

§ 48 Ein paar Einzelheiten: Die häufigsten Hilfsverben, nämlich „haben, sein, tun“, kennen ausschließlich die Formen ohne Endung (Zeile 1). Andere Hilfsverben, wie „werden, können“, bilden ihre Konjunktivformen nach (3), (2) oder (5); „müssen, sollen, wollen, mögen“ sogar nach (4):

i häd/hädd, i wàà(r), i dààd	(ich hätte, wäre täte)
i wearad/wuarad/dààd wean	(ich würde)
i kàndd/kundd/kànddad/kunddad/ dààd kena	(ich könnte)
i miassad/miassd	(ich müßte)
i soidd/soiddad	(ich sollte)

i woidd/woiddad	(ich wollte)
i mächd/mächad	(ich möchte)

Von allen anderen Verben wird der Konjunktiv schwach, d.h. aus dem Stamm und der Endung *-ad* gebildet – oder kann zumindest so gebildet werden; dabei ist es gleichgültig, ob es sich um starke oder schwache Verben handelt. Dafür noch weitere Beispiele aufzulisten, erscheint müßig, da es deren so viele gibt wie Verben:

i zoagad, du drǫga(d)sd, ea griassad, mia gàngadn/gàngadma, es/ia lesads, si làffadn
(ich zöge, du trügest, er grüßte = würde grüßen, wir gingen = würden gehen, ihr läset, sie liefen = würden laufen)

§ 49 Aufgeführt zu werden verdienen allerdings die wenigen starken Konjunktivformen, die sich im Bairischen noch erhalten haben. In erster Linie sind dies Formen, die das Umlaut-*à* enthalten, das, wie oben bereits festgestellt, geeignet ist, Gefühl zum Ausdruck zu bringen; es tritt als Zeichen der Modalität bei etlichen Verben auch im heutigen Sprachgebrauch noch in Erscheinung:

„essen“	*ààs*	neben	*essad*		
„bringen“	*bràchd*		*bringad*		
„finden“	*fàndd*		*finddad*		
„fressen“	*fràs*		*fressad*		
„geben“	*gàb*		*gewad*	und	*gàwad*
„gehen“	*gàng*		*gęęad*		*gàngad*
„kommen“	*kàm*		*kemad*		*kàmad*
„liegen“	*làg*		*ligad*		*làgad*
„nehmen“	*nàm*		*nemad*		*nàmad*
„springen“	*schbràng*		*schbringad*		
„stehen“	*schdàndd*		*schdęęad*		*schdànddad*
„vergessen“	*vagàs*		*vagessad*		
„verschwinden“	*vaschwàndd*		*vaschwinddad*		

Von Verben aus anderen Ablautreihen haben sich im wesentlichen nur zwei Konjunktive mit ausschließlich innerem Modalitätszeichen bewahren können, nämlich

„lassen“	*i lias*	neben	*lassad*	und	*liassad*
„werden“	*i wua*		*wearad*		*wuarad*

In Gebieten mit besonders altertümlichem Dialekt kann man aber durchaus auch noch andere derartige Konjunktivformen hören, so etwa im Unteren Bayerischen Wald:

> *i làs, làg, sàss, sàg, es gschàg, i hàlf; i drung, schlug, zug, suf, fua, ruaff, duaf, wuaf, vaduab, schduab; i schliaff, schliass, blib, schbib, schri*
> zu den Verben: „lesen, liegen, sitzen, sehen, geschehen, helfen; trinken, schlagen, ziehen, saufen, fahren, rufen, dürfen, werfen, verderben, sterben; schliefen, schließen, bleiben, spei(b)en, schreien".

Solche Formen werden außerhalb des engeren Verbreitungsgebiets überhaupt nicht mehr verstanden.

2. *Substantiv und Artikel*

Während das vorige Kapitel eine fast vollständige Grammatik des Verbs bietet, sollen aus der Formenlehre der übrigen Wortarten nur einige besonders auffällige Besonderheiten herausgegriffen werden, namentlich solche, durch die sich das Bairische von der hochdeutschen Grammatik abhebt.

a) Die 4 Fälle: meinem Vater sein Haus

Von den 4 Fällen (oder Kasus) des Deutschen hat das Bairische den *Genitiv* (2. Fall) gänzlich aufgegeben. Verschiedentlich fallen im Singular auch Dativ und Akkusativ (3. und 4. Fall) formal zusammen, und im Plural verzichtet der Dialekt gänzlich auf eine Unterscheidung der Kasus: Es gibt grundsätzlich nur eine *einheitliche Mehrzahlform.*

§ 50 Anstelle des Genitivs stehen im Bairischen – wie übrigens in vielen deutschen Dialekten und in der Umgangssprache – grundsätzlich umschreibende *Ersatzformen*: mit *von* oder durch Dativ + Possessivpronomen. Von den vier denkbaren Konstruktionen, die ein Besitzverhältnis ausdrücken können, nämlich:

a) „meines Vaters Haus"
b) „das Haus meines Vaters"
c) „meinem Vater sein Haus"
d) „das Haus von meinem Vater",

kennt der Dialekt ausschließlich die letzten beiden, wobei die jüngere Generation mehr zur *von*-Umschreibung neigt:

Des is meim Vadda(n) sei^n *Haus.*
Des is-s Haus vo^n *meim Vadda.*

So werden auch mehrgliedrige Genitivausdrücke wie „im Auto der Schwester meines Freundes" oder „der Sohn des Bruders meiner Frau" aufgelöst in Umschreibungen ohne Genitiv:

im Auddo vo^n *da Schwesda vo*^{n} *mein Freindd*
im Auddo vo^n *meim Freindd seina Schwesda*

da Bua vo^n *meina Frau iaram Bruada(n)*
vo^n *meina Frau iaram Bruadan da Bua*
meina Frau iaram Bruadan sei^n *Bua*
(meina Frau seim Bruadan sei^n *Bua)*

§ 51 Im Plural kennt das Bairische, wie gesagt, keine Kasusunterscheidung mehr, es gibt nur eine einheitliche Form, die ihrerseits häufig nicht in derselben Weise vom Singular abgeleitet ist wie im Standarddeutschen. Am krassesten tritt diese Diskrepanz zwischen Dialekt- und Duden-Grammatik beim *Dativ Plural* in Erscheinung, wo – vom Standpunkt des Schriftdeutschen her gesehen – immer ein „Fehler" vorliegt. Sobald man gesprochene Sätze silbengetreu niederschreibt, werden sie „falsch". Und dies ist eben häufig der Fall, wenn ein Dialektsprecher sich in der Schriftform äußert. Der Dativ Plural stellt eine erhebliche Fehlerquelle für dialektgeprägte Kinder – und Erwachsene – dar, die neben ihrer Mundart die Normen der hochsprachlichen Grammatik nicht sicher beherrschen.

Ea wa mid fesde Schdrigg obunddn.
Mia schdengan voa de Schaufensda.
Mid-de Fiass auf de Dissch drom.
Des is ǫlle Laid wuaschd gwen.
(mit feste Strick – „mit festen Stricken"; vor die Schaufenster – „vor den Schaufenstern"; mit die Füß(e) auf die Tisch(e) droben – „mit den Füßen auf den Tischen droben"; das ist alle Leute ... – „allen Leuten egal gewesen")

§ 52 Wie vielfältig und welcher Art die Abweichungen und Überschneidungen in der *Nominalflexion* in den beiden Sprachebenen sind, kann hier nur andeutungsweise aufgezeigt werden. Die Gegenüberstellung weist aus, daß sowohl das Substantiv als auch seine Begleiter unterschiedliche Formen haben können:

	Bairisch	verschriftet	Standard
Singular			
Nom.	*da ledsde Briaf*	*der letzte Brief*	der letzte Brief
Gen.	– – –	– – –	**des letzten Briefes**
Dat.	*am/**an** ledsdn Briaf*	*dem/**den** letzten B.*	**dem** letzten Brief
Akk.	*an ledsdn Briaf*	*den letzten Brief*	den letzten Brief
Plural			
Nom.	*de ledsdn Bria**ff***	*die letzten Brief*	die letzten Brief**e**
Gen.	– – –	– – –	**der letzten Briefe**
Dat.	***de** ledsdn Bria**ff***	***die** letzten Brief*	**den** letzten Briefe**n**
Akk.	*de ledsdn Bria**ff***	*die letzten Brief*	die letzten Brief**e**
Singular			
Nom.	*a hou**a** Beag*	*ein hoher Berg*	ein hoher Berg
Gen.	– – –	– – –	**eines hohen Berges**
Dat.	*am/**an** hou**a** Beag*	*ein**en** hohen Berg*	ein**em** hohen Berg
Akk.	*an hou**a** Beag*	*einen hohen Berg*	einen hohen Berg
Plural			
Nom.	*houe Beag*	*hohe Berg*	hohe Berg**e**
Gen.	– – –	– – –	**hoher Berge**
Dat.	*hou**e** Beag*	*hoh**e** Berg*	hoh**en** Berg**en**
Akk.	*houe Beag*	*hohe Berg*	hohe Berg**e**

b) Dativ Singular: min Ràdl

§ 53 Die beim Maskulinum und Neutrum auftretende Endung *-m* der Substantivbegleiter (*dem/einem* Mann/Haus) neigt im Bairischen dazu, zu *-n* abgeschliffen zu werden, womit beim Maskulinum Dativ und Akkusativ in ein und derselben Form zusammenfallen. Dies trifft Artikel und adjektivisches Pronomen in gleicher Weise:

I foa min Auddo.
Ea sidsd aufn Ràdl.
Des ghead an Hans.
Dǫ hoggd-a unddan Diisch drin.

I brauch a Bruin zun Lesen.
Mia wan in Kella drundd.
De Hiddn schdęd auf an houa Beag.
(Ich fahre mit dem Auto. Er sitzt auf dem Rad. Das gehört dem Hans. Da hocken sie unter dem Tisch. Ich brauche eine Brille zum Lesen. Wir waren im Keller unten. Die Hütte steht auf einem hohen Berg.)

§ 54 Es kann wohlgemerkt nicht davon die Rede sein, daß etwa der Dativ durch den Akkusativ ersetzt würde; es sind einfach die maskulinen Formen der beiden Kasus in einer einheitlichen Endung zusammengefallen. Sehr wohl kann allerdings statt des *-n* auch *-m* auftreten (womit Einigkeit mit der hochsprachlichen Grammatik erreicht ist), und zwar vor allem dann, wenn das folgende Wort mit einem Lippenlaut beginnt, so daß *-m* artikulatorisch näher liegt als *-n* (Assimilation):

Ghead des an Hans oda am Franz?
Des hǫw-e von Sebb seim Bruada griagd.
I sǫg-s an/am Leara.
I gę mid mein/meim Hund schbaziian.
min/mim Hàggl – mim/min Messa
(Gehört das dem Hans oder dem Franz? Das habe ich vom Sepp seinem Bruder (von Josefs Bruder) gekriegt. Ich sage es dem Lehrer. Ich gehe mit meinem Hund spazieren. Mit dem Hackel (mit der Axt) – mit dem Messer).

Fest geworden ist die ursprüngliche Dativform mit *-m* beim Personalpronomen der 3. Person Singular mask. und neutr., und zwar für Dativ wie Akkusativ. Es heißt sowohl

I gib-s eam. (Ich gebe es ihm.)

als auch

Schaug eam o! Eam schaug o! (Schau ihn an!)
Ea mǫg si, awa si mǫg eam ned. (Er mag sie, aber sie mag ihn nicht.)

c) Dativ Plural: i kenn Eana, mid de Kinda

§ 55 Von der Dialektgrammatik her gesehen, sind alle standardsprachlichen Dativ-Plural-Formen fremd und bereiten große Schwierigkeiten.

Nom. *De houa Beag. Des sàn houe Beag.*
Dat. *Auf de houa Beag . . ./Auf houe Beag hǫd-s scho gschneibd.*
Akk. *Mia schdaing auf de houa Beag/. . . auf houe Beag auffi.*
(Die hohen Berge. Das sind hohe Berge. – Auf den hohen Bergen . . ./Auf hohen Bergen hat es schon geschneit. – Wir steigen auf die hohen Berge/. . . auf hohe Berge hinauf.)

Nom.	*de . . .-a . . .-e*	„die . . .-en“	„. . .-e“
Dat.		„**den** . . .-en“	„. . .-**en**“
Akk.		„die . . .-en“	„. . .-e“

Dieser Sachverhalt führt zwangsläufig zu Normverstößen bei der Anwendung der Hochsprache. In Schülerheften findet man zahlreiche Direktübertragungen aus dem Dialekt:

Wir waren *in die* Ferien bei der Oma. Ich habe mich *mit die* Hände und *die* Füße gewehrt.

Auch im Plural gilt es beim Personalpronomen eine Besonderheit zu beachten, und zwar bei der Höflichkeitsform „Sie“. Statt

„ich sehe Sie“ heißt es bairisch *i siich Eana* (= „Ihnen“)
„ich kenne Sie“ *i ken Eana*

Während beim einfachen Pronomen „sie“ (= die Frau, die Kinder) sehr wohl zwischen Dativ und Akkusativ unterschieden wird:

„ich gebe es ihnen (den Kindern)“ – *i gib-s eana*
„ich sehe sie (die Kinder)“ – *i siich-s,*

muß die Höflichkeitsform im Dativ wie Akkusativ *Eana* heißen. Andreas Zaupser, der sich zu Ende des 18. Jahrhunderts mit dem bairischen Dialekt beschäftigte, fand dafür folgende Erklärung:

Zu bemerken ist, daß ein Frauenzimmer von etwas gutem Stande es übel deuten würde, wenn man im Discurse mit ihr im Accusativ das „Sie“ von ihrer Person gebrauchen wollte. Man darf nicht sagen: „Mamsell, ich habe Sie gestern gesehen“, sondern: „ich habe Ihnen gestern gesehen.“ Das „Sie“ im Accusativ ist nur für Mädchen und Weiber von geringerm Stande, z. B. „Jungfer Köchin, ich habe Sie gestern gesehen“ ([54], S. 97).

d) Der bestimmte Artikel: des Kind – 's Kind

§ 56 Der bestimmte Artikel kommt im Bairischen in verschiedenen Varianten vor, je nachdem, ob er *betont* (d. h. in der Bedeutung dem Demonstrativpronomen nahekommt) oder *unbetont* verwendet wird. Männlicher und weiblicher Singular kennen sogar eine noch weiter abgeschwächte Form, die – wie eine Endung – an Präpositionen angefügt wird.

		betont	unbetont	nach Präpositionen
mask.	Nom.	*dea*	*da*	– –
	Dat.	*den/dem*	*an/am*	*n/m*
	Akk.	*den*	*an*	*n*
neutr.	Nom.	*dees*	*as/s*	– –
	Dat.	*den/dem*	*an/am*	*n/m*
	Akk.	*dees*	*as/s*	*s*
fem.	Nom.	*de*	*d*	
	Dat.	*deara*	*da*	
	Akk.	*de*	*d*	
Plur.	Nom.	*de*	*d*	
	Dat.	*dene*	*de*	
	Akk.	*de*	*d*	

Es heißt also:

Dea Wǫid is hi^{n}. „Der (= dieser) Wald ist kaputt."
Da Wǫid schdiabd. „Der Wald (allgemein) stirbt."

De Kua kàf-e. D Kua kǫiwad.
Des Kind is grang. S Kind is grang.
Mid den Auddo kimmsd ned waid. Am Auddo fęid nix. Mid-n (min/mim) Auddo gęd-s schnęia.
Mid deara Gràwàddn weasd ausglachd. Mid da Gràwàddn . . .
I hǫb de Frau ja griassd. I hǫb d Frau àà griassd.
Mid dene Laid is-s a Graiz. Mid de Laid is-s a Graiz.
Ea frǫgd de Laid dǫ. Auf d Laid is koa Valas.
(Die/diese Kuh kaufe ich. Die Kuh kalbt. – Das/dieses Kind ist krank. Das Kind ist krank. – Mit diesem Auto kommst du nicht weit. Dem Auto fehlt nichts. Mit dem Auto geht es

schneller. – Mit dieser Krawatte wirst du ausgelacht. Mit der Krawatte . . . – Ich habe diese Frau gegrüßt. Ich habe die Frau auch gegrüßt. – Mit diesen Leuten ist's ein Kreuz. Mit den Leuten ist's ein Kreuz. – Er fragt diese Leute da. Auf die Leute kannst du dich nicht verlassen.)

e) Assimilationsformen: b Frau und k Kinda

§ 57 Der in bestimmten Fällen auf bloßes *d* reduzierte Artikel wird grundsätzlich assimiliert, d. h. an den folgenden Laut angeglichen (vgl. dazu S. 90 f.):

„die Frau"	> *d Frau*	> *b Frau (Pfrau)*
„die Füße"	> *d Fiass*	> *b Fiass (Pfiass)*
„die Maus"	> *d Maus*	> *b Maus*

Vor Lippenlauten tritt der bestimmte Artikel also als *b* auf: *b Muadda, b Flaschn, b Vegl* (die Mutter, die Flasche, die Vögel). Tatsächlich greift die Lautangleichung aber im Satz auch über den Artikel hinaus. „Er sah die Mutter kommen" hört sich dann so an:

Ea hǫb-b-Muadda kema sęng.

Vor *b, d, g, k, p, t, x, z* verschmilzt der bestimmte Artikel gänzlich mit dem Anlaut des Substantivs:

„die Bauern"	> *d Bauan*	> *b Bauan*	> *Bauan*
„die Tinte"	> *d Dinddn*		> *Dinddn*
„die Gasse"	> *d Gass*	> *g Gass*	> *Gass*
„die Katze"	> *d Katz*	> *k Katz*	> *Katz*

Diese lautliche Entwicklung führt also an der Oberfläche zu scheinbar völligem Verschwinden des Artikels:

Mia gengan in Kiach (< in k Kiach < in d Kiach)
(Wir gehen in die Kirche).

In solchen Sätzen ist der Artikel vom Dialektsprecher zwar mitgedacht, tritt aber lautlich meist nicht mehr in Erscheinung:

Drǫg an Briaf auf Bosd!
Hoi Bolizai!
Foa hǫid in Gàràsch nei^n*!*
Mia ham Koin scho^n *bschdęid.*

(Trag den Brief auf die Post! Hol die Polizei! Fahr halt in die Garage hinein! Wir haben die Kohlen schon bestellt.)

Sàn des Katzn?

kann also bedeuten: „Sind dies Katzen?“ oder aber auch „Sind dies die Katzen?“,

Des wan Kinda

sowohl „Das waren Kinder“ als auch „Das waren die Kinder“.

Weiter um sich greifende Assimilation kann auch den sächlichen Artikel *s* einschmelzen:

Na hamsch-Schuihaus o^{n}zunddn (< ham-s s Schuihaus)
(Dann haben sie das Schulhaus angezündet.)

Wenn sich in Schüleraufsätzen Fehler wie die folgenden finden:

Wir gehen *in* Keller. Ich war *in* Haus drin.
Sie kommt *von* Dach runter,

so liegen Übertragungen der Dialektlautung in die Schriftlichkeit vor. *In, von* ist zu interpretieren als *in-n* = „in den/dem (im)“, *von* als *von-n* = „von dem (vom)“. In dem Satz

Dem Opa tun Zähn weh

ist *Zähn* aufzulösen in *z Zähn* < *d Zähn* = „die Zähne“.

§ 58 Solche Einverleibung des Artikels erfolgt allerdings nur dann, wenn er unmittelbar vor dem Substantiv steht, nicht etwa vor dem Adjektiv; denn da wird immer die Vollform des Artikels verwendet:

d Epfe	aber	*de guadn Epfe*	(die guten Äpfel)
b Flaschn		*de volle Flaschn*	(die volle Flasche)
k Kich		*de naie Kich*	(die neue Küche)

f) Bestimmter und unbestimmter Artikel: in a(ra) Hüttn

§ 59 Der bairische Satz

I hǫb an Kaminkeara gsęng

ist in bezug auf den Artikel doppeldeutig. Er bedeutet entweder

„Ich habe den Kaminkehrer gesehen“ oder „. . . einen Kaminkehrer . . .“ Man muß also aus dem Zusammenhang erschließen, ob von einem bestimmten oder von irgendeinem Kaminkehrer die Rede ist. Die Artikelform *a* bzw. *an* ist vielwertig, wie die folgende Grafik zu verdeutlichen sucht [85]:

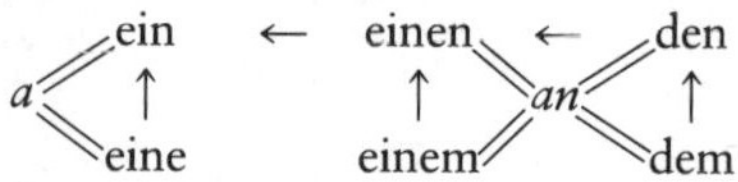

Die Doppellinien zeigen die Entsprechungen an, die Pfeile geben an, welche Verwechslungen bei der Umsetzung in die Schrift denkbar sind.

§ 60 Daß der unbestimmte Artikel nur mehr wenige Endungen hat, ist bereits klar geworden: Für alle drei Geschlechter lautet er gleich:

a Ofa, a Schaufe, a Fensda (ein Ofen, eine Schaufel, ein Fenster) *mid an/aran Hamma, in a/ara/ana Hiddn* (mit einem Hammer, in eine (in einer) Hütte)

	mask.	neutr.	fem.
Nom.	*a*	*a*	*a*
Akk.	*an*	*a*	*a*
Dat.	*an*	*an*	*a*

Die Dativ- und Akkusativformen können auch zweisilbig sein: *ara, aran, ana.* Zu diesen verdeutlichenden Formen siehe auch S. 88 f.

g) Gebrauch des Artikels: ein ganz ein guter

§ 61 *a so a scheena Dog*	„so ein schöner Tag“
a ręchd a graisliga Hǫfa	„ein recht häßliches Mädchen“
a vui a scheenare	„eine viel schönere“
a bissl a Gęid / *a weng(al) a Gęid*	„ein wenig Geld“
aus an ganz an ǫidn Buach	„aus einem ganz alten Buch“

Doppelsetzung des Artikels ist üblich in Verbindung mit „so, recht, wenig, bißchen, ganz“. Nur bei letzterem findet man auch den bestimmten Artikel gedoppelt:

dea ganz dea lange Keal	„der ganz lange Kerl“
de ganz de andan	„die ganz anderen“.

Ähnlich wie der Artikel können auch „wer, was, wo“ zweifach gesetzt werden:

Mia schaung-ma-r uns wǫs ganz wǫs andas o^n.
Mia wan wo vui wo scheenas.
(Wir schauen uns etwas ganz anderes an. Wir waren irgendwo, wo es viel schöner war.)

Sie ist eine Lehrerin, er hat ein Geld

§ 62 Hinsichtlich der *Verwendung des Artikels* fällt auf, daß sowohl der bestimmte als auch der unbestimmte im Bairischen eindeutig häufiger vorkommen als in der Hochsprache. Ausnahmslos steht ein Artikel bei Personennamen, Verwandtschafts- und Berufsbezeichnungen und bei manchen abstrakten Begriffen oder Angaben unbestimmter Mengen und bei Stoffbezeichnungen:

Haid kimmd da Hans zu mia, fraid se de Lis.
Sei^n *Onkl is a Milljonea.*
Mei^n *Vadda is a Buachdrugga.*
D Vroni is a Leararin won.
(Heut' kommt (der) Hans zu mir, freut sich (die) Lies. Sein Onkel ist Millionär. Mein Vater war Buchdrucker. (Die) Vroni ist Lehrerin geworden.)

Man sagt:

der Hitler, der Adenauer, der Churchill, der Franz Josef Strauß, der Willy Brandt, die Marlene Dietrich, die Marilyn Monroe . . .

baim Dǫg	„bei Tag“
bai da Nǫchd	„bei Nacht“
auf d Nǫchd	„abends“
Ea hǫd a Gligg ghabd.	„Er hat Glück gehabt“
I hǫb an Gschbàss dro^n.	„Ich habe Spaß daran.“
Giw an Rua!	„Gib Ruh!“
Haid kimmd a Schnee.	„Heute kommt Schnee.“
Mach a Liachd!	„Mach Licht!“
Hǫsd a Gęid dabai?	„Hast du Geld dabei?“
I mǫg no a Gmias.	„Ich mag noch Gemüse.“

h) Singular und Plural

Besonderheiten beim Singular: der Nam, eine Kisten

§ 63 In der Schriftsprache gibt es sehr viele Substantive, die auf unbetontes *-e* enden. Wie aus der Darstellung der Lautgeschichte hervorgeht, kann es derlei im Bairischen nicht geben. Die Entsprechungen solcher Wörter verteilen sich auf zwei unterschiedliche Gruppen:

a) solche, die das *-e* abgeworfen haben und damit nur den endungslosen Stamm aufweisen:

Has, Aff, Bitt, Frag, Sprach, Red, Bruck, Straß, Sach, Gab, Hitz, Mühl, Woch, Katz, Gschicht, Maschin;

b) solche, die bereits im Singular statt des *-e* ein *-n* aufweisen, d. h. die bairischen Singulare sehen aus wie Pluralformen:

Wiesen, Ketten, Lampen, Gruben.

Diese Endung erscheint in gesprochenem Bairisch verwirklicht als *-n, -m, -ng* oder *-a* (siehe S. 93):

d Wisn „die Wiese" *k Ken* „die Kette"
Wunddn, Amaisn, Hosn, Rosn, Fichdn, Blǫsn, Koin, Schnǫin
(Wunde, Ameise, Hose, Rose, Fichte, Blase, Kohle, Schnalle)

d Lampm „die Lampe" *g Gruam* „die Grube"
Gumpm, Schdempm, Grampm, Grępm, Schdum, Haum
(„Tümpel", „Pfahl", Krampen, Kreppe (Hohlweg), Stube, Haube)

d Wiang „die Wiege"
Schdiang, Fliang, Faing, Schdaing
(Stiege, Fliege, Feige, Steige)

b Fana „die Fahne"
Wanna, Danna, Soaffa, Schlanga, Nama, Wocha
(Wanne, Tanne, Seife, Schlange, Name, Woche; die drei letzten auch nach Typ a): *Schlang, Nam, Woch*).

Pluralbildung: Frauna und Katzn

§ 64 Die Mehrzahlbildung dieser Substantive unterscheidet sich dementsprechend ebenfalls von der hochsprachlichen Grammatik:

a) Die erste Gruppe fügt einfach ein *-n* an:

Katz/Katzn „die Katze/die Katzen"
Hǫsn, Affn, Gschichdn, Schdrassn, Frǫng
(Hasen, Affen, Geschichten, Straßen, Fragen).

b) Die zweite Gruppe, die bereits im Singular ein *-n* aufweist, bleibt im Plural entweder unverändert:

oa Lampm/zwoa Lampm „eine Lampe/zwei Lampen"
zwoa Hosn, Wisn, Haum, Schdiang, Amaisn, Koin, Woocha
(zwei Hosen, Wiesen, Hauben, Stiegen, Ameisen, Kohlen, Wochen),

oder fügt ein weiteres *-n*-Element zur Verdeutlichung der Kategorie Plural an, vornehmlich dann, wenn das ursprüngliche Singular-*n* lautlich nicht mehr als solches zu hören ist:

Haum/Hauma „Haube/Hauben"
Schnǫin/Schnǫina „Schnalle/Schnallen" (Prostituierte)
Wannan, Lampma, Hosna, Gruama, Blǫsna, Wàrzna, Wisna, Wochan, Schdianga
(Wannen, Lampen, Hosen, Gruben, Blasen, Warzen, Wiesen, Wochen, Stiegen).

Dialektales *-na, -ma, -nga, -an* ist also aufzulösen als Endungsdoppelung, quasi *-enen.*

Wocch	< *Woche*	Singular (alternativ)
Woocha	< *Wochen*	
Woocha	< *Wochen*	Plural (alternativ)
Woochan	< *Wochenen*	

Dieser verdeutlichenden *Doppelung des Pluralzeichens* begegnet man auch bei anderen Substantiven, deren Einzahl nicht von Haus aus auf *-n* endigt:

da Bua:	*b Buam*	oder:	*b Buama* (Bub/Buben)
b Frau:	*b Fraun*		*b Frauna* (Frau/Frauen)
			b Frauan
s Sacch:	*d Saachan*		(Sache/Sachen).

die Täg, die Beiner

§ 65 Wir haben bisher eine nur dem Dialekt eigene Art der Pluralkennzeichnung kennengelernt, es gibt deren aber noch weitere:

Dọg – Dọg/Dàg/Deg „Tag – Tage"

Wie nicht anders zu erwarten, ist der Plural oft *endungslos,* wo die Hochsprache ihn auf *-e* bildet:

Jahr, Tag, Monat, Arm, Schaf, Berg, Feigling, Flüchtling

oder mit zusätzlicher Umlautung des Stammvokals:

Äst, Gäns, Küh, Mäus, Türm.

Umlaut findet sich gelegentlich auch bei Wörtern, die in der Hochsprache keinen haben. So kann der Plural zu „Tag" nicht nur *Dọg,* sondern auch *Dàg* oder *Deg* (= „Täg") lauten. Zu „Arm" existiert die Mehrzahl *Àrm* neben *Arm,* erstere vor allem in übertragener Bedeutung. „Name" kann in der Einzahl *Nam* oder *Nama* lauten, entsprechend in der Mehrzahl *Nàm* oder *Nama, Naman.*

§ 66 Zahlreiche Wörter gehören im Bairischen einer *anderen Substantivklasse* an und bilden den Plural demnach in anderer Weise als ihre standardsprachlichen Entsprechungen. Ohne auf alle Einzelfälle einzugehen (wie etwa *Wuam/Wiam* „Wurm/Würmer") sollen wenigstens die wichtigsten Unterschiede vorgestellt werden.

a) *Schdoa – Schdoana/Schdeana* „Stein – Steine"

Die Pluralendung ist *-er* = *-a* gegenüber *-e* in der Hochsprache. Der Vokal wird, soweit möglich, umgelautet, wie auch im genannten Beispiel *(oa – ea)*:

Boa^{n}*/Boana, Doa/Deara, Brod/Breda, Bedd/Bedda*
(Bein/e (Knochen), Tor/e, Brot/e, Bett/en).

b) „Kasten, Kragen, Wagen, Bogen" usw. bilden ihren Plural grundsätzlich mit Umlautung des Vokals, was auch laut Duden-Grammatik zulässig ist (süddeutsche Hochsprache):

Kasdn/Kàsdn, Grọng/Gràng, Wọng/Wàng, Mọng/Màng, Lọn/Làn, Bang/Beng, letzteres auch *Beng/Beng*

(der Husten, das Fett, der Rahmen, der Gurt, das As, der Schoß, Abscheu).

Die letzten drei Wörter zählen eindeutig zum Wortschatz des Dialekts, werden nicht selten aber auch von Nichtbaiern gebraucht, allerdings mit falschem Genus „das Gaudi, der Schneid, das Maß (Bier)".

Die Gaudi geht zwar letztlich auf lat. *gaudium* zurück, dessen Plural *gaudia* aber schon früh, also im Vulgärlateinischen, als femininer Singular verwendet wurde, wie die daraus abgeleiteten italienischen und französischen Wörter *(la gioia, la joie)* beweisen; daher auch bairisch *die Gaudi.*

Die Schneid bedeutet zwar so viel wie „der Mut", ist aber nichts anderes als „die Schneide" (z. B. des Messers, Schwertes), hier im übertragenen Sinn gebraucht.

Bring'ng Se ma ein Maaß! – so kann nur ein Nichtbaier sagen. „Das Maß", gesprochen *Mǫǫs,* meint das Maßband; aber „die Maß", gesprochen *Mass,* ist ein Liter. Der Durstige verrät sich weniger als Preuß', wenn er sich „eine Mass" bestellt, selbst wenn die Phonetik nicht genau stimmt.

Lächerlich wirken in Bayern auch „das Kasperl, das Simmerl, das Marerl, das Reserl" usw. Zwar handelt es sich eindeutig um Diminutive, die, von der Grammatik her, grundsätzlich Neutra sind. Aber da das Geschlecht der Namensträger so eindeutig ist, kann es nur heißen: *der Kasperl, der Simmerl, die Marerl (b Màral), die Resl (d Resl)* (zu: Kaspar, Simon, Maria, Therese).

3. *Pronomen*

a) Personalpronomen: Gib ma-s! Dǫ ham-S Eana daischd.

§ 70 Bei den persönlichen Fürwörtern unterscheidet man – ähnlich wie beim bestimmten Artikel – zwischen betonten Vollformen und unbetonten reduzierten Formen, die wie Endungen an andere Wörter angehängt werden (sog. Suffixformen) (Vgl. auch [59 a]).

Eine Reihe von Satzbeispielen soll diesen Wechsel zwischen beiden Erscheinungsformen vor Augen führen. Die Setzung der einen oder der anderen Form richtet sich nach der Aussageabsicht, je nachdem, ob etwas hervorgehoben werden soll oder nicht.

I glàb da-s. I glàb-s da. *Des glàw-e da. Dia glàw-e-s.* *Glàm dua(r)-e da-s.*	„Ich glaube es dir.“
Ea gibd ma-s scho^{n}. *Des gibd-a ma scho*^{n}. *Mia gibd-a-s scho*^{n}. *Gem duad-a ma-s scho*^{n}.	„Er gibt es mir schon.“
Des ghead dia. Des ghead-da scho^{n}.	„Das gehört dir (schon).“
Schaug eam o^{n}! *Eam schaug o*^{n}! *Schaug-n o*^{n}!	„Schau ihn an!“
Hǫd-s da-s gem? Hǫd-s-as dia gem? *Hǫd-da-s si gem?*	„Hat sie es dir gegeben?“

§ 71 Anmerkungen und Ergänzungen (Die Nummern entsprechen den Indexziffern in der nebenstehenden Tabelle):

(1) Die volltonigen Pronominalformen der 3. Person Singular und Plural werden oft ersetzt durch die entsprechenden Demonstrativpronomen.

(2) Die Pronomen *es, enk* (= ihr, euch) sind bairische Kennwörter (siehe S. 57).

(3) Die bairischen Entsprechungen für „du, wir, ihr“ erscheinen oft gedoppelt, wenn zusätzlich zum eigentlichen Pronomen noch die Suffixvariante tritt, die man allerdings als regelrechte Konjugationsendung betrachten kann:

Mia hęif-ma eam.	„Wir helfen ihm.“
Es habd-s a Gligg ghabd.	„Ihr habt Glück gehabt.“

Die Elemente *-d* und *-s* der Verbalendungen 2. Person Singular und Plural *(du issd, es essds)* sind nichts anderes als die reduzierten Pronomen *du* und *es*, wobei ersteres schon seit althochdeutscher Zeit angewachsen ist (ahd. *du hilfis+d* > *du hilfist*) und auch in der neuhochdeutschen Hochsprache selbstverständlich ist; pluralisches *es* hingegen ist nur der bairischen Grammatik eigen (*es helft+s* > *es helfts*).

Sigsd-as?	„Siehst du es?“
Kimmsd, bǫisd fiadde bisd.	„Kommst du, wenn du fertig bist.“
Saidds ǫlle dǫ?	„Seid ihr alle da?“
Gemma!	„Gehen wir!“

	„ich“	„du“	„er“	„sie“	„es“	„wir“	„ihr“	„sie“	„Sie“
Nominativ									
Vollformen	*i*	*du*	*ea*	*si*	*es*	*mia*[4]	*es*[2]	*si*	*Si*
			dea[1]	*de*[1]	*des*[1]		*(ia)*	*de*[1]	
Suffixformen	*-e*	*-d*[3]	*-a*	*-s*[5]	*-s*[5]	*-ma*[4,3]	*-s*[3]	*-s*[5]	*-S*[5]
	-a	*-Ø*		*-sa*	*-sa*			*-sa*	*(-sa)*
Genitiv[8]	*meina*	*deina*	*seina*	*iara*	*seina*	*unsa*	*engga*	*eana*	*Eana*
Dativ	*mia*	*dia*	*eam*	*iara*	*eam*	*uns*	*engg*[2]	*eana*	*Eana*
Vollformen				*(ia)*			*(aich)*	*ea*[n]	
								dene[1]	
Suffixformen	*-ma*	*-da*							
Akkusativ[7]									
Vollformen	*mi*	*di*	*eam*[6]	*si*	*es*	*uns*	*engg*[2]	*si*	*Eana*[6]
				de[1]	*des*[1]		*(aich)*	*de*[1]	
Suffixformen	*-me*	*-de*	*-n*[5]	*-s*[5]	*-s*[5]			*-s*[5]	
			-an	*-as*	*-as*			*-as*	

Sigsd, wannsd ned asoo gschdingad wàrsd, hęddsd bessare Noddn. „Siehst du, wenn du nicht so faul wärst, hättest du bessere Noten.“

Diese Sätze kommen – scheinbar! – ganz ohne richtiges Pronomen aus. Hingegen erscheint das Pronomen mehrfach gesetzt, wenn *-sd* und *-(d)s* auch auf andere Wortarten als das Verb übergreifen:

des Rę, desd gschossn hǫsd	„das Reh, das du geschossen hast“
dea Wei^{n}, den wos drunga habds	„der Wein, den ihr getrunken habt“
Ea wui wissn, weasd du bisd.	„Er will wissen, wer du bist.“
woheas es des wissds	„woher ihr das wißt“
wiasd-as machsd is-s vakead	„wie du es machst, ist's verkehrt“
Sǫg, den węichan dàssd wuisd!	„Sag, welchen du willst!“
Obsd-as glàbsd oda ned	„ob du es glaubst oder nicht“
obs bǫid kemmts	„ob ihr bald kommt“
wialangsd no brauchsd	„wielange du noch brauchst“
je mearasd hǫsd	„je mehr du hast“
wia waids no gędds	„wie weit ihr noch geht“
wia waid-ma mia no gengan	„wie weit wir noch gehen“

Hier liegt eine Übertragung von Konjugationsendungen auf andere Wortarten vor, denen diese Endungen an sich nicht zustehen, ja es werden sogar Wörter gebeugt, die üblicherweise überhaupt nicht gebeugt werden können: Relativpronomen, Partikel, Fragewörter, Konjunktionen und Adverbien. Es ist nicht übertrieben, wenn man sagt, die Sätze würden von Personalformen geradezu „überwuchert“ [54], vor allem der 2. Person Singular und Plural, aber auch der 1. Person Plural.

Wais es moandds, es brauchds nix leana.
Bǫisd du ned kimmsd, gemma mia(r) aloa^{n}.

Silbe für Silbe in die Hochsprache übertragen, ergibt sich: „Weil ihr ihr meint-ihr, ihr braucht-ihr nichts lernen.“ „Wenn-du du nicht kommst(-du), gehen-wir wir allein.“

Es kommt sogar bei Adjektiven vor:

. . ., *wia gsundsd bist* „wie gesund du bist".

(4) Im letzten Beispiel, wo *ma* < *mia* = „wir" gedoppelt auftritt (vgl. die Verbendungen S. 95), zeigt sich als Folge dieses suffigierten Pronomens Silbenverlust und Assimilation:

mia gengan + ma	> *mia geng-ma*	> *mia gemma* „wir gehen"
mia sàn + ma	> *mia sàn-ma*	> *mia sàmma* „wir sind"

Dǫ rema gǫ nimma lang.	„Da reden wir gar nicht mehr lang."
Singma(r) oans!	„Singen wir eins!"

(5) Wenn die lautliche Umgebung zu ähnlich ist mit einer auf das konsonantische Element reduzierten Pronomenform, so tritt dieses – allerdings nur in bestimmten Fällen – in silbischer Gestalt auf:

einfache Suffixform	*-s* („sie" (die Frau, die Kinder), „es" (das Haus))
	-n („ihn")
silbische Suffixform	*-as, -sa*
	-an, -na, -nan

Bei *-s* ist dies der Fall nach den Flexionsendungen *-sd, -ds,* wenn ein zu *s* verkürztes „sie" oder „es" vorangeht und wenn es vor dem Reflexivpronomen *si, se* („sich") steht; bei *-n* immer nach Nasalen: Es heißt zwar:

Si hǫd-s gfunddn	aber:	*Hǫsd-as gfunddn?*
Si ham-s gfunddn		*Ham-S-as gfunddn?*
wai-e-s ned ko^n		*waisd-as ned ko*^{n}*sd*
kon-a-s?		*ko*^{n}*-s-as?*
hamma-s?		*habds-as?*
is-s ea? is-a-s?		*bisd-as du?*
bǫi-a-s gwissd hęd		*bǫis-as gwissd hędds*
bǫi-ma-s gwissd hęn		*bǫi-s-as gwissd hęn*
Si machd se guad		*Wia machd sa se?*
wia-s ghead		*wia sa se ghead*
sigsd-n?		*si sęng-an (sęng-nan)*
dàs-n da Daife hoid		*wenn-an da Daife hoid*

i mǫg-n gean	*mia meng-an gean*
gib-n hea!	*nimm-an mid (nimm-nan mid)!*

In der Konjugation wird der Wechsel zwischen silbischer und konsonantischer Suffixform besonders deutlich:

wann-e-s sǫg	*i nimm-an*
wannsd-as sǫgsd	*du nimmsd-n*
wann-a-s sǫgd	*ea nimmd-n*
wann-s-as sǫgd	*si nimmd-n*
wamma-s sǫng	*mia nema-n, neman-an*
wann-s-as sǫgds	*es nemds-n*
wann-s-as sǫng	*si neman-an, nemand-n*

(„wenn ich es sage, ... – ich nehme ihn, ...")

Der Satz *Waschdsas,* den Merkle [54] als Kuriosität anführt, birgt tatsächlich zwölf verschiedene Bedeutungen, je nachdem, wie man ihn auflöst:

waschd-s-as =	wäscht sie sie (die Frau die Wäsche)
	wäscht sie es (die Frau das Hemd)
	wäscht sie sie (die Frau die Hemden)
	wäscht es es (das Kind das Kleid)
	wäscht es sie (das Kind die Puppe)
	wäscht es sie (das Kind die Hände)
waschds-as =	wascht ihr es (das Hemd)
	wascht ihr sie (die Wäsche)
	wascht ihr sie (die Hände)
	wascht es! (das Hemd)
	wascht sie! (die Wäsche)
	wascht sie! (die Hände)

(6) Die Reflexivpronomen (rückbezüglichen Fürwörter) sind in der 1. und 2. Person Singular und Plural gleich den Dativ- bzw. Akkusativ-Formen der Personalpronomen (wie in der Hochsprache). Auch in der 3. Person Singular und Plural kennt das Bairische, entsprechend dem hochdeutschen „sich", die Formen *si, se*:

Do hǫd sa se daischd.	„Da hat sie sich getäuscht."
Ea schbaibd se.	„Er erbricht."

Gelegentlich hört man statt des *se* aber auch die Akkusativ- bzw. Dativformen *eam, iara, eana*:

Si hǫd iara nix dengd.	„Sie hat sich nichts gedacht."

Bei der Höflichkeitsform „Sie" ist dieser Ersatz obligatorisch (vgl. auch Nr. (7):

Gę, sitzn-S Eana hea.	„Setzen Sie sich doch her!"
Woins-S Eana d Hendd waschn?	„Wollen Sie sich die Hände waschen?"
Ham-S Eana àà bewoam?	„Haben Sie sich auch beworben?"
Dǫ ham-S Eana daischd.	„Da haben Sie sich getäuscht."

Damit ist die Differenzierung zwischen pluralischem „sie" und dem Höflichkeits-„Sie" erreicht, auf die bereits hingewiesen wurde.

Ham sa se àà bewoam?
Dǫ ham sa se daischd.

werden eher pluralisch verstanden („sie sich"), wenngleich in verstädtertem Bairisch dieses „Sie sich" mitunter zu hören ist.

(7) Zu den Akkusativformen *eam, Eana,* vor allem zum Unterschied zwischen den Formen für normalen Plural 3. Person und Höflichkeitsanrede, siehe S. 109 f.

(8) Es werden Pronomenformen gebraucht, die, formal gesehen, eindeutig Genitive sind. Dies überrascht, da der Genitiv als lebendige Grammatikform ansonsten im Dialekt nicht mehr vorkommt (siehe S. 106):

nach Präpositionen:

wega meina/deina/seina	„meinet-, deinet-, seinetwegen"

„hindda meina, voada meina . . . gilt's nix,
owa meina, undda meina siech i nix",

wie es in einem Kindervers heißt, den Arik Brauer in seinem Lied „Sein Köpferl im Sand" verwendet (hinter mir, vor mir, über mir, unter mir);

bei Mengenangaben (partitiver Genitiv):

Mia warn unsa viare.	„Es waren uns(er) vier."

de sàn eana(r) a Schduggara zene gwen. „Es waren ihnen (ihrer) etwa zehn.“

b) Possessivpronomen: Des is iara sei^n Sach.

§ 72 Manche meinen, die bairische Grammatik sei nur eine vereinfachte und verschlampte Variante der hochsprachlichen, wobei Silben nur lautlich verschliffen würden. Dieser Verdacht läßt sich augenfällig entkräften durch ein Beispiel wie

mei^n Katz	=	„meine Katze“
meine Katzn	=	„meine Katzen“.

Der beide Male gleichen standarddeutschen Form „meine“ (Singular fem. Nominativ bzw. Akkusativ, und Plural Nominativ bzw. Akkusativ) stehen zweierlei Dialektformen gegenüber. Es liegt also ein morphologischer Unterschied vor, nicht etwa ein bloß phonetischer.

Die *Grundformen* der Possessivpronomen sind:

„mein	dein	sein	ihr	sein	unser	euer	ihr“
mei^n	*dei^n*	*sei^n*	*iara*	*sei^n*	*unsa*	*engga*	*eana*
			(ia)			*(aia)*	*(ia)*
			sei^n				

Die *Endungen*, die an diese Grundformen treten, sind:

		mask.	fem.	neutr.
Singular	Nom.	-Ø	-Ø	-Ø
	Dat.	*-n (-m)*	*-na, -ra*	*-n (-m)*
	Akk.	*-n*	-Ø	-Ø
Plural	Nom.			
	Dat.		*-ne, -re*	
	Akk.			

mei^n Hund, mei^n Katz, mei^n Haus	„mein, meine, mein“
mid sein Hund, seina Katz, sein Haus	„seinem, seiner, seinem“
fia unsan Hund, unsa Katz, unsa Haus	„unseren, unsere, unser“

meine, . . . unsane/unsare, enggane/enggare (aiane, aiare, aire) Hundd, Katzn, Haisa

§ 73 Eine Besonderheit des Dialekts ist, daß in der 3. Person Singular nicht selten auf die Genusunterscheidung verzichtet wird und demnach auch weiblich *sei*^{n}- gilt:

Des is da Màre sei^{n} *Sach.* „Das ist Marias Eigentum."

Sei^{n} zeigt also das Besitzverhältnis an, ohne aber über das Geschlecht der Bezugsperson Auskunft zu geben (ungeschlechtiges Pronomen). Ohne den Namen zu nennen, lautet der Beispielsatz dann:

Des is iara sei^{n} *Sach.* „Das ist ihr Eigentum."

Der Dativ *iara* stellt klar, daß der Bezugspunkt femininen Geschlechts ist, *sei*^{n} bringt das Besitzverhältnis zum Ausdruck. Auch im pronominalen Bereich liegt also die bereits bekannte Possessivumschreibung vor:

eam sei^{n} *Sach*	„sein Eigentum"
eam des sei^{n}	„das seinige"
iara des sei^{n}	„das ihrige"

„Gehört das ihm oder ihr?" kann daher so heißen:

Is des	*eam oda iara*	*des*	*sei*^{n}*?*
	↑ ↑	↑	↑
	Genus der Besitzenden	Genus des Besitzes	Possessivzeichen

Dies kann als Beispiel dafür stehen, wie sich das Bairische dem *analytischen Sprachbau* nähert, indem für jede Funktion ein eigenes Wort gesetzt wird.

c) Weitere Pronomen und Adverbien: Hǫd-da ębba gǫr ębba ębbas do^{n}*?*

§ 74 Zur Abrundung seien einige weitere Fürwörter (sogenannte *Indefinitpronomen*) und *pronominale Adverbien* aufgeführt, die in Lautung oder Verwendung von der Hochsprache abweichen (vgl. dazu auch [17], S. 224 f.).

ębbas, ębbs	< etwas	„etwas"
ębba	< etwer	„jemand, irgendwer"
ębba	< etwa	„etwa, eventuell, vielleicht"

Der obige Satz bedeutet demnach: „Hat dir vielleicht jemand etwas (zu leid) getan?“

laichd < (viel)leicht	„vielleicht“
neamad, neamads, neamt	„niemand“
wea	„jemand, irgendwer“
wo	„irgendwo“
anoadds, anoudds, anardds (< einorts)	„irgendwo“
ma	„man“

Dieses unbestimmte Personalpronomen ist lautlich völlig gleich mit der Nebentonform *ma* = „wir“ und wird daher oft damit verwechselt: *Am besddn làffb-ma davo^n*. (Am besten läuft man/laufen wir davon.)

oana, oane, oa^{n}s	„einer, eine, eines; welcher, ...“

I brauchad a Gęid. Hǫsd oa^{n}s/oans?
(Ich bräuchte Geld. Hast du welches?)

Im Bairischen wird dieses Pronomen auch im Plural gebraucht:

oa^n	„einige, welche“
iagadoa^n	„irgendwelche“

Dǫ kemman oa^n. Wǫs fia(r) oa^n sàn an des? Mia wan oa^n vo^n de easchdn.
(Da kommen welche. Was für welche sind das? Wir waren unter den ersten.)

In manchen Gegenden wird pluralisches „eine“ auch attributivisch verwendet: *Dǫ sàn oa^n Epfe dro^n*. (Da sind Äpfel dran.)

umara achde / *so uma(ra) achde* }	„um etwa acht Uhr“
(a) schdugga(ra) draissge	„an die 30 (Stück)“
a so a draissge	„etwa 30“
a fia(r) a fümf Mass	„etwa 4 oder 5 Liter“
a zecha Hǫiwe	„etwa 10 Halbe (Bier)“
amǫ́i	„einmal = irgendwann“:

Dies ist deutlich zu unterscheiden von *óamǫi* „einmal (= ein einziges Mal)“.

4. *Adjektive und Adverbien*

a) Adjektive: Wir sind die mehreren.

§ 75 Bei der *Steigerung* verzichtet das Bairische häufig auf eine eigene Form des Superlativs, dessen Funktion dann vom Komparativ übernommen wird:

de mearan	„die meisten"
am lengan	„am längsten"
am diaffan	„am tiefsten"
de ǫllagręssa	„die allergrößte"
s ǫlladimma	„das allerdümmste"

Nicht nur Adjektive mit Stammvokal *a, o, u* können bei der Steigerung umgelautet werden *(lang – lenga, grous – gręissa, dumm – dimma)*, sondern auch solche mit *oa* wie *gloa^{n}, broad, hoas* (klein, breit, heiß):

de glea^{n}nan	„die kleineren/kleinsten"
des ǫllabreada	„das allerbreiteste"
am heassan	„am heißesten"

Dieser Umlaut des *oa* (< *ei*) spielt auch bei der Bildung des Plurals und bei der Wortableitung eine Rolle:

Goas – Geass (neben *Goassn*)	„Geiß"
Schdoa^{n} – Schdeana (neben *Schdoana*)	„Stein"
Breadn	„Breite"
seachen	„seicheln" (nach *Soach* = Urin riechen)

§ 76 Eine Eigenart des Bairischen findet in der Hochsprache keine Entsprechung: Das sogenannte *prädikative Attribut* trägt, unbeeinflußt von Numerus und Genus des Wortes, auf das es sich bezieht, die Endung *-a* (< *-er*):

Da Hund frissd s Flaisch roha.	„Der Hund frißt das Fleisch roh (roher)."
D Wasch wead nǫssa einado^{n}.	„Die Wäsche wird naß (nasser) hereingeholt."
Da Goggl kimmd (ǫisa)	„Der Gockel kommt (als ein)

gschlachda und grupfda ins Gfriafach.	geschlachtet(er) und gerupft(er) ins Gefrierfach.“
Mia macha-s zu dridda.	„Wir machen es zu dritt (dritter).“
De Epfe ko^{n}sd (ǫisa) greana essn.	„Diese Äpfel kannst du grün essen.“
Dǫ męchad-e ned (ǫisa) Togschdoama sei^n.	„Hier möchte ich nicht als Toter sein.“

b) Orts- und Richtungsadverbien: Herendd und drendd. Eine oda aussa?

§ 77 „Er kommt heraus, sie geht hinein.“ Diese Aussage gibt nicht nur Auskunft über die Bewegung anderer, sondern gleichzeitig auch über den Standort des Sprechers, der sich in diesem Fall außerhalb befindet und von außen her beobachtet. Die Adverbien *her* und *hin* dienen dazu, die Richtung auszudrücken: „zum Sprecher her“ bzw. „vom Sprecher weg“. In der norddeutsch orientierten Umgangssprache, bisweilen auch bereits in der Hochsprache, wird allerdings an dieser Unterscheidung oft nicht mehr festgehalten. Gerade die verkürzten Formen der mit *her-* gebildeten Adverbien *(rein, raus)* werden auch für die Gegenbewegung gebraucht, obwohl hier eigentlich *hin-* stehen müßte. „Geh rein!“ ist an sich falsch, wenn sich der Sprecher selbst außerhalb befindet. Richtig müßte es heißen: „Geh nein“, wie man in süddeutscher Umgangssprache ja tatsächlich auch sagt.

Im Bairischen bleibt die *Sprecherperspektive* grundsätzlich gewahrt: Es wird streng unterschieden zwischen *her-* und *hin-*Adverbien.

Es haben sich im Deutschen zweierlei Typen herausgebildet: Entweder steht das die Perspektive anzeigende Element
a) als erstes Glied:

herab, herein; hinab, hinein oder

b) als zweites Glied:

abher, einher; abhin, einhin.

Beide Bildungstypen treten normalerweise in verkürzter Form auf:

a) *rein, raus, rauf, rab (= rǫ)* (*r* < *her*)
nein, naus, nauf, nab (= nǫ) (*n* < *hin*)
b) *eina, aussa, auffa, ǫwa* (*a* < *her*)
eine, ausse, auffe, ǫwe (*e* < *hin*)

c) Wenn der Bewegung zum Sprecher her oder von ihm weg besondere Bedeutung zukommt, etwa bei einer Kontrastierung, so gibt es auch die volleren Formen, bei denen dann die Betonung auf dem *hin* bzw. *her* liegt (Kontrastakzent):

hínum und héarum
Etz gẹd a híneiⁿ schdǫd héaraus.

Während die Hochsprache nur den Typus a) kennt *(hinab, herab)*, herrscht in den süddeutschen Mundarten der Typus b) vor *(abhin, abher)*.

her-/	*a)*	*b)*	*c)*
hin-auf	*rauf/nauf*	*auffa/auffe* *àffa/àffe*	*hearauf/hinauf* *hearàf/hinàf*
-aus	*raus/naus*	*aussa/ausse*	*hearaus/hinaus*
-ein	*reiⁿ/neiⁿ*	*eina/eine*	*heareiⁿ/hineiⁿ*
-hinter	– – –	*hindd(r)a/* *hindd(r)e*	– – –/*hiⁿ hindd-* *(r)e*
-über	*riwa/niwa*	– – –/*iware*	*heariwa/hiniwa*
-um	*rum/num*	*umma/umme*	*hearum/hinum*
-unter	*rundda/* *nundda*	– – –	*hearundda/* *hinundda*
-ab	*rǫ/nǫ*	*ǫwa/ǫwe*	*hearǫ/hinǫ*
-für („vor")	– – –	*fiara/fiare*	*heafiara/hiⁿfiare*
-zu	– – –	*zuara/zuare* *zuawa/zuawe* *zouwa/zouwe*	*heazua/hiⁿzua* *heazou/hiⁿzou*
-an	– – –/*noⁿ*	– – –/*one*	– – –

Wenn jemand auf einen Berg steigt, sagt er:

I schdaig auffe (àffe). („aufhin")

Ein bereits oben Stehender, der ihn dabei beobachtet:

Ea schdaigd auffa (àffa). („aufher")

Wenn beide oben stehen und sich über das erreichte Ziel freuen, sagen sie:

Mia sàn hearóm. („heroben")

Die von unten Zuschauenden hingegen bemerken:

De sàn drom. („droben")

Demnach kann das Bairische die Sprecherperspektive nicht nur bei Bewegungsangaben, sondern auch bei statischen Ortsadverbien zum Ausdruck bringen:

„hier, nahe beim Sprecher"	„dort, vom Sprecher entfernt"	
hearóm, hearómad	*drom, dromad*	„oben"
hearúndd(n)	*drundd(n)*	„unten"
hearín, hearínna(d)	*drin, drinna(d)*	„innen"
hearáuss(n), hearáussd	*drauss(n), draussd*	„außen"
hearím	*drim*	„hüben/drüben"
hearéndd(n)	*drendd(n)*	„dies-/jenseits"

Umgangssprachlich „Hier draußen ist es kalt" ist in sich ein Widerspruch. Eindeutig sind hingegen die dialektnahen Aussagen:

Hearáussd is-s kǫid (wenn sich der Sprecher im Freien aufhält), aber:
Draussd is-s kǫid (wenn er sich z. B. im Haus befindet und über die Temperatur im Freien spricht).

*Wo bisd n? I bi*ⁿ *dǫ heahíndd. Kimmsd hinddra?*
*Kemmds es umma oda soin mia zu aich umme ge*ⁿ*?*
Dua(r) a bissl a Sǫiz one!
(Wo bist du? Ich bin hier hinten. Kommst du hinter (zu mir her)? – Kommt ihr herüber oder sollen wir zu euch hinüber gehen? – Gib etwas Salz dazu (daran).)

Sagt jemand, er wohne „unten", seine Wohnung sei „die untere", so enthält das keinerlei Auskunft über den Standort des Sprechers. In dialektnaher Rede hingegen kommt dieser klar zum Ausdruck. Es heißt:

herunten – die heruntere Wohnung,

wenn sich der Sprecher selbst unten befindet. Spricht jemand aber von einem höher gelegenen Standort aus, z. B. in einem oberen

Stockwerk des Hauses, so blickt er quasi auf die Parterrewohnung hinunter und sagt:

drunt – die druntere Wohnung.

Die Drunteren sind demnach die unter einem, *die Droberen* die über (bair. *ober*) einem Wohnenden, *die Heroberen* diejenigen, die sich auf derselben Etage befinden.

Ebenso gibt es

der/die/das	*Heraußere*	bzw.	*Draußere*
	Herinnere		*Drinnere*
	Hervordere		---
	Herübere		*Drübere*
	Herentere		*Drentere*

Die Lokaladverbien *ent, drent; (he)rent, drent; herenterhalb, drenterhalb* stehen im Bairischen anstelle von hochsprachlich „diesseits, jenseits“ oder „hüben, drüben“. Sie leiten sich vom mittelhochdeutschen Adverb *enent* („jenseits“) ab. (Vgl. Ortsnamen wie *Enterrottach* oder *Entermainsbach* für Siedlungen, die „jenseits“ des Flusses liegen.)

c) Adverbien, Partikeln, Interjektionen: Geh, trau dir halt!

§ 78 Neigt das Deutsche „ja überhaupt schon“ stark zum Gebrauch adverbieller Zutaten im Satz (z. B. hier: *ja, überhaupt, schon*), so findet man diese Tendenz im Dialekt noch in höherem Maße entfaltet. Eine Fülle von *modifizierenden Adverbien* und Partikeln steht zur Verfügung, die zur Verstärkung, Abschwächung oder sonstigen Nuancierung der Bedeutung dienen. (Merkwürdigerweise fehlt dem Dialekt *sehr.*) Die folgenden sind bekräftigenden Inhalts (wie hochdeutsch *wirklich, tatsächlich* u. ä.):

arg, extra, ganz, gescheit, hübsch, gewiß wahr, recht, schön, sauber, ganz schön, selten, so viel, stark; nàrrisch, sàkrisch, mentisch.

Auch die z. Z. modischen Steigerungen mit *echt* und *voll* wären hier zu nennen.

Haid hǫd-s gschaid gschnaibd.	Heute hat es kräftig geschneit.

Des is ęchd wǫr so vui sche^{n}.	Das ist tatsächlich sehr schön.
Des hǫd uns arg gfraid.	Das hat uns sehr gefreut.
Dǫ hǫw-e me menddisch geagad.	Da habe ich mich fürchterlich geärgert.
a sàggrisch sauwas Deandl	ein bildhübsches Mädchen.

Adverbielle Partikeln von schwer zu umschreibender Bedeutung (vergleichbar hochdeutsch „eben, gerade“ u. ä.) sind neben den auch hochsprachlich üblichen wie *freilich, eben, natürlich, schon, denn:*

fei^{n}, *hǫid/hǫld, dennaschd, sched* (nur ländlich)

Des bàssd ma fei^{n} *gǫ ned.*	Das paßt mir überhaupt nicht.
Des hǫw-e fei^{n} *sęiwa gmachd.*	Das habe ich wirklich selbst gemacht.

Hǫid, „halt“ ist nicht mit dem Imperativ *hǫidd!* zu verwechseln, der ebenfalls als Interjektion verwendet wird.

Denn wird meist verkürzt zu *-n* und wie ein Suffix angehängt:

Wǫs duasd-n dǫ? Was machst du denn da?

§ 79 Von den als *Interjektionen* gebrauchten Partikeln seien ein paar der wichtigsten aufgeführt (zu *gell, nichtwahr* siehe S. 162 bzw. 146):

mei^{n}	bedauernd, tadelnd, ausweichend (wohl aus *Mein Gott!* verkürzt)
gę	aufmunternd, bittend, ablehnend, enttäuscht (< *geh!*)
ha^{n}	fragend, Zustimmung heischend

Etwas altväterisch-stadtbürgerlichen Klang haben die Höflichkeitsformen der letzten beiden: *genga-S, hàn-S.*

Mei^{n}, *is ma des awa zwida.*	Ach, ist mir das peinlich.
Said wann hǫsd-n du an Bardd?	Seit wann trägst du einen Bart?
Mei^{n}, *hǫid àà.*	Nun ja, eben so. (Vgl. dazu S. 195)
Gę, gschdęi de ned asō!	Komm, stell dich nicht so ungeschickt an!
Gę, las ma mein Rua!	Laß mir doch meine Ruhe!

Gę, drau da hǫid.	So trau dich schon! Versuch's doch!
Gę, des is do a Gramf.	Das ist doch Unsinn!
Wǫs sǫgsd, hà^{n}*?*	Wie bitte (hast du gesagt)?
Sei^{n} *duad-s wǫs, hà*^{n}*.*	Ach, ist das ein Elend, nicht wahr?

Ablehnende, eine Zumutung zurückweisende Ausrufe sind:

mia gàngsd! gę waida! u. a. m.

III. Wortbildung

1. Verkleinerungsformen (Diminutive): a Buiddl vom Buwi

§ 80 Während die Hochsprache verkleinernde Ableitungen von Substantiven mittels *-lein* oder *-chen* bilden kann, gibt es in den oberdeutschen Dialekten ausschließlich Verkleinerungsbildungen mit *-l*-Suffix: im Ostfränkischen *-la,* im Schwäbischen *-le,* im Schweizerischen *-li,* und im Bairischen *-l.* Dieses kann in den mittelbairischen Mundarten nach bestimmten Lauten vokalisiert sein (vgl. S. 56), so daß es dann als *-e/-i* in Erscheinung tritt: *Biachl/Biache, Sàggl/Sàgge* (zu „Buch, Sack"). Eine erweiterte Form ist *-al* (meist als *„-erl"* verschriftet), dessen *-l* in bestimmten Mundarten ebenfalls vokalisiert wird, so daß *-ai* resultiert: *Biawal/Biawai, Màndal/Màndai* (zu „Bub, Mann"). Dazu kommen weitere Verniedlichungssuffixe: das besonders in der Kinder- und Ammensprache verbreitete *-i,* das, mit *-l* bzw. *-al* kombiniert, zu insgesamt 3 weiteren Endungen führt:

Susi, Ursi, Hànsi, Mädi, Balli, Bussi, Fussi;
Fraule, Herrle, Buale, Bärle;
Buzale, Schbǫzale.

§ 81 Wir finden also insgesamt 7 Verkleinerungsendungen, die sich in drei Gruppen gliedern lassen (vgl. [66]):

Diminutiv I:	*-l, -e/-i*
Diminutiv II:	*-al, -ai (= „-erl, -ei")*
Diminutiv III:	*-i, -le, -ale*

Neben den tatsächlichen Verkleinerungsformen, bei denen die Diminutivendung wirklich in der Bedeutung einer Verkleinerung, Verniedlichung, Verzärtlichung o. ä. verwendet wird (z. B. *a Brogga – a Breggl/Bregge – a Breggal* zu „Brocken"), gibt es eine große Anzahl sogenannter fester Diminutive, Wortformen, die zwar wie eine Verkleinerung aussehen, dem Sinn nach aber keine Diminuierung gegenüber dem Grundwort beinhalten. *A Ràdl* ist nicht etwa „ein kleines Rad", sondern deckt ganz einfach die Begriffe „Rad, Fahrrad". Ähnlich ist es bei

Bildl (Buiddl), Bleaml (Bleame), Glàsl, Fàssl, Hörndl, Kälbl (Kaiwe), Schwälberl (Schwaiwal), Übergàngl u. a. m.
(Bild, Blume, Glas, Faß, Horn, Kalb, Schwalbe, „Unpäßlichkeit").

§ 82 Zwischen dem Ausgangswort und der Diminutivform kann auch eine Bedeutungsdifferenzierung eingetreten sein: Das Grundwort hat eine andere Bedeutung als der Diminutiv:

Pfaiff – Pfaiffal	„Tabakspfeife" – „Triller-, Spielzeugpfeife"
Glǫs – Glàsl	„Glas (als Material)" – „Trinkglas"

(Schaug, des Glàsl is gǫ ned aus Glǫs.)

§ 83 Die diminuierende Funktion gänzlich eingebüßt hat das Suffix „*-erl*" in Wörtern wie:

Schwàmmerl, Kipferl, Singerl, Springerl, Kràcherl, Stàmperl, Wimmerl, Nàgerl, Veigerl, Hàscherl, Tschapperl, Haucherl, Kleberl, Nuserl u. a. m.
(Pilz, Art Semmel, Küken, Limonade, dgl., Schnapsglas, Pustel, Nelke, Veilchen, bemitleidenswerte schüchterne Person, Tollpatsch, schwächliches Kind, dgl., schüchterne Person).

§ 84 Erläuterungen zur Übersicht auf S. 142:

1 a) „großer Topf", b) „kleinerer Topf", c) „sehr kleiner Topf".
2 b) hat a) weitgehend verdrängt, sind fast Synonyme, beide im Sinne von „Buch"; c) ist Verkleinerungsform dazu („kleines Buch").
3 a) existiert nicht mehr, b) ist als „fester Diminutiv" zur Normalbezeichnung geworden („Kalb"), d. h. Diminutiv I hat den Sinn des ursprünglichen Grundwortes, daher muß für „kleines Kalb, Kälbchen" Diminutiv II stehen. Ebenso bei „Blume" = *Blüeml (Bleaml/Bleame);* „kleine Blume, Blümchen" = *Bleamal;* die einfache Form *Bluama* kommt praktisch nicht mehr vor.
4 a) hat andere Bedeutung als b); c) ist Verkleinerung dazu (siehe oben § 82).
5 Bedeutungsdifferenzierung wie bei 4; c) ist sowohl Diminuierung zu a) als auch „Spielzeugpfeife".

§ 84 Übersicht:

	1	2	3	4	5	6	7	8	9
	„Hafen“	„Buch“	„Kalb“	„Glas“	„Pfeife“	(Kuß)	„Bub“	„Spatz“	(– – –)
a) Grundwort	*Hǫfa*	*Buach*	– – –	*Glǫs*	*Pfaiff*	– – –	*Bua*	*Schbǫz*	– – –
b) Diminutiv I	*Hàfe*	*Biachl* *Biache*	*Kaiwe*	*Glàsl*	– – –	*Bussl*	*Biawe*	*Schbǫzl* *Schbàtzl*	– – –
c) Diminutiv II	*Hàfal*	*Biachal*	*Kaiwal*	*Glàsal*	*Pfaiffal*	*Bussal*	*Buawal* *Biawal* *Buwal*	*Schbǫzal* *Schbàtzal*	*Wimmal*
d) Diminutiv III	– – –	– – –	– – –	– – –	– – –	*Bussi*	*Buwi*	*Schbǫzi*	– – –
e) weitere Verniedlichung	– – –	– – –	– – –	– – –	– – –	– – –	*Buale* *Buwale*	*Schbǫzale*	– – –

6 Es gibt nur Diminutivformen.
7 Koseformen sind reich entwickelt. Vgl. etwa auch zu „Frau“: a) *Frau,* c) *Fraual* (mitleidig, abfällig), e) *Fraule* „Frauchen eines Hundes“.
8 Alle Formen sind vertreten: a) – e) als Kosebezeichnungen, *Schbǫz, Schbàtzl, -al* (a, b, c) können auch für „Sperling“ gebraucht werden.
9 Nur Diminutiv-II-Form, aber nicht in eigentlich diminuierender Bedeutung (siehe oben § 83).

2. *Verben auf -eln: muffeln, broteln*

§ 85 Bei einer Reihe von Verben auf *-eln* liegt es durchaus nahe, die *l*-Ableitung im Sinne einer Art Diminuierung zu verstehen:

màchln/màchen	„basteln“ (mächeln)
nàssln	„leicht regnen“ (nässeln)
grànggln	„kränkeln“
schnaiwaln	„leicht schneien“ (schneiberln).

Sehr zahlreich sind die *-eln*-Verben, bei denen das Verhältnis zum Grundwort beschrieben werden kann mit (a) „(unangenehm) riechen oder schmecken nach“; bei anderen (b) „gerne/häufig/intensiv beschäftigt sein mit“ oder (c) „zu sich nehmen“, (d) „sich benehmen wie“:

(a) *brànddln, kàsln, goassln/geassln, rossln, seachln, saialn, muffln, gràwln*
(b) *gàrtln, ràdln, kàrtln*
(c) *broudln, schnàpsln*
(d) *bledln, riachln, dàxln*
(a) riechen nach Brand, Käse, Geiß, Roß, Urin (Seich), sauer schmecken, muffig riechen, schimmeln (zu *gràb* „grau“)
(b) zu „Garten, Rad, Karten“
(c) Brotzeit machen, Schnaps trinken
(d) blödeln, wuchern (zu *Ruach* „Geizhals, Wucherer“), o-beinig gehen (wie ein Dackel).

Die letzteren stellen sich in eine Reihe mit Verben wie *schwäbeln, pfälzeln, welscheln, böhm(ak)eln* (sprechen wie ein Schwabe, Oberpfälzer, Welscher (Italiener), Böhme (Tscheche).

Nicht so einfach zu erfassen sind mehrgliedrige Formen wie

aufdriawln, ǫ-wàrtln, gschàftln, nache-fotzln, o^{n}bleamln (aufwühlen (zu *driab* „trüb"), streiten (zu *Wort*), wichtig tun, nachmaulen (zu *Fotzen* „Mund"), anlügen).

3. *Adjektive: gspitzig oder gstumpfad*

§ 86 Nicht selten weisen bairische Adjektive eine von der Hochsprache abweichende Endung auf, d. h. die beiden Sprachebenen bedienen sich unterschiedlicher Wortbildungselemente:

Bairisch	Standard
-ad	*-ig*
-ad	*-end*
-ad	*-Ø*
-ig	*-Ø*

Einige Beispiele:

(a) *barddad, bugglad, dreggad, oanauggad, oa^{n}saiddad, eggad, gropfad, bǫdschad, zanluggad*
hupfad, ziagad, waschlad, naggad, hǫiwad, dębbad, bladdad, dourad, wambbad
gfotzad, glumbbad, gscheggad, gschlambbad, langgschdàgglad, dia-gwà(d)lad, gschiagglad, gschbinad, gschdingad, gschdumpfad

(b) *hoagle, (g)schbitze, wuade,*
ferner Komparative wie *dairiga, mägriga* usw.

(bärtig, bucklig, dreckig, einäugig, einseitig, eckig, kropfig, (toll)patschig, zahnlückig – „hinkend", ziehend (langweilig), „pludernd", nackt, halb, „geistig beschränkt", „glatzköpfig", „taub", „dickbäuchig" – „frech", „schundig", gescheckt, schlampig, „langbeinig", „dünnbeinig" (mit dürren Waden), schielend, „verrückt", stinkend, stumpf)
(heikel, spitz, wütend; teuerer, magerer).

IV. Satzbau

1. *Parataxe (Nebenordnung): Kommt er heim, sitzt sich hin und ißt.*

§ 87 Zu den auffälligsten Merkmalen des Dialekts – wie der mündlichen Rede überhaupt – gehört die sogenannte *parataktische Satzstruktur,* d. h. daß überwiegend Hauptsätze nebeneinander gereiht stehen. Die Hochsprache hingegen ist durch Hypotaxe gekennzeichnet, d. h. die Sätze stellen ein komplexes Gefüge aus übergeordneten Haupt- und untergeordneten Nebensätzen dar. Auch sind *unvollständige Sätze* im Dialekt viel häufiger als in der Hochsprache. Hochdeutschen Sätzen wie den folgenden:

> Wir hatten einmal einen Hund, *der* am liebsten Gulasch fraß. (relativ)
> Sie gab nach, *womit* die Sache erledigt war. (relativ)
> *Als* wir gegessen hatten, machten wir einen Spaziergang. (temporal)
> *Obwohl* mir das Auto gefällt, kaufe ich es nicht. (konzessiv)
> *Als* er heimkam, setzte er sich, *um zu* essen. (temporal/final)

entsprechen im Bairischen meist parataktische Strukturen:

> *Mia ham amǫi an Hund ghabd, der hǫd am liawan a Gulasch gfressn.* (2 Hauptsätze)
> *Si hǫd nǫchgem, und de Sach war ealedigd.* (2 Hauptsätze, verbunden mit *und*)
> *Zeaschd hamma gessn und nacha sàmma schbazīan ganga.* (dgl., Zeitadverbien)
> *Des Auddo gfǫid ma, awa kàffa dua-r-e-s ned.* (2 Hauptsätze, *aber*)
> *Kimmd-a hoam, sitzt se hi und issd glei.* (Reihung, Inversion, Adverb)

An Konjunktionen dürften *und* sowie das konjunktionell gebrauchte Adverb *nachher* (Formen *na, nacha, nachad*) am häufigsten sein.

§ 88 Die ursprünglichen Kurzfragen *gell* (< gelte es?) und *nicht wahr?* sind zu interjektionsartigen *Partikeln* geworden *(gęi/göll, nedwǫ, newǫ, ned, ne)*, die unglaublich häufig gebraucht werden. Dies wird einem erst deutlich anhand von Transkriptionen mundartlicher Erzählungen und Gespräche: Manche Sprecher fügen fast in jeden Satz, gelegentlich sogar mehrfach, eine Kurzform von *nicht wahr* ein. Von der ursprünglichen Funktion, nämlich sich der Aufmerksamkeit oder Zustimmung des Partners zu versichern, ist kaum mehr etwas zu spüren; vielmehr kann man *ned/nedwǫ/newǫ* usw. als Strukturierungselement sehen, wenn nicht gar bloß als kurze Denkpause für den Sprecher.

2. *Nebensätze – Konjunktionen: Der Mann, der wo ...; trotzdem daß*

§ 89 Selbstverständlich gibt es im Bairischen auch untergeordnete Nebensätze, von denen wohl Relativsätze und *daß*-Sätze die verbreitetsten sind. Die Neigung zum analytischen Sprachbau, d. h. daß eine grammatische Funktion jeweils durch ein eigenes Wort und nicht bloß durch eine Veränderung am Bedeutungsträger (z. B. durch eine Endung) zum Ausdruck gebracht wird, haben wir bereits bei den Umschreibungen für den Genitiv und beim Possessivpronomen kennengelernt. Ebenso deutlich tritt sie bei den *Relativ-* und anderen *untergeordneten Nebensätzen* in Erscheinung. In dem hochdeutschen Satz „Der Mann, den ich sah ..." ist *den* dreifacher Merkmalsträger: 1. Genus der Bezugsgröße (männlich); 2. Kasus im Nebensatz (Akkusativ), 3. relativer Bezug *(den = welchen)*. Im Dialekt wird die letztere Funktion isoliert gesetzt, als eigenes Wort:

> *Dea Mo^{n}, den wo i gsęng hǫb ...*

Die unveränderliche *Relativpartikel wo* kann zusätzlich zu *der, die, das, dem, den* stehen, wird aber bei Kasusgleichheit auch gern allein gesetzt, so daß die oben genannten Funktionen 1 und 2 nicht mehr zum Ausdruck kommen:

> *Den Fiisch, wo i gfangd hǫb, ham-ma scho^{n} gessen.*
> *De Hosn, wo i gesdan o^{n}ghabd hǫb*
> *des Auddo, wo dǫ schdęd*
> (Den Fisch, den ich gefangen habe, haben wir schon gegessen.
> Die Hose, die ich gestern anhatte; das Auto, das da steht).

Zusammen mit relativ gebrauchtem *was,* das auch auf neutrale Substantive bezogen werden kann, verfügt der Dialekt über 4 Möglichkeiten des relativen Anschlusses:

des Auddo, { *des* / *des wo* / *wo* / *wǫs* } *so vui Benzin brauchd*

(Das Auto, das so viel Benzin braucht).

§ 90 *Konstruktionen* mit *daß* sind sehr häufig und stehen oft auch dort, wo in der Hochsprache andere Fügungen bevorzugt werden.

Ea moand, dàs-a des ko^n. „Er meint, er könne das."

Im Rahmen des analytischen Sprachbaus tritt *daß* oft auch zur Verdeutlichung der Satzunterordnung zusätzlich zu anderen Konjunktionen auf (darin dem relativen *wo* vergleichbar):

I męchd wissn, wia lang dàs-s no brauchds.
I woas ned, warum dàs des so lang dauad.
Drotzdem dàs-e-s mǫg, hairadn dua-r-e-s ned.
(Ich möchte wissen, wie lang ihr noch braucht. Ich weiß nicht, warum das so lange dauert. Obwohl ich sie mag, heirate ich sie nicht.)

Demnach ließe sich eine Liste von bairischen Entsprechungen für hochdeutsche *Konjunktionen* aufstellen:

„obwohl"	*trotzdem daß, zamtden daß*
„bevor"	*eh daß, vor (daß)*
„statt (. . . zu)"	*statt daß*
„ohne (. . . zu)"	*ohne daß*
„seit"	*seit daß*
u. a. m.	

§ 91 Was in der Hochsprache durch Pronominaladverbien mit *da(r)-* und mit *wo(r)-* ausgedrückt wird, erscheint im Dialekt meist in Einzelteile zerlegt:

„dafür"	*für das daß (fia dees dàs)*
„dadurch"	*durch das daß (duach dees dàs)*
„wovon"	*von was daß*
„wofür"	*für was daß*
usw.	

Dǫ woas i nix davo^n.	„Davon weiß ich nichts.“
Wo kimmsd-n hea?	„Woher kommst du denn?“
Dǫ is des deine a Dreeg dageng.	„Dagegen ist das Deine nichts.“
Vo^n wǫs ren-an de?	„Wovon reden die?“
I woas ned, wo^n vǫs (dàs) de ren.	„Ich weiß nicht, wovon sie reden.“
Zu wǫs brauchsd-n des?	„Wozu brauchst du denn das?“
Des dààd me indressian, fia wǫs dàsd des brauchsd.	„Mich würde interessieren, wofür du das brauchst.“

3. Ersetzung von Infinitivkonstruktionen: Was gibt's zum Essen?

§ 92 Sowohl Zeit- als auch Bedingungssätze werden mit *wenn, wann* oder *bal (bǫi)* eingeleitet:

Wenn-s / *Wann-s* / *Bǫi-s* } *s Schnaim o^{n}fangd, sàmma voratzt.*

(Wenn/falls/sobald es zu schneien anfängt, sind wir verloren.)

In der Hochsprache steht in diesem Satz eine Infinitivkonstruktion („zu schneien“). Derlei ist dem Dialekt fremd.

Ersatzkonstruktionen dafür sind:

Substantivierung (wie oben):

I hǫb nix zun O^{n}ziang.
Mid deara męchad i nix zun Doa hǫm.
Na hǫd-a s Blean o^{n}gfangd.
Wǫs gibd-s haid zun Essn?

daß-Sätze: (siehe oben § 90):

Muasd làffa, dàsd an Zug dawischd!
Da Màx hǫd ma vaschbroocha, dàs-a me hoid.
Wǫs schdedds-n umandand, schdǫd dàs-s awadds?

andere Fügungen:

Dea head scheinds ned.
I glààb, den ken-e.
Etz kimmds und hoid sein Schràtzn.

(Ich habe nichts anzuziehen. Mit der möchte ich nichts zu tun haben. Dann hat er zu schreien angefangen. Was gibt es heute zu essen? – Du mußt laufen, um den Zug zu erwischen. Max hat mir versprochen, mich abzuholen. Was steht ihr denn herum, statt zu arbeiten? – Er scheint nicht zu hören. Ich glaube, ihn zu kennen. Jetzt kommt sie, um ihr ungezogenes Kind zu holen.)

4. Mehrfache Verneinung: nie keiner nicht

§ 93 Vom Lateinischen her hat sich die dem Germanischen fremde Ansicht auch im Deutschen verbreitet, doppelte Verneinung bedeute Bejahung. Das trifft fürs Bairische überhaupt nicht zu! Je mehr Verneinungspartikeln ein Satz enthält, desto stärker kommt die Negation zum Ausdruck:

I hob iara nia nix gsǫgd.
Mia hǫd nia neamdd ghoiffa.
Koan bessan weasd ned finddn.
Ea hǫd ma nia koa Gęid ned gem.
Mia hǫd nia neamdd nix gschenggd.
Wann koana koa Gęid ned hǫd!
Bai uns hǫd no nia koana koan Hunga ned lain miassn. (4fach verneint!)
(Ich habe ihr nie etwas gesagt. Mir hat nie jemand geholfen. Einen besseren wirst du nicht finden/du wirst keinen besseren finden. Er gab mir nie Geld. Mir hat nie jemand etwas geschenkt. Wenn keiner Geld hat! Bei uns hat noch nie jemand Hunger leiden müssen.)

5. Wortstellung im Satz: . . ., weil das ist mein Freund

§ 94 Die Anordnung der einzelnen Satzglieder kann im Dialekt anders sein als in der Hochsprache. Beispiele dafür finden sich bereits im Kapitel über die Pronomen (S. 123 ff.), deren Suffixformen zum Teil eine vom Üblichen abweichende Anordnung bedingen, z. B. *Las mà-n dǫ. I gib da-s* (Laß ihn mir da. Ich gebe es dir.)

Die Konjunktion *weil* kann im Bairischen sowohl unterordnend sein (wie in der Hochsprache) oder aber auch nebenordnend (wie hochdeutsch *denn*):

Dem gun-e-s, wai des is mei Freindd.
wai des mei Freindd is.
wai des is nemle mei Freindd.
(Dem gönne ich's, weil er mein Freund ist/...; denn er ist mein Freund/...; er ist nämlich mein Freund.)

Verbreitet ist für die Angabe von Gründen auch *durch das* (= „dadurch"). Die kausale Bedeutung der Präposition „durch", die sie auch im Mittelhochdeutschen hatte, hat sich im Dialekt erhalten.

Da Sepp war im Griag; duach des gęd-a scho^n *in d Renddn.*
Duach des dàs-a im Griag war, gęd-a scho^n *in d Renddn.*
(Josef war im Krieg; daher geht er schon in Ruhestand. Weil er im Krieg war, ...)

Du wenn ich wär ...

§ 95 Wichtige Satzglieder können, wenn besonderer Nachdruck darauf liegt, der Redeabsicht entsprechend an die Spitze gestellt werden *(emphatische Frontierung)*. Häufig ist diese Umstellung bei den Konjunktionen *wenn, wann, bal,* aber auch bei *wie* und *daß:*

Dawischn bǫi-e de dua!
Gessn wennsd-as hǫsd, is-da schlęchd.
Da Vadda wann des daleem hęd miassn!
B Muadda wia des ghead hǫd, is-s ganz nàrisch woan.
An Fümfa dàs-e griag, hęd-e ned gmoand.
Bia hǫd-ar a guads, da Bosdbrai.
(Wenn ich dich erwische! Wenn du es gegessen hast, wird dir übel. Wenn das der Vater hätte erleben müssen! Als das die Mutter hörte, wurde sie recht wütend. Ich hätte nicht gedacht, daß ich einen Fünfer bekomme. Der Postbräu hat gutes Bier.)

7. *Umschreibungen: Sein tut's was!*

§ 96 In germanischen Sprachen und Dialekten sind *Umschreibungen* mit *tun* verbreitet [155]. Anders als im Englischen, wo die Umschreibung mit „to do" in Frage und Verneinung obligatorisch geworden ist, steht es dem Baiern frei zu sagen:

B Muadda kochd oder *B Muadda duad koocha.*
(Die Mutter kocht.)

Bei Befehlen, Aufforderungen und Fragen ist die sog. „*tun*-Periphrase“ geläufig:

Deadds schbuin, Kinda, ned ràffa!
Dua sche^{n} essn, gę waida!
Dua ned fręch wean!
Dua-s ja ned o^{n}glanga, des brennd!
Dua ned ǫiwai blęan!
Deamma haid Kartn schbuin?
Dàsd-ma du heiffa?
(Ihr sollt spielen, Kinder, nicht raufen. Iß schön, komm! Werd nicht frech! Faß es ja nicht an, das ist heiß! Schrei nicht immer! Spielen wir heute Karten? Würdest du mir helfen?)

Sie ist aber auch sonst als Alternative zum normalen Satzbau nicht selten:

Dǫ *dua-r-e ned lang frǫng.*
Meng dàd-a scho^{n}, awa kina duad-a ned.
(Da frag' ich nicht lang. Er würde schon wollen, aber er kann nicht.)

Dritter Teil

Das Bairische in Alltag, Wissenschaft und Kultur

I. Sprache und Gesellschaft: Zum Gebrauch des Bairischen heute

1. Die Beliebtheit des Bairischen

„Man kann sagen, daß unter den deutschen Dialekten unser bayrischer einer der beliebtesten, wenn nicht gar der beliebteste ist." Diese Feststellung trifft Johann Lachner am Anfang seiner bekannten „999 Worte Bayrisch" [92]. Tatsächlich ist es so, daß sich das Bairisch-Österreichische mit dem Hamburgischen und Rheinischen in die ersten Plätze der Beliebtheitsskala deutscher Dialekte teilt (München 15 %, Wien 19 %, Hamburg 18 %, Köln 16 %; [18], S. 136). Aber diese Beliebtheit ist eine zweischneidige Sache: Es ist ein Urteil von außen, und nicht immer sind die Gründe dafür so, daß sie dem Einheimischen gefallen können. Denn dahinter steht häufig ein pauschales und oberflächliches Urteil über das Ferien- und Reiseland Bayern und seine Bewohner. Und deren Sprache, so glaubt man nur zu oft, sei das „zünftige" Oberbayerisch, das man bei touristisch vermarkteter Folklore, bei Jodeln und Schuhplatteln, zu hören bekommen hat. In dem Wohlwollen dem bairischen Dialekt gegenüber steckt nicht selten auch ein Stück Herablassung gegenüber seinen Sprechern.

Die Bayern sind nach den statistischen Daten, die im folgenden noch zur Sprache kommen werden, bei weitem der dialektfreudigste Stamm in der Bundesrepublik Deutschland. Etwa 80 % der Bevölkerung des Freistaats geben an, Dialektsprecher zu sein.

2. Wer spricht Bairisch?

Vergleicht man zwei Umfrageergebnisse, die von Meinungsforschungsinstituten 1966 (Allensbach) und 1975 (Infratest) als Repräsentativerhebung durchgeführt wurden, so scheint es nicht nur so, als gelte für den Freistaat Bayern das uralte Gerücht vom Dialektschwund nicht, sondern als nehme der Gebrauch der Mundarten (Bairisch, Fränkisch, Schwäbisch) sogar noch zu. Erhielten die Allensbacher auf ihre Frage: „Können Sie eine Mundart, einen

Dialekt sprechen?" von nur 57 % der befragten Bundesbürger die Antwort „Ja" (und weitere 12 % trauten sich noch „ein wenig" Dialektkenntnisse zu), so bekannten sich schon damals 71 % der Bewohner des Freistaats uneingeschränkt zu ihrer Mundart, und weitere 12 % gaben an, sie beherrschten sie „ein wenig". Als die Infratester rund zehn Jahre später an die Türen von etwa 2000 repräsentativ ausgewählten Bayern im Alter ab 15 Jahren klopften und rundheraus fragten: „Sprechen Sie Dialekt?", konnten sie stattlichere Ergebnisse nach Hause tragen: 78,5 % aller Befragten (in Altbaiern, Franken und Schwaben) beantworteten die erste Frage dieses „Bayerischen Dialektzensus" schlichtweg mit „Ja", und 14,5 % kreuzten „ein wenig" an.

Die Münchner Forscher, die die Infratest-Umfrage als Teil eines von der Deutschen Forschungsgemeinschaft (DFG) finanzierten Projekts „Dialekt als Sprach- und Leistungsbarriere im bayerischen Dialektgebiet" (Leitung: Kurt Rein; vgl. [109; 111]) durchführen ließen, reagieren eher vorsichtig bei der Interpretation der jeweiligen Befragungsergebnisse: Zum einen könnte die leicht unterschiedliche Fragestellung an den verschiedenen Zahlen schuld sein; zum anderen fällt die 1975er Befragung in eine Zeit, in der die Dialektrenaissance (ablesbar etwa an der einsetzenden Welle der Mundartliteratur) manchem Sprecher, der vorher seinen Dialekt geleugnet hatte, sein Bekenntnis zum Mundartgebrauch erleichterte. Unbestreitbar ist jedoch in beiden Fällen, daß die Mundartverwendung in Bayern im Vergleich zu anderen Bundesländern eine Sonderstellung einnimmt.

Nimmt man nur die Ergebnisse der direkten Befragung, so verteilt sich der Dialektgebrauch in Bayern folgendermaßen: 40,6 % der Staats-Bayern sprechen Bairisch; genauer: 33,8 % benützen einen mittelbairischen Dialekt (Ober- und Niederbayern) und 6,8 % verfügen aktiv über die nordbairische Varietät (Oberpfalz). 8 % der Befragten gaben an, irgendeinen anderen deutschen Dialekt zu sprechen; 2,5 % Mischdialekte (z. B. Schwäbisch-Bairisch); nur 5,4 % sprechen, den eigenen Angaben nach, keinen Dialekt.

Nach Dialekträumen aufgegliedert, ergibt sich für die Antworten auf die Frage: „Sprechen Sie Dialekt?" für Bayern folgendes Bild: 81 % („ja")/13 % („ein wenig") im bairischen, 75 %/17 % im schwäbischen und 77 %/16 % im fränkischen Sprachgebiet.

Zusammenfassend läßt sich feststellen: Die Altbaiern (in Ober-

und Niederbayern und der Oberpfalz) schätzen ihre angestammte Mundart noch etwas höher als die „Neubayern" (Franken und Schwaben).

Die Daten zum Gebrauch der Mundart lassen folgende Beurteilung der Dialektsituation zu: In seinem ursprünglichen Mundartraum spielt das Bairische eine herausragende Rolle im alltäglichen mündlichen Verständigungsprozeß: Eine – verglichen mit anderen deutschen Dialektgebieten – erstaunlich große Zahl von Sprechern kann sich damit verständigen, und überraschend viele (70 %) benutzen es in (fast) allen Gesprächssituationen.

Entkräftet das Beispiel des Bairischen durch solch eindrucksvolle Zahlen nicht die oft gehörte Behauptung von der „Eingeschränktheit des Dialekts"? (Vgl. dazu S. 197 ff.). Wenn sich so viele Menschen so häufig auf Bairisch verständigen, dann liegt der Schluß nahe: Das Bairische ist eine für den mündlichen Gebrauch vollständig ausreichende Sprache und als solche die eigentliche Muttersprache der Ober- und Niederbayern sowie der Oberpfälzer; Hochdeutsch ist hier die Sprache einer nicht selten dafür sogar diskriminierten Minderheit, die man pauschalierend als „Breissn" bezeichnet.

3. Zum Sprechniveau: Dialekt – Umgangssprache – Hochsprache

a) Ist „bairisch" = „bäurisch"?

Eine solche Gleichsetzung liegt nicht fern. Der österreichische Germanistikprofessor und Schriftsteller Alois Brandstetter, der aus einer Landwirtschaft und Mühle bei Wels in Oberösterreich stammt, schildert seine Erfahrungen mit seiner bäuerlichen Sprache und Herkunft wie folgt ([201], S. 22):

„Auch mir selbst aber war damals meine Herkunft keine reine Quelle der Freude. Ich lernte nicht nur Latein und Mathematik, sondern auch, meine bäuerliche Herkunft als einen gewissen Makel zu empfinden. Mit ungläubigem Staunen erlebte ich nach der Matura, daß es an der Universität Menschen gab – wenn sie auch ein wenig sonderbar und seltsam waren –, die sich mit einem schon wieder verdächtigen Interesse alles Bäuerlichen annahmen, sie verhalfen mir zu einer ihrerseits nicht ganz unproblematischen Identifikation. So versilberte ich mein Bauerntum in einer germanistischen Dissertation über meine Heimatmundart und mit einem Wörterbuch alter bäuerlicher Ausdrücke. Mein Doktorvater sagte, diese Ausdrücke seien nicht nur *alt,* sondern auch *altehrwürdig.*"

b) Dialekt – Umgangssprache – Hochsprache

Die Skala von verschiedenen Sprachformen zwischen einer Grundmundart und der Hochsprache, die dem einzelnen zur Verfügung stehen, ist so groß, daß die Frage, ob einer noch echten Dialekt spricht oder schon eine dialektgefärbte Umgangssprache, nicht einfach zu beantworten ist. Man hat Bürgern einer oberbayerischen Gemeinde folgende Sätze vorgelegt, um zu überprüfen, welche Sprachform sie verwenden:

(1) *Josef trinkt Bier, aber Rosi, sein Mädchen, trinkt lieber heiße Milch.*
(2) *Josef trinkt Bia, aba Rosi, sein Mädl, dringgd liaba heiße Milch.*
(3) *Da Sepp dringgd a Bia, aba de Rosi, sei Mädl, dringgd liaba a hoasse Muich.*
(4) *Da Sebb dringgd a Bia, awa d'Rosi, sei Màdl, dringgd liawa-r-a hoasse Mẹich.*

Zu den Dialektmerkmalen (wie *oa, ẹi, à,* Diminutiv, Artikelgebrauch usw.) vergleiche man die entsprechende Ausführung im Zweiten Teil.

Wenn man die vorliegenden Äußerungsformen dieses Satzes danach ordnet, wie stark dialektal sie sind, so ist (4) als am eindeutigsten mundartlich einzuschätzen, von (3) bis (2) nimmt der Grad an Dialektalität mehr und mehr ab, (1) stellt die hochsprachliche Form dar. Natürlich sind mit dieser vierfachen Abstufung nicht alle denkbaren oder tatsächlich vorkommenden Varianten ausgeschöpft; aber im Rahmen dieser Untergliederung würde man wohl (3) und (4) *Dialekt* nennen, (2) *Umgangssprache* und (1) *Hochsprache.* Abgesehen von geringfügigen lautlichen Unterschieden sind in (3) und (4) alle als wesentlich zu erachtenden (primären) Merkmale des Dialekts vorhanden. Zwischen (2) und (3) hingegen stellt man eine gewaltige Veränderung fest. Es zeigt sich, daß die grammatische Struktur schwerer wiegt als die lautlichen Merkmale. Vor allem das Weglassen des Artikels läßt den Satz (2) schon kaum mehr als „bairisch" erscheinen.

An diesem Beispiel läßt sich sehen, daß die Dreiteilung in *Dialekt – Umgangssprache – Hochsprache* im Vergleich zu den tatsächlichen Verhältnissen eine grobe Vereinfachung darstellt. Es treten wesentlich mehr Zwischenstufen auf. Nicht nur mancher Dialektforscher, sondern auch mancher Sprecher einer besonders konservativen bäuerlichen Grundmundart auf dem Land wird das, was der durchschnittliche Münchner redet, nicht mehr für Dialekt halten. Umgekehrt kann es vorkommen, daß der Durchschnittsmünchner jemanden vom Land nicht immer ganz versteht. Sprechen nun beide Dialekt? Die Frage und auch die Antwort darauf ist problematisch, solange wir nicht genau sagen können, was Dialekt ist.

c) Dialektniveau – Selbsteinschätzung der Sprecher

Für den Grad von Mundartlichkeit ist nicht nur die Beherrschung eines Dialekts an sich, sondern auch die Ausprägung des Dialekts, die der einzelne Sprecher beherrscht, kennzeichnend. Man spricht von unterschiedlichen Dialekt-, bzw. allgemeiner, Sprechniveaus, die sich ergeben, wenn z. B. jemand formuliert:

Ich gehe in das Gasthaus, um zu Mittag zu essen,

ein anderer:

I geh ins Wirtshaus zum Essen,

und ein dritter:

Zum Essn gęin-e zun Weadd umme.

Im Rahmen der genannten Münchner Untersuchung wurden Baiern gebeten, ihren eigenen Sprachgebrauch in eine fünfstufige Skala einzuordnen (vgl. dazu [28], S. 3 f.):

(1) dialektfreies Hochdeutsch (mündliche Realisierung der Schriftsprache)
(2) Hochdeutsch mit erkennbarem Dialektanklang (bairische Hochsprache)
(3) mundartlich gefärbte Umgangssprache, wie sie besonders in den Städten verwendet wird (großregionale Umgangssprache)
(4) regionaler (aber noch überörtlicher) Dialekt (Verkehrsdialekt)
(5) reiner Ortsdialekt (Lokalmundart, Basisdialekt).

Das Ergebnis: 35 % der Altbaiern halten ihre Sprechweise für reinen Dialekt (Stufe 5), 34% geben an, regionalen Dialekt (Stufe 4) zu verwenden. Demnach stufen sich 69% der Befragten im bairischen Dialektgebiet selbst in die beiden am wenigsten hochsprachlichen Sprechniveaus ein.

Nun kann man mit Recht einwenden: Wenn man bei einer Umfrage die Befragten ihre Sprechweise selbst einschätzen lasse, seien Verzerrungen der Ergebnisse denkbar, und zwar aus mehreren Gründen.

Zum einen kann die Einstellung, die der Befragte zu seinem Dialekt bzw. zur Hochsprache hat, seine Antwort beeinflussen: Mancher Zugereiste könnte sich aus lauter Liebe etwa zu seiner Tegernseer Wahlheimat Mundartkenntnisse des Bairischen bescheinigen, die aber in Wirklichkeit nicht einmal der einfachsten „Oachkatzlschwoaf-Probe" (s. S. 78) standhielten; oder ein Dialektsprecher, der von dem Interviewer nicht gerne als „g'schert" angesehen werden möchte, bessert seinen Dialekt in Richtung Hochsprache auf.

Zum anderen kann als Grund für eine Verzerrung der Ergebnisse angenommen werden, daß den Befragten ein großer Spielraum für ihre individuelle Definition/Interpretation von Begriffen bleibt. Beispielsweise wird ein Münchner die lokale Stadtmundart wohl als „Dialekt" klassifizieren, während z. B. ein niederbayerischer Landbewohner diese bereits als „gehobene Umgangssprache" einstufen würde. In ähnlicher Weise können schließlich Angehörige verschiedener Sozialgruppen ihr Sprechniveau auf das jeweilige Gruppenniveau bzw. -verständnis beziehen, etwa im Sinne der Äußerung: „Für einen Arbeiter spricht er gepflegtes Hochdeutsch."

Um solche Verzerrungen durch Fehleinschätzung möglichst auszuschließen, wurden nicht nur Fragen zur direkten Selbsteinstufung gestellt, sondern auch solche zu einer „indirekten", und zwar mit Hilfe sogenannter Schibboleth-Sätze. Dies sind Formulierungen, die charakteristische Merkmale einer Sprachvariante (z. B. eines Dialekts) enthalten, die Sprechern anderer Sprachvarianten nicht geläufig sind und von ihnen auch nicht verwendet, oft nicht einmal verstanden werden. Unterschiedliche Aussprache (hd. *zwei* – bair. *zwoa*), unterschiedliche Wortverwendung (hd. *Bein* – bair. *Fuß*), unterschiedliche Wörter für die gleiche Sache (hd. *Schluckauf* – bair. *Schnàckler*), unterschiedliche Wortbildung (hd. *nackt* – bair. *nackert*) sind Beispiele solcher Merkmale des Bairischen.

Um das Dialektniveau der Befragten zu bestimmen, wurden ihnen zunächst Kärtchen vorgelegt, auf denen ein (situationsabhängiger) Satz in den erwähnten fünf verschiedenen Abstufungen, d. h. also mit zunehmender Häufung charakteristischer Dialektmerkmale, zu lesen war, z. B.:

(1)	*Ich habe es ihm gegeben.*	*Ich fragte ihn doch nur.*
(2)	*Ich hab's ihm gegeb'n.*	*Ich hab ihn doch nur gefragt.*
(3)	*Ich hab's ihm geb'm.*	*Ich hab'n doch bloß g'fragt.*
(4)	*I hoob's eahm geem.*	*I hoob'm do bloos g'frogt.*
(5)	*I hoos eahm geem.*	*I hoon-an grod gfroad.*

Die Befragten wurden nun gebeten, das Kärtchen mit der Sprechweise, die ihnen am geläufigsten erschien, herauszunehmen.

Nun könnte man ja vermuten, daß sich manche der guten Bairischkenntnisse, die sie sich selbst attestiert haben, nur dann erinnern, wenn es besondere Situationen gebieten. Aber im Gegensatz zu Lederhose und Gamsbart – die heutzutage keineswegs immer die Anwesenheit eines Baiern verraten – hat der Dialekt als Kennzeichen für die Stammeszugehörigkeit eine viel größere Zuverlässigkeit; denn 40 % der Bairischsprecher verwenden ihre Mundart „immer", 30 % „meistens" und 9 % „häufig" – so behaupten sie wenigstens.

Auch hier erfolgte eine Kontrolle der direkten Befragung durch eine indirekte mit Hilfe der Schibboleth-Methode, diesmal mit Bildern. Die dargestellten Alltagssituationen waren jeweils mit einer dafür typischen Äußerung versehen, und zwar abgestuft nach den erwähnten fünf Sprechniveaus. Auf diese Weise wurde eine objektive Absicherung der Selbsteinschätzung der Befragten vorgenommen. Insgesamt gesehen, wurde die Selbsteinstufung weitgehend bestätigt.

4. *Prestigegefälle zwischen Dialektvarianten – Zwang zur Anpassung*

Wieviel Dialekt und welche Art von Dialekt jemand gebraucht, hängt von unterschiedlichen Faktoren ab. Der augenfälligste ist die dialektgeographische Heimat des Sprechers, also die Frage, aus welcher der (grob gesagt) zehn Regionen jemand stammt (siehe dazu die Tabelle auf S. 71). Die meisten Menschen werden wohl ihre eigene Heimatmundart für die „normalste" halten und sie mit positiven Attributen wie „richtig, klangvoll, schöner, besser als die eines benachbarten Gebiets" ausstatten. Viel wichtiger als derlei private Wertschätzung ist aber die Frage, wie weit sich jemand mit seinem Dialekt geographisch und gesellschaftlich bewegen kann, ohne damit aufzufallen.

Das beste Beispiel liefert hier wohl der Oberpfälzer, auf dessen nordbairische Mundart im übrigen Baiern leicht verächtlich heruntergeschaut wird. Gerade die „gestürzten Diphthonge" und die ihm eigentümliche Aussprache des nicht-vokalisierten *l* sind es, die von den südlicheren Stammesgenossen als Merkmale des „Pfälzelns" bespöttelt werden. Wenn nun ein Oberpfälzer seine engere Heimat verläßt, vielleicht bloß nach Straubing geht, sieht er sich gezwungen, die vom dort üblichen Mittelbairisch so besonders auffällig abweichenden Merkmale seines heimatlichen Idioms abzulegen. Wenn man bedenkt, daß von einem solchen Anpassungsprozeß gerade die charakteristischen Eigentümlichkeiten betroffen sind, dann wird klar, daß diese Angleichung den Verzicht auf sprachliche Identitätsmerkmale bedeutet. Sicher ist es nicht die hochsprachliche Norm, auf die sich der Oberpfälzer in seinen Angleichungsbemühungen zubewegt; er wird seine Sprache zunächst in Richtung Mittelbairisch ausgleichen, um nicht aufzufallen. So wird er beispielsweise von seinem heimischen *göll* zuerst zum mittelbairischen *gęi* wechseln, bevor er – gemeinsam mit dem Mittelbaiern – bei Bedarf beim umgangssprachlichen *gell* landet.

Im umgekehrten Fall, wenn etwa ein Ober- oder Niederbayer in die Oberpfalz zieht, ist es kaum denkbar, daß er sein gewohntes *liawa Bruada* aufgibt und sich die Lautung seiner neuen Heimat, *lęiwa Brouda,* angewöhnt. Der Anpassungsdruck liegt nur auf den Sprechern des Nordbairischen, die sich ihm erstaunlicherweise bereitwillig beugen.

Die Gründe dafür dürften in erster Linie wirtschaftsgeographischer Natur sein. Das „reiche" Niederbayern (Gäuboden) blickt mitleidig bis verächtlich auf die „arme" Oberpfalz herunter (Steinpfalz, Bayerischer Wald). Für das Wäldlerische gilt ähnliches: Der Kleinbauer aus der Gegend von Viechtach etwa wird seine auffallende Lautung (*Zęęd, Haas* für „Zeit, Haus") sofort verdrängen, sobald er seine engere Heimat verläßt; ebenso wird der Steinhauer aus der Gegend von Hauzenberg seine ihm geläufigen Triphthonge (*greous, reoud* für „groß, rot“) rasch ablegen, wenn er nicht auffallen und nicht als „Wäldler“ bespöttelt werden will. Die in seiner Heimat ebenfalls übliche Lautung *vü Gǫ̈ǫ̈d* (viel Geld) braucht er allerdings nicht aufzugeben, weil diese als ein Merkmal des Österreichischen gilt und daher nicht mit dem Stigma des „Wäldlerischen“ belastet ist.

Derlei Beispiele ließen sich wohl in großer Zahl auch aus anderen Gebieten beibringen. Nachbarschaftsneckereien zwischen Dörfern, Gemeinden und Kleinregionen haben oft Sprachliches zum Inhalt. Wie ein empfindlicher Seismograph registriert der Dialektsprecher die Lautung (und selbstverständlich erst recht den Wortschatz) seines Partners und stuft ihn entsprechend einer Wertigkeitsskala ein (die im einzelnen noch nicht genau erforscht ist). Auf jeden Fall erscheint das Mittelbairische in seiner oberbayerischen oder Münchner Ausprägung die prestigehaltigste Variante des Bairischen zu sein; dies geht aus den Daten zur Akzeptabilität und aus Beobachtungen am Dialektgebrauch in den Medien hervor.

An einem Beispiel soll dies verdeutlicht werden. Wie stuft ein Freisinger jemanden ein, der den Satz „Siehst du, der fährt schneller“ in einer der folgenden Varianten spricht?

(a) *Siehst, dea fäaht viel schnella.*	– an Hochsprache angeglichen: gebildeter Bayer, Mittel- oder Oberschicht.
(b) *Sigst, dea faard vui schnella.*	– ans Münchnerische angepaßt: Freisinger „Stadtbürger“, meist jüngere Generation.
(c) *Sęgst, dea faad vęi schnęlla.*	– Freisinger Normaldialekt: „Stadtbürger“, eher ältere Generation.
(d) *Siagsd, dea fǫǫd vęi schnęia.*	– Bauerndialekt aus dem Umland: Hallertauer.
(e) *Sęgsd, dea foad vül schnǫ̈lla.*	– ungewohnte Lautung, „Hopfenzupferdialekt“: Fremder, wahrscheinlich Oberpfälzer.

Das soziale Prestige nimmt von (a) nach (e) hin eindeutig ab. Heimatbewußten Freisingern klingt allerdings (b/c) oft sympathischer als (a). Hingegen sind (d/e) als eindeutig niederwertig eingestuft.

Einzelne Lautungen können also durchaus „deklassierend“ wirken, so etwa bereits, wenn jemand den Plural *Schdeana* gebraucht anstatt *Schdoana* oder *Schdoaⁿ* (Steine).

Stadt und Land

Es zeigt sich hier deutlich auch der Unterschied zwischen städtischem und ländlichem Bairisch. München oder Nicht-München, das ist nicht in erster Linie ein räumlicher, also dialektgeographisch faßbarer Gegensatz; vielmehr spielt hier der Unterschied zwischen (Groß-)Stadt und Land samt den damit verbundenen Lebensformen die entscheidende Rolle.

Es ist durchaus sachgerecht, zwischen „städtischer“ und „ländlicher“ Sprache zu differenzieren, wie das etwa Ludwig Merkle in seiner „Bairischen Grammatik“ bei den Richtungsadverbien tut:

„Schriftsprache	städtisch	ländlich
herauf	*rauf*	*auffa*
hinauf	*nauf*	*auffi*
heraus	*raus*	*aussa*
hinaus	*naus*	*aussi*“

oder auch bei der 2. Person Plural des Personalpronomens:

> „In der Stadtmundart wird *ees* = *ihr* verhältnismäßig oft verwendet; *enk* = *euch* kommt selten vor; dafür sagt man lieber *eich*.“ ([54], S. 123, 180)

Daß sich der bodenständige Dialekt auf dem Land besser behauptet als in der Stadt, läßt sich dahingehend präzisieren, daß der Anteil des ursprünglichen (Basis-)Dialekts mit wachsender Einwohnerzahl des Ortes abnimmt. Eine Untersuchung im nordmittelbairischen Übergangsgebiet, wo das Nordbairische eindeutig gegegenüber dem Mittelbairischen an Boden verliert (siehe S. 68 f.), liefert folgende Angaben:

Größe des Ortes	nord-bair.	mittel-bair.	hochsprachl. Lautung
Dorf mit 200 Einwohnern	92 %	4,5 %	3,4 %
Kleinstadt mit 6 000 Einwohnern	76 %	11,8 %	11,4 %
Kreisstadt mit 12 000 Einwohnern	30 %	45,5 %	19,5 %

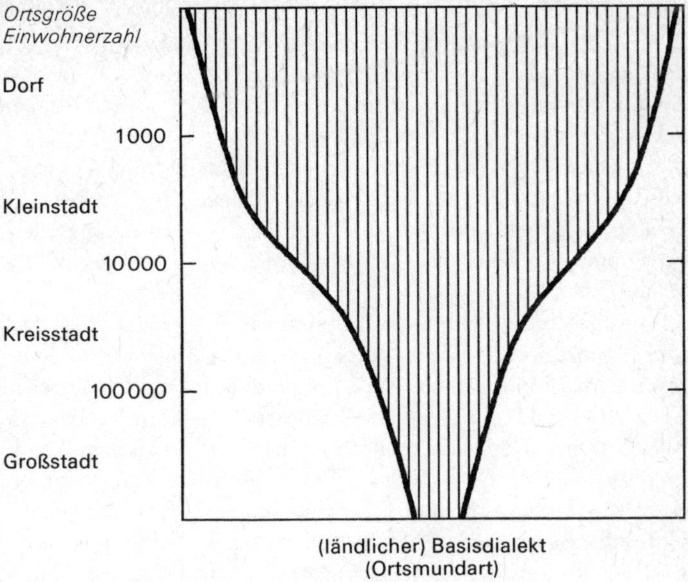
Ortsgröße
Einwohnerzahl
Dorf
1000
Kleinstadt
10000
Kreisstadt
100000
Großstadt
(ländlicher) Basisdialekt
(Ortsmundart)

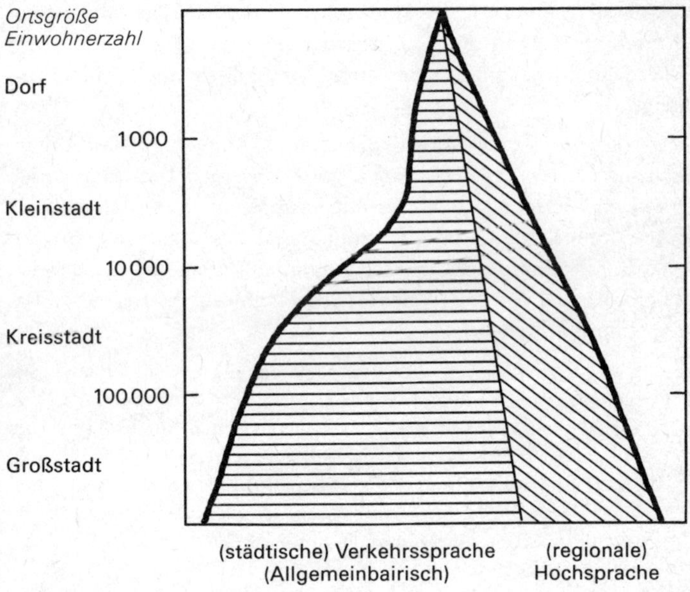
Ortsgröße
Einwohnerzahl
Dorf
1000
Kleinstadt
10000
Kreisstadt
100000
Großstadt
(städtische) Verkehrssprache
(Allgemeinbairisch)
(regionale)
Hochsprache

Das heißt also: Je größer der Ort, desto häufiger treten die als höherwertig eingeschätzten mittelbairischen Dialektmerkmale auf (z. B. *suacha, liawa* statt *soucha, lęiwa* „suchen, lieber"). Ähnliches gilt für die Verwendung der hochsprachigen Lautungen *(suchen, lieber)* (nach [107], S. 20 ff.).

Ausgehend von den in der angeführten Untersuchung ermittelten Zahlenwerten, ist auf Seite 165 der Versuch einer graphischen Lösung vorgestellt, die die Abhängigkeit der Verwendung einer bestimmten Sprachebene von der Größe des Ortes augenfällig macht:

Mit steigender Einwohnerzahl nimmt der Gebrauch des Orts- oder Kleinregional-Dialekts ab, während das Allgemeinbairische (als relativ großregionale Verkehrssprache auf mittelbairischer Grundlage) und die (regionale) Hochsprache entsprechend an Mächtigkeit zunehmen. Demnach ist die Grenze zwischen „ländlich" und „städtisch" – aufgrund des deutlichen Knicks in den Kurven – zwischen kleiner Landstadt (unter 10 000 Einwohner) und mittlerer bis größerer Stadt (z. B. Kreisstadt mit über 10 000 Einwohnern) anzusetzen. Entsprechend dem bemerkenswerten Rückgang der Verwendung der ursprünglichen Basismundart nimmt der Gebrauch der städtischen Verkehrssprache in diesem Bereich sprunghaft zu, während der hochsprachliche Anteil mit wachsender Ortsgröße zwar stetig, aber doch nur langsam ansteigt.

In der Großstadt München haben sich innerhalb der Unterschicht, von der man eigentlich ganz normalen Dialektgebrauch erwarten würde, besondere soziale Gruppierungen herausgebildet, deren Sprache als besonders ordinär gilt: das sogenannte Strizzi- oder Emporkömmlings-Bairisch. Um anzudeuten, was gemeint ist, sei ein Beispiel von Karl Valentin gegeben, der seine Kreszenz Hiagelgwimpft so reden läßt:

> „Was moana S', wie schnell wir uns emporgschwunga ham – nix hamma ghabt, i und mei Mo – nix – als wia a kloans Kind. Aber mit Kleinem fängt man an, und mit Großem hört man auf. Und heut hätt ma so ziemlich alles, was unser Herz begehrt. Alles könn ma uns kaffa, beinand san ma, daß's zwischen der Burschwoassi und uns koan Unterschied gibt. – Bloß s'Mäu wenn ma aufmacha, dann san ma verlorn, dann haut's uns naus aus der Rolln, zwega der Haidhauser Grammatik ..."

Johann Lachner [92] nennt das die „Lucki-Sprache“ (nach den Münchner Witzfiguren Kare und Lucki).

5. Gruppenspezifischer Sprachgebrauch

a) Frauen und Männer

Die traditionelle Mundartforschung hat vom idealen Informanten gefordert, er müsse ortsfest und möglichst in der Landwirtschaft tätig sein; und innerhalb dieses Personenkreises waren es die Frauen, auf die man sich bei Befragungen besonders gern stützte. Wieso dies? Kann Geschlecht mit Mundartgebrauch überhaupt in Beziehung gesetzt werden? Sicher nicht so ohne weiteres. Wenn man aber die Sozialschicht dieser weiblichen Idealgewährsperson anschaut, dann ist ein Bezug keineswegs mehr von der Hand zu weisen. Denn für die traditionelle agrarische Lebensweise trifft es tatsächlich zu, daß die Frau die am wenigsten weit reichenden Außenkontakte hat. So kann man zumindest annehmen, daß Geschlecht und Dialektverwendung auf diesem indirekten Wege in Zusammenhang stehen. Zwar wird einerseits behauptet, Frauen seien sprachlich progressiver als Männer, andererseits, sie seien konservativer und bewahrten so die angestammte Sprachform besser. Richtig scheint das eine wie das andere zu sein, nur wird durch jeweils andere Faktoren ausgelöst, welches Sprachverhalten sich durchsetzt. War man früher geneigt, „typisch männliche“ und „typisch weibliche“ Eigenschaften für die Unterschiede im Sprachverhalten verantwortlich zu machen, so tendiert man jetzt eher dazu, die scheinbar widersprüchlichen Phänomene mit dem Begriff „soziales Alter“ zu erklären. Je nach der Lebensphase, in der sich ein Mensch befindet, treten bestimmte Muster des Sprachgebrauchs in den Vordergrund.

Entscheidende Einschnitte solcher Lebensphasen sind die Zeit des Sprechenlernens, die ersten sprachlichen Außenkontakte als Kind, der Schulbesuch, die Aufnahme der Berufstätigkeit, die Eheschließung, die Phase der Kindererziehung und die Zeit nach dem Ausscheiden aus dem Berufsleben. Der Grad der „Dialektalität“ von Frauen aus dialektfesten Gebieten liegt so lange unter dem der Männer, bis sie die Phase der Erziehung ihrer Kinder hinter sich gebracht haben; dann gleichen sie sich dem Dialektniveau der Männer an.

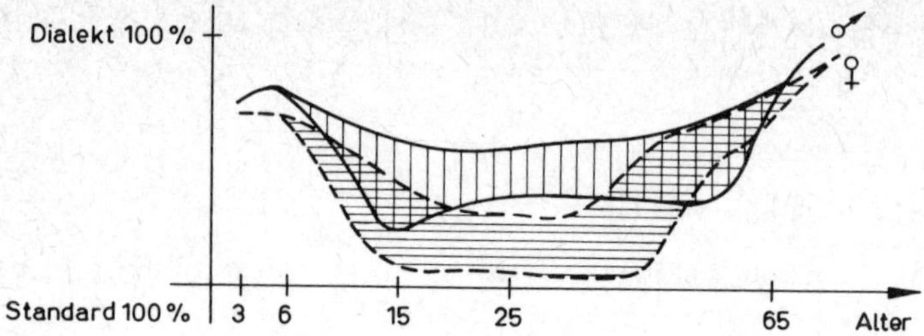

In dieser Abbildung ist der fiktive „sprachliche Lebenslauf" eines männlichen und eines weiblichen Dialektsprechers skizziert, die beide zeitlebens in ländlicher Umgebung leben und wenige Kontakte zu städtischen Bereichen haben, weder beruflich noch bildungsmäßig. Beide werden noch primär im Dialekt „sozialisiert". Die „Zweisprachigkeit" – Dialekt/Hochdeutsch, je nachdem, ob im öffentlichen oder privaten Bereich – entwickelt sich mit dem Schuleintritt, der einen Rückgang der Dialektverwendung verursacht. Der Eintritt in den ländlichen Beruf führt beim Jungen zu einer Dialektzunahme auch auf der Ebene der öffentlichen Sprachverwendung. Beim Mädchen bleibt das niedrige Dialektniveau bis zum Abschluß der Spracherziehungsphase der eigenen Kinder erhalten. Die Intensität des Dialekts nimmt dann rasch zu und übertrifft z. T. das Dialektniveau der gleichaltrigen Männer. Im Alter wird wieder das Dialektniveau der Kinderzeit erreicht und auch die „Zweisprachigkeit" (besser: Diglossie) wird teilweise abgebaut, indem die sozialen Situationen sich auf den privaten Bereich konzentrieren. (Nach [103], S. 54 f.)

Aus dem Material der bereits zitierten Untersuchung im Raum Cham – Waldmünchen [107] läßt sich auch ablesen, daß es die Männer sind, welche die Mundart besser konservieren; die Frauen erweisen sich als neuerungsfreudiger. (Dies deckt sich übrigens mit entsprechenden Beobachtungen im gesamten Bundesgebiet.) Die Häufigkeit des Auftretens der nord- bzw. mittelbairischen bzw. hochsprachlichen Lautung bestimmter Wörter (siehe S. 69) läßt sich auch in bezug auf das Geschlecht der Sprecher interpretieren. Das dem landwirtschaftlichen Bereich zuzurechnende Wort *Pflug* wird sicher überwiegend von Männern gebraucht. Tatsächlich ergibt sich ein Verhältnis von *ou : ua : u* = 73 : 12 : 15. Das sagt doch aus: Das dem männlichen Fachwortschatz zugehörige Wort tritt im Untersuchungsgebiet überwiegend in der altmundartlichen nordbairischen Lautform *Pflou* oder *Pflouch* auf. Im Gegensatz dazu steht das Wort *Kuchen,* das eher im Gespräch unter Frauen vorkommt (*ou : ua : u* = 12 : 48 : 40). Hier hat die mit dem höchsten Prestige ausgestattete Form *Kuacha* nicht nur dem altmundartlichen *Koucha,* sondern auch der schriftsprachegemäßen Lautung *Kuchn* den Rang abgelaufen (Zahlenwerte nach [107], S. 12).

Dem an die Seite zu stellen sind die Werte, die das Institut für Demoskopie Allensbach 1980 für die gesamte Bundesrepublik ermittelt hat: Nur 8 von 100 Männern, die den heimischen Dialekt beherrschen, geben an, ihn „eigentlich nie" zu gebrauchen, während dies immerhin 11 von 100 Frauen von sich behaupten. Entschieden dialektfreudiger erweisen sich die Männer vor allem im Freundeskreis und an der Arbeitsstelle (72% bzw. 44%), während die Frauen bei solchen Gelegenheiten weit mehr der Hochsprache zuneigen: Nur 64% verwenden Dialekt unter Freunden und nur 27% unter Arbeitskollegen.

b) Alt und Jung

Die Tatsache, daß für den Sprachgebrauch des einzelnen das soziale Alter eine bedeutsame Rolle spielt, kann auch erklären, warum der vielbeklagte Befund, die Jugend spräche nur noch ein ganz verderbtes Bairisch, doch nicht zu der vorhergesagten Konsequenz des Untergangs der Dialekte geführt hat. Wenn man sich nämlich vor Augen hält, daß jeder in Abhängigkeit von seinem Lebensalter – gemischt mit anderen Faktoren – verschiedene Phasen der Einstellung zum Dialekt durchmacht, ist es leicht möglich, daß man in einem Sprachunterschied zwischen Alten und Jungen nicht unbedingt ein Zeichen von Sprachwandel zu sehen hätte, sondern vielmehr (sozial-)altersmäßig differenzierte Ausprägungen der jeweiligen Sprachstufe.

Weil im Leben eines jeden, wenn sich die sonstigen Umstände nicht zu sehr ändern, ein ähnlicher sprachlicher Kreislauf stattfindet, ist auch der Dialekt trotz über hundertjähriger einschlägiger Voraussagen nicht ausgestorben. Es könnte aber sein, daß einige der Veränderungen, die in den letzten zwanzig Jahren eingetreten sind, die gesellschaftlichen Strukturen derart umgestaltet haben, daß sie langfristig nicht ohne Auswirkung auf die sprachlichen Verhältnisse bleiben können. Die allgemeine Modernisierung, die die elektronischen Medien auch in jeden Dorfhaushalt gebracht und vielen ländlichen Gemeinden ihren eigenen Supermarkt, ihre

Diskothek und ihr Industriegebiet beschert hat, zieht eine weitreichende Änderung des allgemeinen Bewußtseins nach sich. Auch die Beschäftigungsstruktur auf dem Land hat sich gewandelt, vor allem den jungen Leuten wird erhebliche Mobilität abverlangt. So kommt vielleicht in der jetzigen jungen Generation ein Sprachverhalten auf, das nicht mehr in den alten Kreislauf einmündet. Es scheint von der Ortsmundart weg und hin zu einer großräumigeren Regionalmundart zu führen. Ist das nun „Dialektabbau" oder „Sprachwandel innerhalb des Dialekts"? Die „reine" Mundart ist gefährdet, denn gerade ihre wirtschaftlichen Voraussetzungen werden durch solche Entwicklungen beseitigt: das abgeschiedene Landleben gibt es fast nicht mehr.

Man darf auch nicht übersehen, daß Breitenstreuung, Umfang und auch Qualität der Schulbildung in den letzten Jahrzehnten einen Stand erreicht haben, der entscheidend höher liegt als je zuvor. Damit hat auch die Kenntnis der Hochsprache allgemein beträchtlich zugenommen und auch die Aufgeschlossenheit gegenüber der Schule insgesamt. Früher mag mancher gedacht haben wie die Metzgerin in Martin Sperrs „Jagdszenen aus Niederbayern" [208], die zur Entschuldigung, daß ihr Sohn nicht in der Schule war, sagt:

> „Aber der wird doch nur ein Bauer. Zum Mistauflegen reichts schon. Wir sind auch nicht anders erzogen worden und sind auch keine Hallodris geworden. Wir sind ehrliche, brave Leut. Und das soll der Franzl auch werden. Der soll werden wie wir alle, dann ist er in Ordnung . . ."

Zwischen 1946, dem Jahr, in dem das Stück spielt, und heute hat sich viel verändert. Weithin hat sich das Bewußtsein durchgesetzt, daß zur Erfüllung der durchschnittlichen gesellschaftlichen und beruflichen Erfordernisse die Beherrschung nur der engsträumig gültigen Sprachform nicht ausreicht.

Wenn man die daraus folgende Entwicklung „Dialektabbau" nennt, so sieht man sie nur unter dem Aspekt, daß etwas verlorengeht. Unzweifelhaft scheint, daß Merkmale aus großräumigeren Sprachformen in viele kleinräumigere Dialekte eindringen. Aber dadurch ist der Dialekt in Bayern bisher nicht geschwunden: Zunächst einmal verändert er sich lediglich. Aber wohin führt diese Veränderung? Wo endet „Dialekt" und wo beginnt „Umgangssprache"? Das Bairisch hat es, wie es scheint, geschafft, innerhalb der Bandbreite der Sprachvariante „Dialekt" eine Vielzahl von Abstufungen zu entwickeln, die vom Ortsdialekt bis an die regionale Umgangssprache heranreichen. Vor allem diese der hochdeutschen Sprechsprache nächststehende Form des Dialekts, diese mittelbairische Koiné (großräumig verständliche Verkehrssprache) mit stark münchnerischem Einschlag, ermöglicht es dem Dialektsprecher, eine Vielzahl auch typisch „moderner" kommunikativer Bedürfnisse in einer großräumig akzeptablen Sprachform zu erfüllen. So kann gerade diese Varietät, die von vielen als eine Degenerationsform des „echten" Dialekts angesehen wird, ein Grund dafür sein, daß sich der Dialekt als Alltagssprache in Bayern hält: als dialektnahe Umgangssprache oder Verkehrsdialekt.

Dem steht grundsätzlich nicht entgegen, daß die Sprache der heutigen Jugend in ansonsten bairisch Formuliertes eine große Zahl von Modewörtern einflicht, z. B. *toll, voll, irre, stark, wahnsinnig, spitze* u. ä. oder aus dem Englischen übernommene Ausdrücke (*sound, job, high* u. dgl.). Dies ist bei der Jugend in Stadt und Land verbreitet und gilt durchaus als „chic". Die ältere Generation lehnt diese Sprechweise allerdings meist schroff ab.

Neben der (in der Dialektgeographie beschriebenen) „horizontalen Entdifferenzierung" der Mundarten, vielleicht noch stärker als diese, wirkt eine vertikale Kraft: die mit dem gesellschaftlichen Aufstieg gekoppelte Loslösung von kleinräumigen Spracheigentümlichkeiten, der auch die seit anderthalb Jahrzehnten beobachtbare „Dialektrenaissance" nur scheinbar entgegengesetzt ist.

Bemerkenswert ist allerdings, daß es die heutige mittlere Generation ist, also die Menschen zwischen 25 und 45 Jahren, deren Sprache am weitesten vom Dialekt der Alten entfernt zu stehen scheint, während die jetzige Jugend dazu neigt, im Zuge einer gefühlsmäßigen Rückwendung zum Altüberlieferten auch Lautungen und Wörter ihrer Großeltern wieder aufzugreifen und ganz bewußt zu verwenden. Man kann dies im Rahmen der sogenannten Nostalgiewelle sehen, die demnach auch im sprachlichen Bereich zum Tragen kommt, oder im Zuge des in ganz Europa erstarkenden Regionalismus. Es ist daher gar nicht abwegig, die unbestreitbare Tatsache, „daß die positive Haltung zum Dialekt in der jüngeren Generation zunimmt", so zu deuten, daß der „Dialektabbau" in absehbarer Zeit zum Stillstand kommen könnte ([107], S. 25).

c) Berufsgruppen

Schon beim Stadt-Land-Gegensatz spielt die Unterscheidung nach beruflicher und sozialer Zugehörigkeit eine unverkennbare Rolle. Diesem Tatbestand trägt die traditionelle Mundartforschung Rechnung, wenn sie sich ortsfeste Sprecher der bäuerlichen Grundschicht als Gewährspersonen wählt. Der „reine" Dialekt wird also am ehesten bei denen erwartet, die von ihrer beruflichen Tätigkeit her nur engräumig begrenzt Gespräche zu traditionellen Themen führen müssen. Das meinen offenbar die Dialektsprecher selber auch. So ergab sich in Walpertskirchen, einem Dorf bei Erding, auf die Frage, für welche Berufe die Beherrschung der Hochsprache nötig sei, folgende Reihung [111]:

1. Lehrer
2. Arzt
3. Pfarrer
4. Verkäuferin
5. Kindergärtnerin/Vertreter
6. Bankangestellter
7. Arzthelferin
8. Polizist
9. Büroangestellter
10. Zugschaffner
11. Friseur
12. Facharbeiter/Gastwirt
13. Briefträger
14. Landwirt
15. Kfz-Mechaniker
16. Kaminkehrer
17. Maurer

Zum einen wird angenommen, daß Leute, die nicht manuell arbeiten, mehr Hochsprache brauchen als solche, die manuell arbeiten. Zum zweiten gibt es offenbar Institutionen (z. B. die Schule) oder Situationen (z. B. öffentliche Rede), die den Gebrauch der Hochsprache verlangen. Beide Gründe sprechen dafür, daß der Lehrer in dieser Tabelle an erster Stelle steht. Der Lehrerberuf ist innerhalb der traditionellen Dorfstruktur die nichtmanuelle Tätigkeit par excellence, und die Institution Schule ist nicht nur durch hochsprachliche Situationen gekennzeichnet, sondern dient nicht zuletzt selbst dazu, das Hochdeutsche und seinen Gebrauch zu vermitteln. Daß die Verwendung des Hochdeutschen weniger mit der sozialen Zugehörigkeit im Sinn von verschiedenen Einkommensgruppen zu tun hat als mit dem Grad an formaler Bildung, zeigt die Tatsache, daß der Arzt hinter dem Lehrer eingeordnet ist, oder auch die Einordnung der verschiedenen Handwerker am Ende der Skala.

In traditionellen Mundartgebieten ist „Sprechen der Hochsprache“ nicht unbedingt mit hohem Sozialprestige identisch. Zu addieren scheinen sich allerdings diese beiden Faktoren bei der Einschätzung des Arztes. Die typische Situation seines Berufes, die ärztliche Sprechstunde, ist doch relativ privat („halböffentlich“) und würde damit eigentlich nicht unbedingt den verstärkten Gebrauch hochsprachlicher Formen fordern. Hier scheint aber das Sozialprestige des Mediziners und sein Status als Angehöriger der Bildungsschicht den Ausschlag zu geben. Im Sog dieser Einschätzung kommt auch die Arzthelferin auf ihren vorderen Platz.

Auffällig an der oben aufgeführten Liste ist, daß von den Angehörigen der dörflichen Handwerkerberufe anscheinend eher Dialekt erwartet wird als von den Landwirten. Es wird offensichtlich angenommen, der Landwirt komme häufiger in Situationen, in denen er umgangs- und hochsprachliche Varianten kennen muß, als der Handwerker. In unserer Liste fallen unter die Kategorie „Landwirt“ alle vom kleinen Landwirt bis hin zum Großbauern. Gemeinsam ist ihnen nur, daß sie als Selbständige in der Landwirtschaft tätig sind.

Für den kleinen Landwirt bringt die Tatsache, daß keine ständigen Arbeitskräfte außerhalb der Familie beschäftigt werden, sozial eine gewisse Isolation von der Umwelt mit sich. So kommt er weithin mit seiner Haus- bzw. Ortssprache aus und hat wenig Übung in der Verwendung großräumigerer Varianten. Da in Gemeinschaften des hier geschilderten Typs der Dialektgebrauch zu den wesentlichen Merkmalen der Gemeinschaft zählt, wird ausschließliches Dialektsprechen nicht als auffällig angesehen. In Walpertskirchen hat man auch festgestellt, daß bei den Bauern, Bäuerinnen und Hausfrauen ein deutliches Mißtrauen gegenüber (bayerischen) Hochdeutschsprechern zu bemerken ist. Ihr Sprachverhalten wird anscheinend als Kennzeichen mangelnder Solidarität empfunden.

Anders als bei den kleinen Landwirten sind die sprachlichen Außenkontakte bei den Großbauern häufiger und greifen auch räumlich weiter aus. So sind sie geübter in der Verwendung anderer Varianten als des eigenen Ortsdialekts.

Weitgehend Dialekt sprechen wird der Bauer wie auch der (nicht zufällig am Ende der obigen Tabelle stehende) Maurer nicht zuletzt auch deshalb, weil die „Fachsprache“ seines Berufs weithin dialektal geprägt ist, handelt es sich doch um Paradefälle traditioneller Berufe mit einer alten, regionalspezifischen Fachsprache. Es kann jedoch sein, daß dieser Eindruck täuscht, denn viele der traditionellen Ausdrücke, die die Dialektforscher bei den Bauern erfragen, spielen in der heutigen beruflichen Praxis keine Rolle mehr (z. T. alte landwirtschaftliche Geräte, Teile des Pferde- oder Ochsenfuhrwerks u. ä.); andererseits kommen normalerweise weder *Mähdrescher* oder *Melkmaschinen* noch *Styropor* oder *Readymix* in dialektologischen Erhebungen vor. „Tractor non cantabilis“ heißt es bei A. Brandstetter [202], der Traktor wird nicht im Volkslied besungen.

Kann man hier von „Dialektabbau“ sprechen? Die lautliche Form solcher relativ neuen Wörter wird doch weitgehend an das dialektale System angeglichen. Zumindest eine ältere Schicht modernerer technischer Geräte hat auch regional verschiedene Bezeichnungen. So heißt etwa die landwirtschaftliche Zugmaschine in Bayern nur selten *Traktor,* sondern meist *Bulldog* (nach einer Traktorenmarke der Firma Lanz (1921), die als allgemeine Bezeichnung für alle Traktoren übernommen wurde) oder *Schlepper.*

Wie sich die Dialektfestigkeit des Bauern von seiner Berufstätigkeit her erklären läßt, so kann man auch den Stadt-Land-Gegensatz von der unterschiedlichen Beschäftigungsstruktur her deuten.

Es ist empirisch nachgewiesen, daß Leute, die einen nicht-manuellen Beruf ausüben (grob gesagt also Beamte und Angestellte), wenn sie örtliche oder kleinregionale Sprachmerkmale aufgeben, dies meist zugunsten der mittelbairisch-münchnerischen Variante des Bairischen tun. Die manuell Tätigen hingegen (also Bauern und Arbeiter, auch Hausfrauen und Wirte) neigen in der entsprechenden Situation – etwa im Gespräch mit Dialektfremden (z. B. Feriengästen) – eher dazu, sich um eine Annäherung an die Schriftsprache zu bemühen. Im nordmittelbairischen Übergangsgebiet, wo dies exakt untersucht wurde ([107], S. 22), bedeutet das, daß die

Ersatzlautungen fürs bodenständige Nordbairisch *(lęiwa-r-an gręissan Koucha)* bei nonmanuell Tätigen vorwiegend aus dem als höherwertig erachteten Mittelbairischen genommen werden *(liawa an gręssan Kuacha)*. Dagegen greifen Angehörige manueller Berufsgruppen – und unter diesen wiederum eher die Frauen – lieber zur (regionalen) Hochlautung *(liiba an grösan Kuchn)*.

d) Eingesessene – Zugereiste – Pendler

Es gilt zu berücksichtigen, daß das Berufsleben in zunehmendem Maße örtliche Veränderung einschließt. Ein besonderer Fall liegt vor, wenn der Arbeitsort weit vom Wohnort entfernt ist. Bis heute gibt es für Bayern noch keine eingehenden Untersuchungen darüber, was sprachlich in Gegenden mit einem hohen Pendleranteil geschieht, vor allem dann, wenn es sich um Fernpendler handelt, wie zum Beispiel die vielen Arbeitnehmer aus dem Bayerischen Wald, die in München beschäftigt sind. Am Wochenende oder im Urlaub daheim sind sie von dem heimatlichen Dialekt umgeben, in den sie von Kindheit an hineingewachsen sind und den sie selbst sprechen. Während der Arbeitswoche hingegen werden sie in eine ganz andere sprachliche Umgebung getaucht (städtische Umgangssprache, andere Dialekte, Hochsprache, Ausländerdeutsch), der sie sich im Laufe der Zeit wohl Schritt für Schritt anpassen werden. Es ist anzunehmen, daß dieses über viele Jahre dauernde Hin und Her zu einer Veränderung des Sprechniveaus beim Pendler führen wird, was dann auch auf die Umgebung daheim Auswirkungen haben kann.

Man müßte auch noch genauer wissen, welche sprachlichen Auswirkungen das Ausgreifen der Städte und städtischen Lebensformen auf das Land hat, welche sprachlichen Auswirkungen z. B. mit der Entstehung der Agglomeration um München im Bereich der S-Bahn verbunden sind. Wenn sich nicht, wie in manchen „Schlafstädten", ein Nebeneinander von zwei auch sprachlich relativ scharf voneinander getrennten Gesellschaften ergibt, dürfte insgesamt eine gewisse Verhochsprachlichung eintreten, die auch durch die Berufs- und Sozialstruktur der Zuzügler bedingt ist. Hier treffen Bevölkerungsgruppen ganz unterschiedlicher regionaler Herkunft zusammen.

Spätestens wenn die Kinder dieser Leute in die örtliche Schule kommen, stoßen die beiden Welten aufeinander. Das kann zur Folge haben, daß es auch in ursprünglich dialektfreundlichen Gegenden als sozial niederrangig gilt, mit dem Dialekt aufgewachsen zu sein. In diesen Fällen wäre nun tatsächlich die Schule aufgerufen, in angemessener Weise zu reagieren. (Vgl. dazu S. 0.)

Wie die Vorurteile verteilt sind, zeigen zwei Beiträge in einem modernen „Bayerischen Kinderbuch“ [204]. Helmut Eckl läßt ein Kind einen Brief an seinen Opa auf dem Land schreiben:

„Bis jetz hobe oan Speze. Dea stottat a bißerl. Warum, woaße net. Komisch is dees scho, dees Stottan. Do werda oiwei ghanslt, da Jürgen; so hoaßt mei Speze. Mi hansln dKinda aa, Opa. Weil, i konn bloß boarisch redn, woaßt. Dee andan Kinda redn hochdeitsch und vastenga mi net. Wenn i wos sog, nachad müaßn dKinda lacha; beim Jürgen lachas aa, wenna stottat.“

Dagegen läßt Angelika Mechtel die zwei Töchter (Vivi und Anschi) einer Münchner Familie, die sich auf dem Land ein Haus gekauft hat, beim Schlittschuhlaufen mit den Dorfkindern zusammentreffen, die sie als „Breiss“ beschimpfen; durch Vermittlung eines einheimischen Mädchens (Renate), das sowohl Hochdeutsch als auch Dialekt spricht, wird die Situation gelöst. Die nur Hochdeutsch redende Vivi ist wütend. In der Stadt hat keiner sie beschimpft, bloß weil sie Hochdeutsch redet. Dann kommt ein Gastarbeiterbub hinzu:

Keiner kümmert sich um ihn. Bis einer ihn anrempelt. Jetzt sind viele da, die ihn anrempeln. Er verteidigt sich. Schubst die Angreifer zurück. Einer verliert das Gleichgewicht, knallt hin und trifft mit den scharfen Schlittschuhen den Jungen ans Schienbein. (. . .) (Vivi:) „Warum lassen die ihn nicht in Ruhe?“

Renate zuckt die Schultern: „Der gehört nicht dazu.“ „Ist keiner mit ihm befreundet?“

„Befreundet? Nie im Leben! Mit dem ist niemand befreundet. Den kann man ja nicht mal verstehen, wenn er was sagt.“

„Siehste“, sagt Anschi triumphierend, „jetzt weißt du, warum ich Bayrisch lerne.“

Unabhängig davon, wie realistisch, wahrscheinlich, gut oder schlecht geschrieben diese Geschichten sind, sie dürfen als Beweis dafür angesehen werden, daß sich die Diskrepanz zwischen zwei Lebensformen auch im Sprachlichen konkretisiert.

Stellt nun der Gebrauch des Dialekts einen sozialen Hemmschuh dar? Da der Dialektgebrauch in angemessenen Situationen in Bayern grundsätzlich positiv gewertet wird, kann die Antwort nur dann uneingeschränkt „ja" lauten, wenn man unter Dialekt ausschließlich den „Basisdialekt" – ohne jeglichen Einfluß selbst der Umgangssprache – versteht und außerdem dem Sprecher dieser Grundmundart keine andere als diese eine Sprachvarietät zur Verfügung steht.

Diese zweite Bedingung setzt aber einen enorm eingeschränkten Erfahrungsraum voraus, und diese Tatsache ist es dann, die die eigentliche soziale Behinderung darstellt; das eingeschränkte Sprachverhalten ist nur ein Symptom dafür. So ist denn auch Reitmajers Studie über Wasserburg am Inn [113] zu interpretieren, nach der 85 % der nur Dialekt sprechenden Schüler Unterschichtfamilien entstammen und Kinder, die nur Dialekt sprechen, in der Schule erhebliche Schwierigkeiten haben. (Vgl. die differenziertere Stellungnahme S. 197 ff.)

e) Soziales Prestige

Genauso skeptisch wie der Theorie vom Dialekt als Sprache der Unterschicht steht die Forschung einer unkritischen mundartpflegerischen Euphorie gegenüber. Man wollte es genauer wissen und beauftragte die Interviewer von „Infratest", nicht nur nach der Dialektverwendung der Befragten zu forschen, sondern auch deren Sozialdaten (z.B. Beruf, Alter, Schulbildung) zu erfassen. Damit wollte man den statistischen Zusammenhang zwischen tatsächlichem Dialektgebrauch und den dafür ausschlaggebenden sozialen Faktoren feststellen, d.h. konkret, ob und gegebenenfalls wie z.B. ein 53jähriger Inhaber eines größeren Baugeschäfts in einer mittleren Stadt seine Dialektkenntnisse anders einsetzt als eine 18jährige Sortiererin aus einem kleinen Dorf.

Die angeführte Münchner Dialektstudie stützt sich dabei auf ein gängiges Schichtenmodell aus der Soziologie:

(1) Untere Unterschicht (z.B. ungelernte Arbeiter, Arbeiter in Dienstleistungsberufen, Landarbeiter)
(2) Obere Unterschicht (z.B. angelernte Arbeiter, unselbständige Handwerker, Verkaufskräfte, Lkw-Fahrer)
(3) Untere Mittelschicht (z.B. ausführende Büro- und technische

Angestellte oder Beamte, Angestellte in Dienstleistungsberufen, Facharbeiter, Inhaber kleinerer Handwerksbetriebe, Landwirte)
(4) Mittlere Mittelschicht (z. B. qualifizierte Büro- und technische Angestellte, Inhaber von Groß- und Einzelhandelsgeschäften, höchstqualifizierte Facharbeiter, Industriemeister)
(5) Obere Mittelschicht und (da zahlenmäßig nur sehr gering besetzt) Oberschicht (z. B. Unternehmer, akademische Berufe, Beamte des gehobenen Dienstes, leitende Angestellte).

Somit ergaben sich in bezug auf das soziale Prestige unterschiedliche Gruppen von Interviewten, deren Sprachverhalten überprüft wurde. Es zeigte sich, daß die Mundartverwendung im bairischen Sprachraum doch anders zu sehen ist als in der Schweiz, wo der Dialektgebrauch quer durch alle Gesellschaftsschichten geht.

In der direkten Selbsteinschätzung auf die Frage: „Sprechen Sie Dialekt?" gaben in Oberbayern alle Angehörigen der Unteren Unterschicht an, Dialekt zu sprechen (86% „ja", 14% „ein wenig"). In der Oberen Unterschicht verneinten nur 2% Dialektkenntnisse (86% „ja", 12% „ein wenig"). In der Unteren Mittelschicht nimmt der Dialektgebrauch leicht ab: 81% kreuzten „ja" an, 13% „ein wenig" und immerhin 6% „nein". In der Mittleren Mittelschicht setzt sich diese Tendenz fort: 74% bekannten sich ohne Umschweife zum Dialektgebrauch, 19% meinten, sie beherrschten „ein wenig" Dialekt, aber nur ebenso wenige wie in der vorausgegangenen Schicht antworteten „nein" (7%).

Zur prestigeträchtigsten Gruppe, also der Oberen Mittel-/Oberschicht, ist jedoch ein erheblicher Sprung festzustellen: Eine Differenz von 12% trennt hier die Ja-Sager (62%) von denen der Mittleren Mittelschicht; ein wenig Dialektkenntnisse billigen sich dafür 29% der Schichtangehörigen zu (Unterschied zur Mittleren Mittelschicht: 9%), und bei den Nicht-Dialektsprechern stellt diese höchste Sozialprestigegruppe den höchsten Anteil (fast 10%).

Nimmt man noch die Frage nach der eigenen Sprechweise hinzu – ob reines Hochdeutsch, reiner Dialekt bzw. dazwischenliegende Abstufungen gesprochen werden –, so zeigt sich, daß sich mit steigender Sozialschicht nicht nur immer weniger als Dialektsprecher einstufen, sondern daß auch die Art des gesprochenen Dialekts, das sogenannte Dialektniveau, zugunsten der Hochsprache abnimmt.

In Oberbayern z. B. gaben 41 % der Befragten aus der Unteren und Oberen Unterschicht an, reinen Dialekt (Ortsmundart), 33 % abgeschwächten Dialekt (Regionalmundart) und 16 % mundartlich gefärbte Umgangssprache zu sprechen. Nur 10 % glaubten, Hochdeutsch mit Dialektanklang zu verwenden; reines Hochdeutsch nahm niemand für sich in Anspruch.

Im Gegensatz dazu die Selbsteinschätzung der Oberen Mittel-/Oberschicht: Nur 14 % gaben reinen Dialekt und 43 % abgeschwächten Dialekt (mundartlich gefärbte Umgangssprache 14 %) als ihr Sprachniveau an, jedoch 24 % Hochdeutsch. Auch in diesem Punkt der Untersuchung läßt sich ein Sprung in den Zahlenwerten zwischen der Mittleren Mittelschicht (z. B. 33 % Ortsmundart) und der Oberen Mittel-/Oberschicht feststellen, während die Unterschiede zwischen den anderen Sozialschichten nicht so kraß ausfallen.

Es läßt sich also auch statistisch belegen, daß in Bayern die Unterschicht sowie Untere und Mittlere Mittelschicht überwiegend Dialekt sprechen oder sich zu seiner Verwendung bekennen; die Obere Mittel-/Oberschicht ist dagegen stärker hochspracheorientiert, wenn auch der Regionaldialekt eine nicht unbeträchtliche Rolle in der alltäglichen Kommunikation zu spielen scheint.

f) Kindererziehung

Ein weiterer Unterschied im Sprachverhalten der verschiedenen Sozialschichten läßt sich in Situationen feststellen, in denen Erwachsene Kindern gegenüber ihre Autorität zur Geltung bringen wollen, z. B. wenn ein Kind aufgefordert wird, nicht zu spät nach Hause zu kommen. In der Unterschicht sowie in der Unteren Mittelschicht gilt in diesem Falle die Regel: Eine solche informelle Situation (siehe dazu S. 181) bewirkt Dialektgebrauch. Der Hochsprachegebrauch liegt zahlenmäßig hier sogar unter dem durchschnittlichen Wert dieser Schicht, der Dialektgebrauch entspricht ihm oder liegt sogar etwas darüber.

Anders sieht es bei der Mittleren Mittelschicht und der Oberen Mittel-/Oberschicht aus: Der Dialektgebrauch sinkt auf ein Niveau ab, das dem formeller Situationen gleichkommt. In der Oberen Mittel-/Oberschicht würden manche Befragte noch eher mit ihrem Vorgesetzten Dialekt sprechen (31 %) als mit ihren Kindern in Augenblicken, in denen sie „Autorität“ zeigen wollen (nur 26 %).

Gerade die Tatsache, daß in der Kindererziehung der Dialekt von bestimmten Sozialschichten zugunsten der umgangs- oder hochsprachlichen Sprechweisen zurückgedrängt wird, scheint – neben der gestiegenen räumlichen Mobilität der Bevölkerung – die Hauptursache zu sein für den gegenwärtigen Rückgang der Ortsdialekt-Sprecher und die Zunahme der Regionaldialekt-Sprecher.

Daß Eltern durch die von ihnen angestrebte hochsprachliche Erziehung eine mögliche Benachteiligung ihrer Kinder (z. B. in der Schule) vermeiden wollen, liegt auf der Hand. Es läßt sich jedoch empirisch nachweisen, daß Hochsprachegebrauch allein noch keine Garantie für einen Schulerfolg ist. Andererseits sind Kinder, die nur Ortsdialekt beherrschen, in der Schule mit dialektbedingten Problemen belastet. Dagegen zeigen gute Wechsler im Sprechniveau – die also schnell und sicher zwischen Dialekt und Hochsprache wechseln können – vielfach bessere Leistungen als „einsprachige" Kinder, insbesondere in sprachlichen Fächern. Die von den „Wechslern" schon früh erworbene notwendige Flexibilität, sich auf neue sprachliche Situationen rasch einstellen zu können, wirkt positiv auch in neuen Lernsituationen, zum Beispiel beim Lernen und bei der Anwendung von Fremdsprachen. Deshalb erscheint es nicht notwendig, ja nicht einmal sinnvoll zu sein, den Dialekt (und mit ihm unabsichtlich eine Identitätsstütze) im Kinderzimmer, Kindergarten und in der Schule beseitigen zu wollen. Vielmehr wäre die Wechselfähigkeit („code switching") als sprachliches Lernziel zu betonen.

Von den mittleren und oberen Gesellschaftsschichten wird in der Kindererziehung der Gebrauch der Hochsprache als ein Mittel des sozialen Aufstiegs verstanden und angewandt. Während an die 93 % der befragten Altbaiern verneinten, daß der Dialekt zu Benachteiligungen im Umgang mit Nachbarn, Freunden und Bekannten führen könnte, stimmten etwa 57 % der Behauptung zu, daß dialektsprechende Kinder in der Schule benachteiligt seien. Dies ist der höchste Grad an voller Zustimmung; nicht einmal bei Stellensuche und im Umgang mit Behörden glauben die Baiern mit ähnlich großer Überzeugung an eine Benachteiligung. So meinen sie zu 64 %, daß der Dialekt die Leistungen eines Kindes in der Schule beeinflußt; aber nur 8 % von ihnen glauben, daß sich dies günstig auswirke; der Rest reagiert pessimistisch. So ist es verständlich, daß gerade in den aufstiegsmotivierten Gesellschaftsschichten versucht wird, den Dialekt aus der Sphäre der Kindererziehung herauszuhalten und sich dafür dem sonst nicht sonderlich geschätzten Hochdeutsch anzunähern.

6. *Abhängigkeit des Sprechniveaus von Partner und Situation*

Das Sprechverhalten wird, wie schon angedeutet, nicht nur durch die soziale Schicht bestimmt, der jemand angehört, sondern auch – und vielleicht noch in höherem Maße – von der jeweiligen Redesituation. Es entspricht alltäglicher Erfahrung, daß die Wahl der Sprachebene von verschiedenen Faktoren abhängig ist. Es kommt auf das Thema und die Redeabsicht des Sprechers an, auf den oder die Partner und auf die Situation, wozu auch gehört, welche Rolle der Sprecher darin einnimmt. Das vielgestaltige Problem läßt sich also in die Frage kleiden: „Wer spricht wann mit wem wie“?

Um einer Klärung näherzukommen, hat man den Angehörigen verschiedener Sozialgruppen Schibboleth-Sätze vorgelegt, bei denen sich zeigte, wie stark die Wahl der Sprachebene von situationsspezifischen Faktoren gesteuert wird. Die Ergebnisse der von der Münchner Universität durchgeführten Untersuchung seien am Beispiel Oberbayerns hier kurz skizziert.

Verschiedene Situationen waren in Bildern dargestellt; je eine situationstypische Äußerung in den fünf dialektalen Abstufungen (S. 159) stand daneben. Die Befragten sollten jene Satzvariante auswählen, die sie in der geschilderten Situation selbst äußern würden. Die Situationen waren einerseits solche privaten, ja intimen Charakters (= informelle Situationen) und andererseits solche aus dem nicht-privaten, öffentlichen Bereich (= formelle Situationen). Zu den informellen Situationen gehörten das abendliche Fernsehen im Familienkreis, ein Gespräch im Kino über einen miserablen Film und die Mahnung an den Sprößling, nicht zu spät nach Hause zu kommen. Die Äußerungen in den formellen Situationen waren die Bitte an einen Fremden, Geld zu wechseln, eine Bitte an den Vorgesetzten um einen Tag Urlaub und eine Wortmeldung in einer Bürgerversammlung der Heimatgemeinde.

Als grundsätzliche Tendenzen lassen sich feststellen: Je niedriger die Sozialschicht, desto reiner ist der verwendete Dialekt und desto häufiger wird er eingesetzt. Zum anderen läßt sich sagen, daß in allen Sozialschichten in formellen Situationen das Sprechniveau in

Richtung Hochdeutsch ansteigt. So wollen etwa noch 50 % der Unterschichtangehörigen ihren Vorgesetzten fragen: *Kànt i moang frei ham?* (Regionaldialekt: 17 %) oder gar: *Kàndd-e moing frei hom?* (Ortsdialekt: 33 %), während nur 31 % der Oberen Mittel-/Oberschicht dies so formulieren würden; sie wählten zu 54 % lieber eine der beiden Hochdeutschstufen. Mit ihrer Entscheidung von „nur“ 50 % für Dialektäußerungen in dieser formellen Situation erreichen die Angehörigen der Unterschicht den für sie niedrigsten Wert. Die Obere Mittel-/Oberschicht erzielt ihn mit 19 % in der Situation „Geldwechsel“, in der 81 % die beiden Hochdeutschvarianten benutzen.

Am häufigsten wird Mundart in der Unterschicht vor dem Fernseher verwendet (69 %), wenn's so recht „griabig“ (gemütlich) ist, während die Angehörigen der Oberen Mittel-/Oberschicht in der Situation „Kino“ mit 53 % den höchsten Prozentsatz bei der Dialektverwendung zeigen, wobei allerdings 40 % Regionaldialekt *(Am liabsdn dààd i nausgeh'!)* und nur 13 % die Ortsmundart *(Am liawan dààd-e aussegeh'!)* als Sprechweise angaben.

Ergänzend seien hier auch die Ergebnisse der gegenwärtig jüngsten Erhebung zum Dialektgebrauch angeführt. 1980 stellte das Institut für Demoskopie Allensbach im ganzen Bundesgebiet 2000 ausgewählten Personen, die den Dialekt ihrer Wohngegend beherrschen, folgende Frage: „Wenn Sie Dialekt sprechen – bei welchen Gelegenheiten tun Sie das meistens?“ Das Ergebnis für Bayern ist bemerkenswert, vor allem im Vergleich mit den Zahlenwerten für Norddeutschland.

	In der Familie	Im Freundeskreis	Bei der Arbeit	Immer	Eigentlich nie
Bayern:	77 %	74 %	43 %	10 %	7 %
Norddeutschland:	54 %	55 %	36 %	4 %	17 %

7. *Dialekt in der Öffentlichkeit*

Die Zahlen belegen die oben genannte Tendenz – je niedriger die Sozialschicht, desto reiner ist der verwendete Dialekt – recht deutlich. In einigen Situationen jedoch weicht das festgestellte Sprachverhalten einzelner Sozialschichten davon ab, so daß man wenigstens eine erwähnen sollte: die Bürgerversammlung.

So zeigt die Unterschicht erwartungsgemäß auch in der formellen Situation der Bürgerversammlung ein Sprachverhalten, das fast dem in der intimen Fernsehsituation gleichkommt. In den mittleren Sozialschichten stellt man trotz unübersehbarer Dialekttreue wie erwartet ein deutliches Anwachsen der Prozentzahlen für die Hochdeutschvarianten oder wenigstens eine auffällige Abnahme der Dialektverwendung zugunsten der Umgangssprache fest. Wider Erwarten ergeben sich jedoch in der Oberen Mittel-/Oberschicht in der Situation „Bürgerversammlung" die zweithöchsten Dialekt- und die niedrigsten Hochdeutsch-Werte.

Welche Ursachen könnte es für eine Sprachverwendung in der Öffentlichkeit geben, wie sie sonst nur für private, gemütliche Situationen üblich ist? Mit Sicherheit läßt sich sagen, daß die Situation auf dem Lande und in den kleineren Städten die Statistik beeinflußt: Dort, wo jeder jeden kennt und Dialekt die weithin akzeptierte Verkehrssprache ist, braucht man nicht auf das ungewohnte Hochdeutsch „umzuschalten", denn Dialektgebrauch wirkt hier keinesfalls diskriminierend. Obendrein ist man mit den lokalen politischen „Größen" persönlich bekannt, man bewegt sich gleichsam unter Freunden; hier wäre Hochdeutsch eher fehl am Platz. Die Vertreter der oberen Sozialprestigeschichten geben sich durch den Gebrauch des Dialekts „volksnäher", leutseliger bzw. stellen sich damit auf die spezielle Atmosphäre einer politischen Veranstaltung in Bayern ein, in der der Dialektgebrauch üblich ist.

a) Darf der Landesvater bairisch reden?

Das weit verbreitete Urteil, Dialektgebrauch sei kennzeichnend für die Zugehörigkeit zu unteren sozialen Schichten, während in den oberen nur Hochsprache gesprochen werde, mag für Nordhessen zutreffen, wo sich Platt-Gebrauch mit Schichtzugehörigkeit deckt und wo deshalb alle, die höheren sozialen Schichten angehören (wollen), die Mundart meiden.

In Bayern darf der Landesvater getrost Bairisches über seine Lippen kommen lassen, ohne deshalb einen Prestigeverlust befürchten zu müssen. Im Gegenteil: Bayerische Politiker sind gut beraten, wenn sie Dialekt benutzen. Es wäre unvorstellbar, wenn etwa der Münchner Oberbürgermeister auf dem Oktoberfest das Signal zum allgemeinen Maßkrugstemmen mit dem Ruf gäbe: „Das erste Faß Bier wurde soeben von mir angestochen; das Trinken kann beginnen." Das kann nur lauten: *Ozàpft is!*

Die Münchner Untersuchung zum Dialektgebrauch hat wissenschaftlich erhärtet, was die Erfahrung zeigt: In Altbaiern reicht der Dialektgebrauch bis in die ober(st)en Gesellschaftskreise hinein. Dies sind die Zahlenwerte für die Obere Mittel- und Oberschicht (Selbsteinschätzung):

Oberbayern:	90% (= 62% „ja" + 28% „ein wenig")
Niederbayern:	82% (= 55% „ja" + 27% „ein wenig")
Oberpfalz:	64% (= 37% „ja" + 27% „ein wenig").

Diese Zahlen bestätigen, daß das Oberbayerisch-Münchnerische diejenige Variante des Bairischen ist, die den höchsten Prestigewert besitzt und darum auch am ehesten in öffentlichen Situationen als angemessen erachtet wird.

Nebenbei sei bemerkt, daß es gerade die akademisch Gebildeten sind, die eine Vorliebe für Dialektliteratur entwickelt haben. Etwa die Hälfte der Leser des Friedl-Brehm-Verlags, der ausschließlich bayerische und österreichische Mundartautoren verlegt, kommt aus ihren Reihen [191].

b) Dialekt im öffentlichen Leben – in der Kirche

Über die neue „Mundartwelle", die dem Dialekt Verwendungsbereiche eröffnen will, die ihm vorher nicht – oder nicht mehr – offenstanden, kann in Bayern nicht nur ungeteilte Freude herrschen. In Norddeutschland ist das etwas anderes. Dort stellt es einen auffallenden Schritt vorwärts in Richtung „neues Mundartbewußtsein" dar, wenn etwa an einem Ladengeschäft oder auf einem Autoheck ein Aufkleber „Wi snackt Platt" verkündet. In Altbaiern ist dialektnahes Sprechen eine Selbstverständlichkeit, und es wäre daher merkwürdig, ja verfehlt, wenn etwa am Finanzamt oder in der Kfz-Zulassungsstelle angeschrieben stünde, man könne hier auch Bairisch reden; das versteht sich von selbst. Von norddeutschen Gästen gefragt, warum sich denn die Baiern nicht wenigstens bemühten, hochdeutsch zu sprechen, erklärte eine gestandene Regensburger Geschäftsfrau: *Wàl-ma mia des goa ned nęide ham!* – weil wir das gar nicht nötig haben.

Insgesamt gesehen wissen die Baiern aber meist recht gut, in welcher Situation und mit welchem Partner sie wie reden sollen – auch wenn es in der Praxis hie und da danebengehen mag.

In der Kirche z. B. würde es die meisten eher peinlich berühren, wenn es dort auf einmal besonders bairisch zuginge. Im Gottesdienst, bei der Predigt, bei Taufe, Hochzeit und Beerdigung erwartet man (relative) Hochsprachlichkeit. Außerhalb des Gottesdienstes aber sind Pfarrer oder Kaplan sehr viel besser dran, wenn sie sich im heimischen Dialekt verständigen können: in den Jugendgruppen und Vereinen, bei geselligen Anlässen, in der Pfarrversammlung und bei Hausbesuchen. Auch in die Schriftlichkeit kann sich Mundartliches mischen, wie ein Pfarrbrief zeigt (aus der Stadtpfarrei St. Georg in Freising, 1984):

„Was da Girgl moant:
So, de erstn 100 Dag vo unsan neia Pfarra san vorbei. Doo hat si scho allahand. Manche massln no, manche is's aso grad recht, und vui is's vielleicht no gar ned oiss aufgfoin, was si g'ändat hat...
Manche kemman glei gar nimma in unsa Kirch eina, weil's da Herr Pfarra gar so ausführlich und lang macht – andare gfrein si narrisch üba'n Familiengottesdienst, wo ma mid große und kloane Kinda kemma derf, und wo aa a Schneizara oda a Huastara ned stört...
Unsa Pfarra woaß genau, was er wui. Aba er fragt d'Leit, was's für Wünsch ham... A jeda is gfragt, a jeda kriagt a Antwort. Drum kemmts (zur Pfarrversammlung) – i kimm aa. Euer Girgl."

Einen Sonderfall stellen die sogenannten „Mundartmessen" dar, deren es mittlerweile mehrere gibt. Eine Volksmusikgruppe singt einen liturgiebegleitenden bairischen Text, umrahmt von volkstümlichen Instrumenten (Zither, Hackbrett, Gitarre). Eine gewisse Berühmtheit haben die „Waldlermesse" und die „Bauernmesse" (von Annette Thoma) erlangt; aus jüngerer Zeit stammen die „Altbairische Marienmesse", die „In-der-Wies-Messe" (von W. J. Bekh) oder die „Passauer Messe" (von Max Huber). Solche Meßgesänge erfreuen sich großer Beliebtheit, nicht nur als Schmankerl für die Feriengäste, sondern auch bei den einheimischen Kirchgängern. Kritische Stimmen richten sich vor allem gegen ein Zuviel dieser Art von Gottesdienstgestaltung.

c) Dialekt in den Medien und in der Werbung

Viele bayerische Verlage haben eine eigene Bavarica-Reihe, populäre Sprachlehren für das Bairische finden sich im Dutzend – bis hin zu einem Polyglott-Führer [93] –, Heimatabend und Stubn-Musi werden in jedem Reiseprospekt, der zu Besuchen nach Bayern einlädt, angepriesen, im Fernsehen gibt es so manches Bairische, besonders populär in volkstümlichen Hitparaden, traditionell in Sendungen wie dem „Komödienstadel", neuerdings recht erfolgreich in Serien aus dem Münchner Alltag („Münchner G'schichten", „Der ganz normale Wahnsinn" und „Polizeiinspektion 1" als bayerische Frühabendprogramme); bundesweit populär wurde „Monaco Franze – der ewige Stenz" und als eine Art Nachfolgeserie „Unsere schönsten Jahre". Nicht zuletzt hat die liebevoll produzierte Kinderserie vom „Pumuckl" und seinem Meister Eder eine sympathische – bairisch sprechende – Figur populär gemacht.

Noch auf einige Sendungen des Bayerischen Fernsehens sei hingewiesen. Da gibt es etwa die Reihe „Unter unserem Himmel", die Bayerisches in seinen verschiedensten Ausprägungen vorführt. Ferner seien zwei bürgerforumsartige Sendereihen genannt: „Jetz red i", wo reihum aus verschiedenen Orten in einer Art öffentlicher Versammlung über örtliche Probleme gesprochen wird, und „Sagst, was d' magst"; unter diesem Titel laufen Sendungen des Jugendfunks, in denen sich Betroffene bzw. Beteiligte zu verschiedenen jugendspezifischen Themen äußern. Bei „Jetz red i" sieht man eine deutliche regionale Differenzierung auch innerhalb der in diesem Rahmen üblicherweise angestrebten „Öffentlichkeitssprache": wechselnde Anteile von „Repräsentationsbairisch" aus allen Gegenden des Freistaats und einen unterschiedlichen Grad an sprachlicher Anpassung an die Zugezogenen.

In Fernsehsendungen kommen recht unterschiedliche Arten von Bairisch vor. Nicht selten empfindet man die darin gebotene Sprachform als bewußte Verkörperung einer „rauh-aber-herzlichen" Lebensart, als Heraufbeschwörung von Lebensformen der Vergangenheit, die im Rückblick glorifiziert werden, wie z. B. das Fensterln (das Einsteigen in das Kammerfenster) oder das Schuhplatteln, das Wildern oder auch das als landesüblich angesehene Raufen. Solch „uriges" Bayerntum ist auch bei den verschiedenen Arten von Heimatabenden recht gefragt, wo ein meist stark standardisiertes allgemeinbayerisches Programm abgespult wird. So findet sich in einem Fremdenverkehrsprospekt für einen Ort im Bayerischen Wald nebeneinander das Angebot von Zither-, Jodel- und Heurigen-Abend – in einer Gegend, in der weder das Jodeln heimisch ist noch jemals Wein gebaut wurde. Ähnlich findet sich in einem touristengerecht aufgemachten Bayernbild auch in bezug auf den Dialekt recht Verschwommenes: von einem konstruierten Allgemeinbairisch bis hin zu einer brauchtumspflegerischen, kulturellrekonstruierenden Dialektverwendung. „Eine Folge der Ausgewogenheit – hier im sprachlichen und nicht im politischen Sinn –" sei es, schreibt Josef Berlinger ([117], S. 275), „wenn Dialekttexte in Funk- und Fernsehsendungen entschärft und an die Hochsprache angeglichen werden, damit sie das Publikum besser versteht. Am bekanntesten ist das ‚Komödienstadel-Bayrisch', eine Sprachform, die man als ‚regionale Variante des Hochdeutschen' bezeichnen kann."

Den zahlreichen Volksmusikgruppen im Lande bietet der Bayerische Rundfunk reichlich Gelegenheit, über den Äther eine ungleich größere Zahl von Hörern zu erreichen als bei ihren Auftritten in Wirtshaussälen oder Gemeindezentren. Diese engagierten Sänger pflegen meist echte Folklore im Sinne und in der Tradition des Kiem Pauli und seiner Nachfolger; ihr Dialekt stimmt zu der Gegend, die sie repräsentieren (nicht selten kleinregionale oder sogar Orts-Mundart; dies trifft oft um so mehr zu, je weniger bekannt oder berühmt die Gruppe geworden ist). Für die mediengerecht aufgeputzte bayerische Jux-Folklore (als Beispiele dafür seien etwa „Die drei lustigen Moosacher", der Jodlerkönig Franzl Lang oder Maria Hellwig genannt) gilt dies selbstverständlich nicht. Hier wird ein verwässertes, „preußengerecht" getrimmtes Allgemeinbayerisch publikumswirksam vermarktet. Ähnliches gilt auch, wenn Diskjockeys im Rundfunk zum Zeichen ihrer Volksnähe eine dialektgefärbte Umgangssprache verwenden.

In den letzten Jahren hat der Dialekt auch im Werbefunk merklich an Raum gewonnen. Dahinter steht die wohlfundierte Überzeugung der Werbeagenturen, daß sich gerade der Einsatz des Bairischen absatzfördernd auswirkt. In erster Linie sind es die bayerischen Brauereien, die ihre verschiedenen Biersorten auf bairisch anpreisen. Bei dem besprochenen Prestige des Oberbayerischen verwundert es nicht, wenn man als Sprecher in den Werbespots überwiegend Oberbayern hört. (Sogar eine Brauerei aus Franken wirbt für ihr Bier mit einem Text, der mit eindeutig oberbayerischem Akzent vorgetragen wird.) Andere bayerische Regionalvarianten hört man nur sehr selten. Als rühmliche Ausnahme sei die Werbung für einen Kräuterlikör erwähnt, der im hohen Nordosten Bayerns produziert wird und für den auch in nordbairischem Dialekt geworben wird.

Aber das Bairische wird nicht nur dazu eingesetzt, den Umsatz alkoholischer Getränke zu erhöhen. Überall dort, wo vertrauenerweckende Stimmen aus dem Volk für günstig erachtet werden, hört man Bairisch. In solchen Werbespots spricht das Ehepaar beim Möbelkauf genauso bairisch wie die auf der Straße befragte Hausfrau, die ein Waschmittel begutachten soll. Die Absicht liegt auf der Hand: Der Dialekt wird verwendet, um der Werbung einen Schuß Echtheit zu verleihen.

Natürlich gibt es unter solchen künstlich erzeugten Demonstrationen bayerischer Lebensart und bairischer Sprache immer auch Sendungen bzw. Veranstaltungen, über die sich viele ärgern, weil darin der Dialektsprecher „zum Deppen gemacht" wird.

Umgekehrt ist es der schlaue und kritische „Grantler", der in den Tageszeitungen in einer im Dialekt gehaltenen Rubrik zu Wort kommt. Die meisten bayerischen Zeitungen haben eine derartige Spalte („Süddeutsche Zeitung", „Münchner Merkur", „Mittelbayerische Zeitung", „Der Neue Tag" usw.). Im „Grantlereck" stehen Kommentare oder Glossen, die in einer leicht lesbaren, aber dennoch regionaltypischen Form des Dialekts geschrieben sind. Gelegentlich wird auch „Filser-Bayrisch" verwendet (in Anlehnung an Ludwig Thomas „Filserbriefe").
(Zur Rolle der Medien bei der Vermittlung von Dialektliteratur siehe Seite 222 f.)

8. *Sprachverhaltensformen jenseits der Grammatik*

a) Derbheiten

„Geh zum Deifi, Saulud'r drekkats!" wirft der Münchner Permaneder seiner Gattin Tony an den Kopf, und damit ist die Ehe der beiden in Thomas Manns Roman „Buddenbrooks" gescheitert. Die aus dem hohen Norden Deutschlands stammende Tony empfindet das so:

„So gut versteht er mich, und um so viel besser weiß er mich zu respektieren als die anderen, daß er mir ein Wort nachruft, ein Wort, das keiner deiner Speicherarbeiter einem Hunde zuwerfen würde! Und da habe ich gesehen, daß nichts mich hielt, und daß es eine Schande gewesen wäre, zu bleiben."

Zweifellos wäre auch eine gestandene Münchnerin über die Anrede *Sauluada dreggads* und die derbe Aufforderung nicht gerade erfreut gewesen, aber gar so tragisch hätte sie es wohl nicht genommen.

Schauen wir zum Vergleich einmal, wie sich im klassischen Bairisch zwei gute Freunde begrüßen. In Ludwig Thomas Komödie „Erster Klasse" steigt der Ökonom Gsottmaier in das Eisenbahnabteil, in dem sein Freund, der Landtagsabgeordnete Josef Filser, bereits sitzt:

„*Filser:* Do eina! Geh no her, sog' i! (...)
Gsottmaier (sehr laut und fröhlich): Bischt do, du plattata Mistgablbaron? Du g'schneckelta Englända?
Filser (ebenso lustig lachend): Du Haderlump, du ganz miserabliger!
Gsottmaier: Du Bazi, du luftg'selchta! (...)
Filser: (...) Hast a G'schäft in da Stadt?
Gsottmaier (...): Ja, aba koa schön's net.
Filser: Wia nacha dös?
Gsottmaier: In meiner Milli hätten s' a Wassa g'fund'n, hat ma da Speckmoar g'schriem, und dös kommt ma g'spaßig für.
Filser (lacht): Mir net.
Gsottmaier: So, moanst?
Filser (lacht): Du o'drahter Spitzbua! In deiner Milli verreckat no lang koa Fisch. (Lacht herzhaft.)
Gsottmaier (stimmt ebenso lustig ein): Und in der dein loachan d'Frösch!
Filser: Macht nix. G'suffa werd 's do!
Gsottmaier: O du elendiga Habafeldtreiba! Du ganz ausg'schamta. (Beide lachen unbändig zusammen. Von Scheibler sieht sie indigniert an.)"

Offenbar handelt es sich um eine Reihe übler Beleidigungen, die im Betrugsvorwurf gipfeln. So empfindet das der anwesende fränkische Ministerialbeamte (von Scheibler), der die beiden dem Wortlaut nach versteht. Aber zur Sinnerfassung reicht es nicht aus, die Laute und Wörter zu kennen oder zu können; man muß auch wissen, was in bestimmten Situationen üblich oder immerhin noch tragbar ist. Offenbar ist auch die „Begrüßungsbeschimpfung" zwischen dem Filser und dem Gsottmaier eine Art Gruß, denn beleidigen wollen sich die beiden nicht. Viel eher handelt es sich um eine Abart von dem, was in der Soziologie als „ritual insults" (rituelle Beleidigungen) bezeichnet wird (vgl. [167]). Der Abtausch von Beleidigungsformeln dient dazu festzustellen, wer es am besten kann. Ein solcher bairischer „Beleidigungswettbewerb" gilt als besonders herzliche Begrüßung unter sehr guten Bekannten. Sie dient dazu, sich gegenseitig zu versichern: das Verhältnis ist so eng, daß es diese Form erlaubt. Diese Ausdrucksweise ermöglicht zudem, das Gespräch aufrechtzuerhalten, ohne inhaltlich etwas zu sagen. Bei unserem Beispiel handelt es sich allerdings nicht nur um ein literarisches, sondern auch um ein historisches. Selbst unter echten Baiern sind derlei kommunikative Muster inzwischen weitgehend verpönt; sie gelten nicht nur dem „Preußen", sondern auch vielen Einheimischen als Merkmal des „Gscherten".

In diesem Zusammenhang verdient die Anwendung des berühmten Götz-Zitats Erwähnung. Man möchte meinen, der Satz stelle grundsätzlich und immer eine grobe Beleidigung dar. So mag es im größten Teil des deutschen Sprachraums sein – vielleicht auf der ganzen Welt? –, nicht aber in Altbaiern. Immer wieder muß sich ein Beleidigter, nicht selten ein Polizist, von einem Gericht darüber aufklären lassen, daß „Leck mich am Arsch!" hierzulande nicht als ehrenrührige Beleidigung einklagbar ist. Zu weit ist das Bedeutungsspektrum dieser Formel, zumal unter Ausnutzung aller denkbaren prosodischen Variationen (vgl. dazu [199]): es reicht von tatsächlicher Beleidigung und schroffer Ablehnung bis hin zu Verwunderung, Staunen, Anerkennung, ja Hochachtung! Dies trifft vor allem für die Kurzformen zu: *Mi leckst!, Leck mi!, (o) leck!,* doch wird auch der volle Wortlaut in durchaus positivem Sinn verwendet. *Leck me am Orsch, des wàr a Weib!* ruft einer seinem Freund zu beim Anblick eines attraktiven Mädchens.

Fremde und auch viele Einheimische, die mundartlich-volkstümlicher Ausdrucksweise fernstehen, lehnen als Derbheit ab, was durchaus nicht immer als solche gemeint ist. Eine schier unendliche Reihe von (oft scherzhaften) Ausdrücken und Redensarten gäbe es hier zu nennen, nicht zuletzt auch das reichhaltige Register von abfälligen Bezeichnungen und Schimpfwörtern, die der Außenstehende als grob, ja ordinär empfindet, obwohl sie durchaus auch auf relativ sachlicher Ebene gebraucht werden können. Man kann sich darüber im „Bayerisch-Österreichischen Schimpfwörterbuch" von Reinhold Aman [50] informieren oder auch in Georg Queris Sammlung „Kraftbayrisch" (siehe S. 244), über die Ludwig Thoma bemerkte: „Die Freuden der Liebe nicht für unmenschlich süß zu halten, das Animalische daran nicht zu vergessen, . . . das zeugt von dem prachtvollen Humor, der Gesundheit und der Tüchtigkeit des altbayrischen Stammes, der darüber die Gebote der Sittlichkeit keineswegs vergessen hat."

Am unverfänglichen Beispiel der mundartlichen Bezeichnungen für „Mund/Gesicht/Kopf" sei angedeutet, worum es geht. Wenn man dafür in Altbayern *Maul (Mai/Màl), Fotzen, Goschen, Letschen, Gfriß, Schädel, Belli* u. ä. hört, so ist das nicht unbedingt abfällig oder gar bösartig gemeint, allenfalls mit einem Schuß Humor. Demjenigen, der sich brüskiert fühlt durch eine Aufforderung wie *Mach's Maul auf!* oder *Halt d'Fotz'n!*, dem sei mit den Worten des oben angeführten Josef Filser bzw. seines Freundes (aus Thomas „Erster Klasse") gesagt: „Nix für unguat . . . Und beleidinga hamm mir Eahna gar it woll'n. Mir san halt Bauern, net? Und bal mir aa net so fein daherred'n kinna als wia d'Stadtleut, net, desweg'n san mir do richtige Leut, net?"

b) Grüßen auf bairisch

Auf die zunehmende Menge von Außenkontakten scheint das bairische Grußverhalten mit einer gewissen Ausdifferenzierung der vorhandenen Möglichkeiten für verschiedene Situationen zu reagieren.

Bei der Begrüßung ist die Lage relativ übersichtlich: Bayern gehört zum süddeutschen „Grüß-Gott"-Gebiet, dem ein äußerst umfängliches nordwestliches „Guten-Tag"-Gebiet gegenübersteht. In Bayern ist das Grüßen mit *Guten Tag* als äußerste, ja bereits untragbare Anpassung an eine nördliche Hochsprache zu verstehen. *Grüß Gott* kann in Lautung und Form an die jeweilige Situation angepaßt werden: in der Lautform, die der Schriftform entspricht, in der Öffentlichkeit, vor allem auch gegenüber (Sprach-)Fremden; mit dialektaler Lautung *Grüaßgood, Griaßgood, Gräißgood* (Oberpfalz) in vertrauter Umgebung, in halböffentlichen bis privaten Situationen. Als vertraulich haben die Formen mit Anredepronomen *Griaßdigood* „Grüß dich Gott", *Griaßeichgood, Griaßenkgood* „Grüß euch Gott" bzw. *Griaßeahnagood* „Grüß Sie (=

‚Ihnen') Gott" zu gelten, die zusätzlich nach der Zahl der Angesprochenen und dem Duz- bzw. Siezverhältnis, in dem man zu ihnen steht, unterscheiden. An die Hochsprache angeglichene Formen wie *Grüß dich/euch Gott, Grüß Sie Gott* dienen zur Begrüßung von Leuten, die hochdeutsch sprechen. Bei allen Formen mit den Pronomen – außer *Grüß Sie* – kann auch das *Gott/Good* weggelassen werden: *Grüaßdi, Grüaßenk* usw. Als sehr beiläufiger, informeller Gruß tritt *s'Good* auf. Die genaue Form der Begrüßung *Grüß Gott* ist also nicht von der Zugehörigkeit zu einer sozialen Schicht bestimmt, sondern abhängig von Situation und Partner.

Schwieriger ist die Sache bei den Abschiedsgrüßen: Die dem *Grüß Gott* entsprechende Form *Bfiagood* „Gott behüte (den Angesprochenen)", zu der es entsprechende flektierte Varianten *(Bfiaddigood, Bfiaddeichgood, Bfiaddenkgood, Bfiaddeahnagood)* und auch Kurzformen (*Bfiaddi, Bfiadd(s)eich* usw.) gibt, zeigt bei weitem keine so allgemeine Verwendung wie *Grüß Gott.* Zum einen sind verhochdeutschte Formen dieser Grußformel kaum denkbar, zum anderen entspricht das *Bfiad-* nicht einer Flexionsform des Verbs *behüten,* sondern ist zu einer eigenständigen Grußformel verschliffen (vgl. S. 90). Schon durch diese sprachliche Besonderheit ist diese Abschiedsformel eher auf private, nichtöffentliche, insbesondere auch familiäre Kontakte beschränkt. Nur in Ausnahmefällen wird sie gegenüber nicht bairisch-sprechenden Partnern benutzt.

Eine Studie (über Grafing bei München, [171]) gibt Aufschluß über die Beziehungen zwischen Sozial- bzw. Bildungsschicht und Abschiedsgrußverhalten im allgemeinen:

Berufsgruppe / Grußform	Arbeiter Bauern	Handwerker Angestellte	gehobene Beamte Akademiker Selbständige
Bfiagood, Bfiaddi, Bfiaddeich	61%	31%	68%
Servus	22%	19%	6%
Wiederschaun, -sehn	11%	25%	38%
„kommt drauf an"	6%	25%	50%

(1) Je niedriger die soziale Schicht (d. h. je geringer der formale Bildungsgrad, je mehr manuelle Arbeit u. ä.), desto häufiger werden die dialektalen Abschiedsformeln gewählt.

(2) Für die höheren sozialen Schichten kehrt sich das nicht einfach um, sondern es gilt: Je höher die soziale Schicht, desto differenzierter wird die Grußformel auf die jeweilige Situation abgestimmt.

Das heißt: Nicht *daß* das dialektale Grußverhalten gepflegt wird, wirkt sozial markierend, sondern wenn es *ausschließlich* angewandt wird.

Die Auswertung der Frage nach dem Abschiedsgruß unter Freunden und guten Bekannten führte zu folgendem Ergebnis:

Berufsgruppe Grußform	Arbeiter Bauern	Handwerker Angestellte	gehobene Beamte Akademiker Selbständige
Bfiaddi, . . .	63 %	75 %	45 %
Servus	37 %	25 %	25 %
Wiederschaun, -sehn	–	–	30 %

Da in dieser Tabelle bei allen Berufsgruppen die zu *Bfiad-* gehörigen Formen eine relative Mehrheit stellen, kann es sich bei dieser Form nicht um eine sozial diskriminierende Äußerung handeln, sie ist auch mit dem oberen Mittelschichtbewußtsein verträglich. Diese Grußformen sind für Siez- und Duzverhältnisse brauchbar. Dagegen ist das im Hinblick auf die notwendige Vertrautheit ähnliche *Servus* an ein Duz-Verhältnis gebunden; außerdem ist *Servus* auf bestimmte Sozial- und Altersgruppen beschränkt; jüngere Arbeiter, Schüler und Studenten bevorzugen diese Form.

Eine zusätzliche Beobachtung des aktuellen Grußverhaltens in Grafing ergab eine weitgehende situative Steuerung für die verschiedenen Formen:

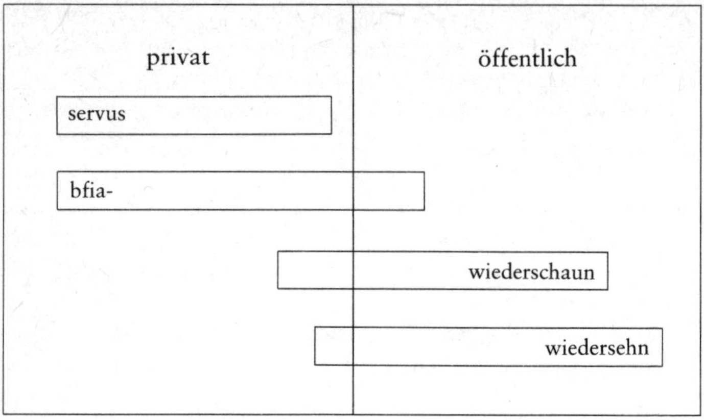

Wie weit dabei *Wiederschaun/-sehn* in den nichtöffentlichen Bereich hineingehen, ist nicht ganz klar. Tatsächlich ist wohl in den Städten der Zustand schon erreicht (und auf dem Land auch nicht weit entfernt), daß *Wiederschaun* der normale Abschiedsgruß ist, der auch im Privatbereich ohne weiteres benutzt werden kann. Dagegen gelten die *Bfia*-Formen als Zeichen wirklicher Vertrautheit; so wird das auch von zugezogenen Nicht-Bairischsprechern empfunden. Solche Einschätzungen mögen aber innerhalb des bairischen Gesamtgebiets variieren.

Die Grußformel *Hawedehre* „(ich) habe die Ehre", die für Begrüßung und Verabschiedung gleichermaßen geeignet ist, gilt in Oberbayern heute als veraltet. In anderen Teilen Altbaierns wird sie aber – vornehmlich unter älteren Leuten (Rentner, Stammtisch), von den jüngeren immer mit einem Schuß Ironie – durchaus noch gebraucht, allerdings ausschließlich von Männern.

Das auch in Bayern neuerdings um sich greifende *Tschüß* bleibt vorderhand auf die jüngere Generation oder auf Zugereiste beschränkt; nicht wenige dialektbewußte Baiern lehnen diesen Abschiedsgruß als norddeutschen Import ab, der wohl erst mit gewissen Fernsehsendungen auch im Süden publik gemacht wurde.

Grüßen „auf bairisch" wurde hier deswegen so ausführlich besprochen, weil es dabei auf den informativen Gehalt der Wörter wenig ankommt. Grüßen hat Signalwirkung: Es ist durchaus möglich, daß jemand, der in Bayern mit einem hochdeutsch korrekten Gruß, z. B. *Guten Tag!*, in eine Gruppe tritt, zumindest als Spaßvogel, wenn nicht als geistig verwirrt angesehen wird. Ein derartig mißlungenes Sprachverhalten ist für das wechselseitige Verstehen kritischer als ein bloß inhaltliches Mißverständnis.

c) „Mundfaulheit"

Man kann das schlicht „Mundfaulheit" nennen, was die Fachsprache als „mangelnde Kooperativität im Dialog" bezeichnet: wenn nämlich jemand auf seinen Gesprächspartner nicht in der Weise eingeht, die man von ihm erwartet, damit das Gespräch in Fluß bleibt. Daß die Baiern dieser Erwartung oft nicht entsprechen, trägt unter anderem auch dazu bei, daß sie für unhöflich gehalten werden.

In Bayern gibt es ein Verfahren, eine Argumentationskette mit einem abschließenden „halt so" zu beenden. Das ist ein völlig akzeptiertes Verfahren: es signalisiert, daß vom Sprecher keine Fortsetzung des Gesprächs gewünscht wird, was im allgemeinen nicht übelgenommen wird. In anderen Gebieten Deutschlands scheint es dagegen so zu sein, daß dieses Verfahren zum Abschluß einer Argumentation brüskierend wirkt. Dies wäre die Reaktion eines Zugereisten, wenn er, etwa nach längerem Disput, fragt: „Was schaust denn so bös?" und die in Bayern durchaus übliche Antwort bekommt: „Halt so." In diesen Kontext gehört auch, daß es in Bayern möglich ist, ein Ansinnen mit der Begründung „I mag halt net" abzulehnen, ohne zu einer weiteren Begründung verpflichtet zu sein. Dies wirkt nicht besonders unhöflich und wird als hinreichender Ablehnungsgrund angenommen. (Aus [180], S. 263.)

Die Partikel *halt* in dieser Verwendung ist besonders dazu geeignet, ein Gespräch abzuschließen; Nachfragen werden in der Regel nicht mehr zugelassen. (Vgl. dazu S. 137 f. und [179].) Im bairischen System gilt diese Art von „Formalbegründung" mit dem Ziel, sich zu einer Sache nicht weiter äußern zu müssen, als rechtens. Für den Nichtbaiern ist dagegen ein solches Sprachverhalten ein Paradebeispiel dafür, daß der Baier „mundfaul" und damit „g'schert" ist. Doch das ist ungerecht. Im Sprachverhalten der Baiern ist eben sehr viel öfter als anderswo vorgesehen, mit Schweigen oder einsilbigen Antworten zu reagieren, ohne daß dies als unhöflich gilt. Das trifft z. B. auch auf die folgende Art von Unterhaltung zu. A teilt B mit: *Gestan bin i z'Minga gwen* (Gestern bin ich in München gewesen). Darauf kann B ohne weiteres antworten: *So?* und braucht weiter nichts mehr zu sagen. Er könnte auch nachfragen: *So, z'Minga bist gwen?* Weitaus weniger wahrscheinlich ist eine direkte Nachfrage wie: *Was hast denn da gmacht?* Durch eine solche direkte Frage wäre die Reihe unausweichlich wieder an A, der das Gespräch eröffnet hat. Demgegenüber zeigen in einem bairischen „Sprachverhaltensmuster" auch die ersten beiden Reaktionen durchaus Interesse an weiteren Ausführungen, jedoch ist dem Gesprächspartner in der Art der Fortführung des Gesprächs wesentlich mehr Freiheit gegeben.

d) Bescheidenheit

In manchen Fällen wird im Bairischen der Konjunktiv gebraucht, wo das im Hochdeutschen nicht üblich ist. Der Satz *Iatz wààr da Huaba da* („Jetzt wäre der Huber da") stellt den Tatbestand der Anwesenheit des Herrn Huber in keiner Weise in Frage, noch knüpft er irgendeine Bedingung daran; vielmehr stellt er ganz einfach fest, daß nun der schon erwartete Huber da ist. Allerdings ist der Konjunktivgebrauch nicht funktionslos; der Aussage wird durch den Konjunktiv eine Nuance der Beiläufigkeit gegeben, man bietet sozusagen die Mitteilung zur gefälligen Kenntnisnahme an, ohne sich aufzudrängen. Die Konjunktivverwendung kann aber auch andere kommunikative Funktionen erfüllen, so etwa der Satz *Iatz wààr ma viare* (Jetzt wären wir vier), der in entsprechender Situation als Aufforderung verstanden werden kann, jetzt könne man mit dem Schafkopfspielen beginnen. Der Konjunktiv dient dazu, ein Mit-der-Tür-ins-Haus-Fallen zu vermeiden. Dazu gehört auch, daß man sich auf bairisch eher im Konjunktiv als im Indikativ vorstellt, etwa *I wààr da Sepp,* oder bei der Vorstellung Dritter in noch ausladenderer Form: *Und was dea is, des wààr mei Freindd, da Otto.* (Dazu auch die Ausführungen auf S. 102 ff.)

II. Dialekt als Schulproblem

Erst vor dem Hintergrund der wissenschaftlich abgesicherten Erkenntnis, daß der Dialekt in Süddeutschland keinesfalls als sozial diskriminierende Sprachform einzustufen ist, deren sich nur die Unterschicht bedient, kann die Frage nach dem Dialekt in der Schule sinnvoll gestellt und sachgerecht beantwortet werden.

1. Zur Diskussion über die Sprachbarrieren

Woran liegt es, daß sich so wenige aus den unteren Bevölkerungsschichten „hocharbeiten" und zum Beispiel leitende Positionen in Staat und Wirtschaft übernehmen? Den englischen Sozialforscher Basil Bernstein brachten seine Erfahrungen als Ausbilder von Postlehrlingen auf den Gedanken, daran seien die unterschiedlichen Sprechweisen der verschiedenen Schichten schuld: Unter- und Mittelschichtkinder wiesen zwar die gleiche nonverbale Intelligenz auf, doch stünde den Kindern aus der Unterschicht nur eine „eingeschränkte" Ausformung der Muttersprache zu Gebote, die durch einfache, oft unvollständige Sätze, wenig Konjunktionen und Präpositionen und einen einfachen, mehr auf das Dinglich-Konkrete beschränkten Wortschatz gekennzeichnet sei (= „restringierter Code"). Im Gegensatz dazu verfügten die Mittelschichtkinder über eine Sprachform, die sich durch komplexe, sauber geordnete Satzkonstruktion auszeichnet, vor allem aber durch einen reicheren und differenzierteren Wortschatz, der auch den abstrakt-geistigen Bereich erfaßt (= „elaborierter Code"). Auf diese Weise seien die Kinder aus der Mittelschicht begünstigt, weil bei ihnen bereits von der Ausdrucksweise her Schulerfolg und akademische Leistungen begünstigt würden. Zwar reiche der restringierte Code für die Verständigung innerhalb der Gruppe aus, sei auch besonders geeignet, das Gruppengefühl hervorzuheben, jedoch für die Schule sei er nicht angemessen. Die mangelnde Beherrschung des elaborierten Codes stelle also für Unterschichtkinder eine Barriere dar auf dem Weg zum Erfolg; denn die Schule stufe sie allein schon wegen ihrer

Sprache herab, während den Mittelschichtkindern der Weg zu Schulerfolg und Studium sozusagen auf Grund ihrer besseren sprachlichen Grundausstattung bereits bei der Einschulung offenstehe. Soweit Bernstein.

Auch in Deutschland wurden Bernsteins Ideen aufgenommen. Ende der sechziger Jahre versuchte man, Bernsteins zwei Codes auch im Deutschen nachzuweisen (Oevermann [105]), wo sie bald als Rechtfertigung für eine Neugestaltung des Deutschunterrichts dienten (z. B. in den Hessischen Rahmenrichtlinien Deutsch [171]).

Anfang der siebziger Jahre wurde dann auch der Dialekt als eine Art des „restringierten Codes" angesehen, als entscheidende Barriere, an der viele Angehörige der unteren Gesellschaftsschichten scheiterten auf dem Weg zu schulischem, beruflichem und sozialem Aufstieg. Erste Untersuchungen (Ammon, Hasselberg, Löffler [95, 99, 100]) sammelten Belege für die These, der Schulerfolg sei tatsächlich und meßbar vom Einfluß des Dialekts abhängig: Die Kulturtechniken Lesen und Schreiben z. B. erlernen die Grundschüler laut Lehrplan überall anhand der Hochsprache, deren altersgemäße Beherrschung stillschweigend bei allen vorausgesetzt wird. Diese Voraussetzung trifft jedoch für all jene Kinder nicht zu, die vorwiegend oder ausschließlich im Dialekt aufgewachsen sind. Für sie ist die Hochsprache gleichsam die erste Fremdsprache, die sie erlernen müssen. Wegen dieser zusätzlichen Belastung schneiden viele – wenn auch nicht alle! – primär dialektgeprägte Kinder trotz gleicher Intelligenz schulisch schlechter ab als ihre „zweisprachig" (= durch Dialekt und Hochsprache) oder vorwiegend hochsprachlich geprägten Klassenkameraden. Empirische Untersuchungen über Hessen, Baden-Württemberg und Bayern legen dar, wie sehr sich das mundartliche Handicap nicht allein in einer erhöhten Zahl von Sprech- und Schreibfehlern auswirkt, sondern in welchem Maß es auch zu einem deutlichen Rückstand in all den Fächern führen kann, von denen der schulische Erfolg abhängt. Diese Benachteiligung trifft in erster Linie Kinder vom Land und aus Familien der unteren sozialen Schichten.

Der Grund für die Schwierigkeiten liegt jedoch weniger darin, daß der Dialekt ein „restringierter Code" wäre. Die Restringiertheit, die Eingeschränktheit der Ausdrucksmöglichkeiten dieser Kinder besteht nicht darin, *daß* sie Dialekt sprechen, sondern darin, daß für sie der Dialekt meist die *einzige* Sprachform ist, die sie beherrschen. Daher ist es falsch, wenn man für die „Sprachbarriere" den Dialekt als solchen verantwortlich macht. Dialekt ist keineswegs ohne weiteres mit restringiertem Code gleichzusetzen. Untersuchungen in Norddeutschland haben gezeigt, daß auch Schüler, die von Haus aus eine gesprochene Form der Standardsprache („norddeutsche Umgangssprache") benutzen, nicht weniger und grundsätzlich auch keine anderen Fehler machen als dialektsprechende Schüler. Insofern ist der Schlußfolgerung von Valentin Reitmajers Studie über die Verhältnisse in Bayern [113] zu widersprechen: daß bayerische Schüler im Schnitt mehr mundartlich bedingte Fehler machten als eine Kontrollgruppe aus Hannover. Reitmajer untersucht nämlich Fehlersorten, die fürs Bairische charakteristisch sind, z. B. Probleme mit harten und weichen Konsonanten.

Die Beschäftigung mit den Thesen von Basil Bernstein hatte aber insgesamt doch eine positive Auswirkung: Endlich fing man an, die Probleme der dialektsprechenden Schüler ernstzunehmen. Die sogenannten dialektbedingten Fehlleistungen der Kinder – die ja weit über den nur-sprachlichen Bereich hinausgreifen – sind nicht von der Hand zu weisen.

2. *Fehlleistungen in der Schule*

Welche Arten von Fehlleistung in der Schule sind in diesem Zusammenhang zu nennen? Der Dialektologe Heinrich Löffler führt vier Typen auf [102]:

1. Eine mundartliche Struktur wird unmittelbar in die Schriftlichkeit übertragen, wo sie als „Fehler" in Erscheinung tritt (Direktanzeige). Beispiele: *Bedrolium, browien, er fahrt, ich gib, mit die Händ, es hat gelitten. Der Scher ist aus dem Loch geschloffen. Wir gingen nach der Leiche ins Wirtshaus. Der Hund fieselt sein Bein ab. Der Vater hat sich im Park vergangen.* (Petroleum, probieren, er fährt, ich gebe, mit den Händen, es hat geläutet. Der Maulwurf ist aus dem Loch gekrochen; . . . nach der Beerdigung . . ., . . . nagt seinen Knochen ab, . . . verlaufen).

2. Hyperkorrekte Formen werden gebildet in der fälschlichen Annahme, die normalen Formen seien dialektbelastet. Beispiele: *Versan, Gübel, sobiso, Löbe, beim Nachbaren* (Fasan, Giebel, sowieso, Löwe, beim Nachbarn).

3. Aus der leidvollen Erfahrung mit sprachlichen Pannen heraus

beschränkt sich das Kind in seinen Äußerungen auf das Allereinfachste, Schlichteste und Nichtssagende, nur um das Risiko, Fehler zu erzeugen, gering zu halten. Diese Primitivsprache (z. B. häufige Verwendung von *haben, sein, tun, machen* anstelle treffenderer Verben) entspricht wohl am ehesten dem, das die Soziolinguisten als „restringierten Code" bezeichnen.

4. Die extremste Art der Fehlervermeidung in der Schule ist es, sich jeder verbalen Äußerung zu enthalten, um sich vor der Blamage mit dem Dialekt zu bewahren (Verstummen). Solches Verhalten wird dann möglicherweise von seiten des Lehrers als mangelnde Sachkenntnis und ungenügende Mitarbeit gewertet. Und der Weg vom Verstummen zum schulischen Versagen ist nicht weit.

Der Dialekt ist nicht an allem schuld.

Erstaunlicherweise erbrachten die empirischen Untersuchungen der jüngsten Zeit: Der Anteil der eindeutig dialektbedingten Fehler ist relativ gering. Eine unüberlegte Verallgemeinerung „Dialektsprecher – schlechte Deutschnote" (z. B. [112]) ist nicht ohne weiteres vertretbar. Die erwähnte Münchner Studie zeigt, daß unter den Fehlern, die Schüler der 4. Jahrgangsstufe an bayerischen Schulen machten, etwa 11 % die Groß- und Kleinschreibung betreffen, an die 13 % die Bildung der einfachen Vergangenheit, 11 % die Wiedergabe von Vokallänge oder -kürze und 16 % die Konsonantendoppelung; die Verwechslung von harten und weichen Konsonanten beläuft sich auf etwa 10 % der Gesamtfehlerzahl.

Für bestimmte Fehlersorten kann sicher nicht der Dialekt verantwortlich gemacht werden. An manchen ist auch die nicht zu leugnende Willkürlichkeit oder Inkonsequenz der deutschen Rechtschreibung schuld. Fehler in der Groß- und Kleinschreibung machen alle, ob Dialektsprecher oder nicht. Auch die Bezeichnung der Dehnung geht zu Lasten der Orthographie an sich (man denke etwa an die vier verschiedenen Arten, den langen *i*-Laut zu schreiben: *wider, Lieder, ihm, zieht*). Offenbar liegt das große Problem für die ABC-Schützen im grundsätzlichen Unterschied zwischen gesprochener und geschriebener Sprache, wobei erstere eben Dialekt sein kann. Die gesprochene Form der Muttersprache beeinflußt die frühen Versuche der Schüler mit der geschriebenen Sprache; sie führt zu Fehlschreibungen wie es *bresied, die Gatterop, wir browieten, der Grambus, Taubtzach ist* (es pressiert, die Garderobe, wir probierten, der Krampus, die Hauptsache ist; aus einer Grundschule im Landkreis Rosenheim).

Die Münchner Forschergruppe um Kurt Rein hat nachgerechnet, welche Fehler bei den nur Dialekt sprechenden Kindern häufiger vorkommen als bei den ausschließlich Hochsprache sprechenden:

Durchschnittliche Fehlerzahl je 100 Wörter je Schüler
(im mittelbairischen Dialektgebiet)

	Dialekt-sprecher	Hochsprache-sprecher	signifikant
Gesamtfehlerzahl	10,63	7,62	ja
Fehlerart			
Groß-/Kleinschreibung	1,24	1,03	nein
Getrennt-/Zusammenschreibung	0,41	0,26	nein
Vokaldehnung	1,82	1,05	ja
Konsonantenverdoppelung	2,05	1,62	ja
Konsonant zu weich/zu hart	1,00	0,55	ja
andere Konsonanten	0,47	0,34	nein
Vokal/Umlaut	0,48	0,40	nein
Diphthonge	0,47	0,25	ja
sonstige lautliche Unsicherheit	1,13	0,81	nein
Silbenreduktion	0,55	0,38	nein
Präteritumbildung	1,64	1,45	nein
Endungen	0,59	0,34	ja
Kasus	0,78	0,43	ja
Singular/Plural	0,21	0,07	ja
Genus	0,14	0,04	ja
Wortwahl	0,45	0,42	nein

Für die Beziehung zwischen Dialektgebrauch und Fehlerhäufigkeit sind zwei Erklärungen denkbar:

1. Entweder ist der Dialekt tatsächlich die unmittelbare Ursache von Fehlern oder

2. sowohl Fehlerhäufigkeit als auch Dialektgebrauch sind nur die Folgen eines dritten Faktors. Dieser kann bestimmt werden als
– soziale Schichtzugehörigkeit (wie oben erwähnt) oder
– allgemeine Unterversorgung der Schulen in entlegenen ländlichen Gebieten oder

– Ungeschicklichkeit oder falsche Einstellung der Lehrer.

Unter den Forschern haben beide Erklärungsmöglichkeiten überzeugte Verfechter.

Wenn der Lehrer den Dialekt verteufelt, wenn die Kinder das Gefühl bekommen, ihre Mundart werde lächerlich gemacht oder schlicht verdammt, dann stehen die Kinder tatsächlich größeren Problemen – psychologischer Natur – gegenüber, denen sie möglicherweise nicht gewachsen sind. Unter solchen Umständen besteht die Gefahr, daß das Kind einen Minderwertigkeitskomplex entwickelt; es empfindet die Ablehnung seiner vertrauten Sprechweise schlicht als Ablehnung seiner ganzen Persönlichkeit. In solchen Fällen kann es dazu kommen, daß Kinder alles ablehnen, was mit der ihnen aufoktroyierten Standardsprache in Verbindung steht: vor allem das Lesen und das Schreiben. Darum ist es Pflicht der Schule, hier sehr behutsam vorzugehen, um eine sprachliche Entwicklung ohne Erschütterungen des Selbstbewußtseins der Kinder zu ermöglichen.

In einer nordbayerischen Kreisstadt hat einmal eine Lehrerin ein kleines Mädchen vor der Schulklasse lächerlich gemacht, weil es die Aufgabe, Spielklötze der Form nach auf verschiedene Häufchen zu legen, falsch löste. Die Kleine sortierte als einzige ihre Klötze nach der Farbe. Für die Lehrerin hatte das Mädchen, das von einem Bauernhof stammte und darum ohnehin unter den Stadtkindern auffiel, wieder einmal ihre Ungeschicklichkeit oder mangelnde Intelligenz bewiesen. Die Lehrerin ahnte nicht, worauf die Fehlleistung beruhte: Das Wort „Farben“ wird im heimatlichen Dialekt des Mädchens *Foam* ausgesprochen, also genau wie das Wort „Form“. Der Schülerin wäre geholfen gewesen, hätte man ihr erklärt, worin eigentlich ihr Fehler lag. So aber mußte sie das Gefühl bekommen, das böse Schicksal habe wieder einmal willkürlich und undurchsichtig „zugeschlagen“, und sie sei in der Schule ein Versager.

3. Überlegungen zu einer „bairischen Hochsprache“

Es ist nach allem zumindest bedenklich, im Deutschunterricht undifferenziert von „Fehlern“ zu reden. In vielen Fällen ist der Begriff „Fehler“ unzutreffend. So sind etwa regionaltypische Abweichungen von der Aussprachenorm kein Verstoß gegen die Sprachrichtigkeit; dasselbe gilt für die Betonung. Derlei Regionalismen verkörpern eine andere Varietät des Deutschen, als es die derzeit herrschende „Standard“-Sprache darstellt, die an norddeutschen Gepflogenheiten orientiert ist. (Siehe dazu etwa die Abschnitte zu den *a*-Lauten und zur Betonung, S. 75 ff. bzw. 91.)

Die Künstlichkeit einer hochsprachlichen Norm kann so hoch angesetzt werden, daß Verstöße dagegen kaum vermeidbar sind. Dies ist der Fall, wenn etwa regionale Formen der Hochsprache bereits als Normverstöße gelten, z. B. *das Eck, der Zeck, der Bakken, der Socken, das Email,* oder *ich bin gestanden, er ist gesessen, wir sind gelegen, die Wägen, die Krägen, die Bögen* usw. Solche und viele andere Formen stehen im Duden (meist mit der Kennzeichnung „süddeutsch, österreichisch“ oder „schweizerisch“), wodurch sie den Rang erhalten, richtiges Hochdeutsch zu sein; denn durch Beschluß der bundesdeutschen Kultusminister ist der Duden – zumindest für die Schule – rechtsverbindliches Normenbuch. Man sollte diese Toleranz auch für solche Eigentümlichkeiten der österreichischen Hochsprache [52] in Anspruch nehmen, die in Bayern ebenfalls geläufig sind.

Denkbar wäre es auch, noch einen Schritt weiter zu gehen, wie das etwa Wolfgang Johannes Bekh in seinem Buch „Richtiges Bayerisch“ [89] tut. Er plädiert für eine bairische Hochsprache, die dem gesprochenen Deutsch in Altbaiern sehr weit entgegenkommt. Das hätte durchaus Vorteile: Je näher sich die geschriebene und die gesprochene Sprache stehen, desto unproblematischer wird der Anfangsunterricht im Schreiben.

Es herrscht wohl weitgehend Konsens darüber, daß folgende Wörter (und nicht nur die in Klammern gesetzten Synonyme aus anderen Gegenden) als hochsprachlich anzusehen sind: *der Einser (die Eins), der Akt (die Akte), Obacht (Achtung), Sulz (Sülze), Rahm (Sahne), Topfen (Quark), Knödel (Kloß), Blaukraut (Rotkohl), Geröstete (Röstkartoffel), gestöckelte (sauere) Milch, Kren (Meerrettich), Rote Rübe (Bete), Gelbe Rübe (Möhre), Knopf (Knoten), Plache (Plane), Beißzange (Kneifzange)* usw. Im Empfinden vieler Süddeutscher scheinen allerdings die ursprünglich fremden Bezeichnungen irgendwie „besser“ oder gar „richtiger“ zu sein. Bekh schlägt auch vor, *das Teller, der Butter, der Kartoffel, das Limonad, er ladet ein* usw. zuzulassen sowie eine große Anzahl von bairischen Bezeichnungen als Schriftdeutsch anzuerkennen, so

z. B. *Tiegel, Hafen, Häflein, Reine, Zuber, Kübel, Schaff, Weidling* usw. als differenzierte Benennungen für Gefäße.

Wäre dann der Satz aus dem Aufsatz eines Hallertauer Gymnasiasten überhaupt noch zu beanstanden: *Der Scher ist aus dem Loch geschloffen* (vgl. S. 199)? Im Rahmen einer bairischen Hochsprache wäre das richtiges und gutes Deutsch.

Doch auch wenn man den Regionen entgegenkommt, auch wenn eine „bairische Hochsprache", wie W. J. Bekh sie sich vorstellt, denkbar wäre, so gibt es doch Dialektformen, die die Gesellschaft bei formellen Anlässen nicht toleriert. Sprachformen haben einen eigenen sozialen Symbolwert, sie sind selber Teil der sozialen Struktur. Da es im deutschen Sprachraum wie überall ausgeprägte Urteile über und Vorurteile gegen Gruppensprachen gibt, muß man lernen, sowohl Dialekt als auch Hochsprache richtig einzusetzen. Das heißt: Man muß beide Sprachformen beherrschen und sie auseinanderhalten können.

Welche Rolle die Schule bei der Vermittlung von Normen spielt oder ob der Lernprozeß nicht ohne die Schule genauso verlaufen würde, ist umstritten. Die Schule scheint allein nicht imstande, den Dialekt zu verdrängen. Solange eine Sprachform für ihre Sprecher einen Wert verkörpert, werden sie lieber Sanktionen in Kauf nehmen als diese Sprache aufgeben. Solange der bairische Dialekt für den Baiern Teil seiner Identität, seines Selbstbewußtseins und Selbstverständnisses ist, solange er seine Stammeseigentümlichkeiten als positive Werte ansieht, so lange wird der bairische Dialekt auch lebendig bleiben. Und so lange wird Altbaiern auch ein „zweisprachiges" Land sein, in dem Bairisch und Hochdeutsch nebeneinander bestehen, wobei die Grenzziehung zwischen beiden Sprachebenen durchaus nicht so starr zu bleiben braucht, wie das derzeit noch der Fall ist.

4. Ansätze zu einer dialektorientierten Didaktik

a) Forderungen – Empfehlungen

„In der Regel spricht jedes Kind das Deutsche in irgend einer Mundart, schon das ABC u. Namenbuch aber ist im Schriftdeutschen verfaßt; hier sollte daher ein vorbereiteter Übergang gemacht werden. Eigentlich müßten die ersten Lehrbücher in der Mundart verfaßt sein, da dies indes mancherlei Schwierigkeiten haben dürfte, so muß das Kind doch erst hochdeutsches gehört u. wenigstens nachzusprechen versucht haben, eh es hochdeutsch lesen lernen kann, denn die Zeichen einer bekannten Sprache sind leichter zu entziffern als die einer minder bekannten... Noch sind freilich der Hilfsmittel zum Kennenlernen der Mundart wenige...; doch darf man hoffen, daß vielleicht eben jetzt manches im Werden begriffen ist."

So schrieb J. A. Schmeller im Jahre 1812 [182]. Abgesehen von einigen unbedeutenden Ansätzen sollte dieser Gedanke erst über hundert Jahre später mit der Diskussion um die sogenannte „kompensatorische Erziehung" wieder aufgegriffen werden. 1919 erließ der preußische Minister für Kunst, Wissenschaft und Volksbildung eine Bestimmung zum Schutz des Dialekts [156]. Dort heißt es:

„Es kann keinem Zweifel unterliegen, daß es von großer Bedeutung ist, die deutschen Mundarten neben der deutschen Schriftsprache lebendig zu erhalten, da sie der unerschöpfliche Quell für den Wortschatz unserer Schriftsprache sind und in ihnen die Eigenart der deutschen Stämme ihren sprachlichen Ausdruck findet.

Ich lege daher Wert darauf, daß auch in den Schulen die heimische Mundart die ihr gebührende Berücksichtigung findet...

In der ersten Schulzeit wird der Lehrer gut daran tun, nicht nur den Gebrauch der heimischen Mundart durch die Kinder zuzulassen, sondern auch selbst sich häufig der Mundart zu bedienen, um sich den Kindern verständlich zu machen, ihr Vertrauen zu gewinnen und den Schüchternen den Mund zu öffnen..."

Weiter wird empfohlen, mundartliche Sprichwörter, Kinderreime und Gedichte im Unterricht zu verwerten, Lesestücke im Dialekt zur Pflege der heimischen Sprache zu benutzen und hin und wieder ein Lied mit Dialekttext einzuüben. Ferner heißt es, die Schulbüchereien hätten geeignete Mundartliteratur zu beschaffen und das Interesse der Schüler für diese Bücher in geeigneter Weise zu wecken.

Und der Minister fährt fort, eine zweckmäßige und fruchtbare Berücksichtigung der Mundart im Unterricht sei nur dann möglich, wenn der Lehrer die Mundart selbst beherrsche und Verständnis für ihre Eigenart habe. Daher verfügt er, daß in den Lehrerbildungsanstalten dem Dialekt besondere Beachtung zu schenken sei und daß die Lehramtsanwärter in das Dialekt-Schrifttum einzuführen sowie zur praktischen Verwendung der Mundart im Unterricht anzuleiten seien.

Im Gegensatz zu diesem Verständnis in Preußen zu Anfang unseres Jahrhunderts ist die Situation in Bayern bis heute noch eher von behördlichem Desinteresse am Dialekt geprägt. Der Dialekt kommt etwa in den bayerischen Lehrplänen für die Schulen fast nur in Nebensätzen vor. Es mag sein, daß der Dialekt im Süden viel eher als etwas Selbstverständliches empfunden wird als im Norden, wo er mancherorts vor dem Untergang steht. Das ist jedoch kein Grund, den Dialekt im Süden schulbehördlich zu vernachlässigen.

Gerade weil es nicht so aussieht, als stürben die Dialekte mit der Zeit ohnehin aus, darf sich die Schule nicht um das Dialektproblem herumdrücken. Wir sind im Gegenteil heute Zeugen eines erstaunlichen Wiedererstarkens der regionalen Sprachvarianten; man denke nur an die literarische Dialektwelle und an andere Erscheinungsformen einer neuen Mundartlichkeit. „Der Aufbruch ins Sprachgrüne", wie das journalistisch salopp formuliert wurde, ist unübersehbar und auch eine Herausforderung an die Schule.

Die Mehrheit der Lehrer in Bayern beherrscht selber einen Dialekt und kennt daher die Problematik im Klassenzimmer aus eigener Erfahrung. Auf dem Lande, wo die meisten Kinder mit großer Selbstverständlichkeit Dialekt sprechen, wird der Lehrer diesen Zustand ohnehin als Ausgangslage nehmen. In den Städten ist die Situation schwieriger. Hier leben auch Kinder, die den bairischen Dialekt nicht beherrschen oder die jeglichem Dialekt fernstehen. Sie könnten unter Umständen durch eine allzustarke Bevorzugung des Dialektes im Unterricht benachteiligt werden.

Vernünftig scheint die Mindestforderung an Didaktiker und Ausbilder, dafür zu sorgen, daß jeder Lehrer für die Probleme, die der Dialekt beim Erlernen der Standardsprache verursachen *kann,* sensibel wird. Die dialektsprechenden Kinder sollten ohne Identitätsbrüche an die Standardsprache herangeführt werden, d. h. ohne daß der heimatliche Dialekt – für viele die eigentliche Muttersprache – dabei diskriminiert wird.

b) Konsequenzen für den Lehrer

Wer den Lehrberuf ansteuert oder bereits in der Lehrpraxis tätig ist, sollte die sprachliche Heimat seiner Schüler kennen, sie ernst nehmen und versuchen, sie sinnvoll in das pädagogische Geschehen einzubeziehen. Dies ist eine bewährte Möglichkeit, einen menschlich unmittelbaren Kontakt zu den Schülern herzustellen.

Soweit der Lehrer derselben sprachlichen Umgebung entstammt wie seine Schüler und daher dieselbe Diglossie („Zweisprachigkeit“: Dialekt + Hochsprache) aufweist wie sie, gibt es am wenigsten Probleme auf dem Weg zur angestrebten Zweisprachigkeit. Selbst wenn der Lehrer einen anderen Dialekt spricht als seine Schüler, werden ihn eigene frühere Erfahrungen damit – falls er sie nicht verdrängt hat – leicht die richtige Einstellung finden lassen. Um eine grundsätzlich positive Einstellung zum Dialekt sollte sich aber auch der Lehrer bemühen, der selbst keinen Dialekt beherrscht. Die Mundart seiner Schüler von vorneherein abqualifizieren als derbes Bauernidiom, als vulgäre Gassensprache, als Ausdruck eines bedauernswerten Provinzialismus, ist ein Zeichen engstirniger bildungssprachlicher Arroganz gegenüber der seit mehr als 1200 Jahren angestammten Heimatsprache eines Landes, dessen Bewohner sie zum Teil mit Stolz verwenden und als regionales Identifikationsmerkmal hochschätzen.

Allzu lange hat man sich in der Lehrerausbildung und seitens der traditionellen Didaktik auf den „gesunden pädagogischen Instinkt“ des Lehrers verlassen, aus dem heraus er das Dialektproblem schon meistern werde. Dieser genügt jedoch nicht immer. In den Handbüchern für den Deutschunterricht ist zwar gelegentlich die Rede von „Mundart als Unterrichtsprinzip“ (W. Menzel); meist läuft es jedoch auf eine sehr verengte Auslegung hinaus, die sich in der Behandlung einiger Beispiele von Dialektliteratur erschöpft. Lehrplangestalter, Schulbuchautoren und -verlage haben die regionalsprachliche Gliederung des Deutschen bisher weitgehend unberücksichtigt gelassen. In der Lehrerbildung und -fortbildung kommen die dialektbedingten Schulprobleme nach wie vor zu kurz. Nur 10 % der dazu befragten Hauptschullehrer gaben an, während ihres Studiums etwas darüber gehört zu haben. Eine Sensibilisierung und umfassende Information tut not.

c) Soll der Lehrer Dialekt sprechen?

Alle Autoren, die sich mit dieser Frage beschäftigt haben, halten an dem Bildungsziel Hochsprache fest im Hinblick auf die Chancengleichheit für Kinder mit Erstsprache Dialekt. Gerade unter diesem Blickwinkel hat der Dialekt aus dem Mund des Lehrers eine wichtige Funktion. Indem der Erwachsene, von dem das Kind in vielfacher Weise abhängig ist und den es als Vorbild ansieht, zur gegebenen Zeit die sonst in der Schule geforderte Hochsprachlichkeit ablegt, überschreitet er seinerseits die „Barriere“ in umgekehrter Richtung und kommt so dem Kind entgegen.

Schüler ohne dieses „Entgegenkommen“ oder andere Hilfestellungen mit Druck zwingen zu wollen, „anständiges Deutsch“ zu sprechen, läßt die betroffenen Schüler häufig negativ reagieren: Sie fühlen sich blamiert (10%), verschließen sich gegen den Lehrer (53%; 37%) oder lehnen ihn ganz ab (26%; 21%) [114, 115].

Eine Erhebung an einem Regensburger Gymnasium erbrachte, daß es in der Unterstufe 68 % der dialektsprechenden Schüler sympathisch finden, wenn der Lehrer ab und zu auch Dialekt spricht; in der Oberstufe waren es sogar 87%. Von den Nichtdialektsprechern äußerten sich immerhin 50% in diesem Sinne; nur knapp 3% meinten, der Lehrer solle das nicht tun [115]. Unabhängig vom Lernziel Hochsprache oder besser „Zweisprachigkeit“ schafft der Wechsel vom Standarddeutsch in den vertrauteren, für die meisten Schüler heimatlich-familiären Klang des Dialekts eine entspanntere Atmosphäre, wirkt entkrampfend und weckt die Aufmerksamkeit mancher Schüler, die vom Einerlei des hochsprachlich Vorgetragenen abgestumpft sind.

Es sei dringend nötig, schrieb Rudolf Hildebrand 1867 in seinem Buch „Vom deutschen Sprachunterricht“ [162], daß der Lehrer „die Sprache, die der Schüler zu Hause oder in der Zwischenstunde spricht, . . . in der rechten Weise und Auswahl bei günstigen Gelegenheiten mit in den Bereich seiner Lehre zieht und sie so ins rechte Licht stellt“. An anderer Stelle heißt es, den Dialekt dürfe man „nicht mit Geringschätzung oder verächtlich behandeln, wie ein vornehmer Herr den Bettler, nicht von sich stoßen als etwas, das eigentlich gar nicht als vorhanden anzuerkennen ist“. Vielmehr müsse ihn der Lehrer „in den Mund nehmen, allenfalls mit leisem Humor“. Nach mehr als einem Jahrhundert erweisen sich diese Sätze noch immer als befolgenswert.

Schülernahe Sprache ist besonders am Platz im privaten Gespräch, wenn sich ein Schüler um Rat an den Lehrer wendet, ebenso bei informellen Anlässen wie Wandertag, Sportfest, Schulball usw., vorausgesetzt, der Lehrer hält es nicht aus disziplinären oder anderen Gründen im besonderen Fall für geraten, die unpersönlichere, offiziellere Hochsprache zu verwenden.

Die erwähnten Befragungen (in Erding und Regensburg [114, 115]) erbrachten, daß der hundertprozentig auf Hochdeutsch getrimmte und trimmende Lehrer in den Augen der Schüler eher dem Bild des „sturen Paukers" entspricht als derjenige, der zwischen sachlicher Distanz in der Hochsprache und familiärer Nähe im Dialekt zu variieren weiß.

Allzu weit sollte das Entgegenkommen in Gestalt sprachlicher Entspannung allerdings nicht gehen. Es würde dem Schüler, der von Haus aus nur Dialekt spricht, die Möglichkeit nehmen, sich am sprachlichen Vorbild des Lehrers auszurichten. Die Schule ist ja in vielen ländlichen Gegenden der einzige Ort, wo dem Schüler Gelegenheit geboten ist, sich aktiv in den Gebrauch der Hochsprache einzuüben. Ersetzt ein Lehrer etwa, süddeutschem Gebrauch folgend, grundsätzlich das Präteritum durch das Perfekt, so nimmt er solchen Schülern, denen Formen wie „er stieß, hob, lief" usw. nicht geläufig sind, eine Möglichkeit, sie einzuüben.

Bei aller positiven Einstellung zum Dialekt darf das Wohl des Schülers nicht aus den Augen verloren werden. Gerade dem dialektgeprägten Kind würde man einen Bärendienst erweisen, wollte man in der Schule nach der Maxime verfahren: „Bei uns is d'Unterrichtssprach Boarisch. Wer ned Boarisch ko, is eh a Rindviech", wie es ein beliebter Freisinger Gymnasiallehrer vor fünfundzwanzig Jahren formuliert hat.

d) Theoretisches Wissen

Für jeden Lehrer nützlich, für Deutschlehrer unerläßlich ist ein bestimmtes Maß an theoretischen Kenntnissen und Einsichten über den Dialekt, wenn er nicht die Hochsprache einbleuen will „wie ein anderes Latein" (Hildebrand). Bereits im Jahre 1854 veröffentlichte der Münchner Sprachpädagoge Adolph Gutbier seine „Ideen über die Vergleichung der Mundarten mit der Schriftsprache". Darin finden sich erste Ansätze für die Übertragung einer in der Fremdsprachendidaktik bewährten Methode: Man kontrastiert das zu Erlernende (Fremdsprache) mit dem Bekannten (Muttersprache), um aus der Erkenntnis von Gemeinsamkeiten und Gegensätzen Nutzen für den Lernerfolg zu ziehen [102]. Unter der Hypothese, Deutschunterricht für Dialektsprecher sei eine Sonderform des Fremdsprachenunterrichts, entwarfen H. Löffler und W.

Besch das Konzept für eine Reihe kontrastiver Grammatiken, „Dialekt/Hochsprache – kontrastiv", in der auch ein Band über das Bairische vorliegt [86]. Hierin wird das grammatische System des Bairischen Punkt für Punkt dem System der standarddeutschen Grammatik gegenübergestellt. Aus den Unterschieden ergibt sich die Fehlerprognose in Gestalt von Fingerzeigen auf mögliche Fehlerquellen für Dialektsprecher, wenn sie sich in der Hochsprache ausdrücken.

III. Dokumentation und Erforschung des Bairischen

1. *Glossarien – Wörterbücher*

Das älteste Dialektwörterbuch überhaupt dürfte wohl das 1689 in Regensburg erschienene „*Glossarium Bavaricum*" von *Johann Ludwig Prasch* (1637–1690) sein, eine Sammlung von etwa 500 Wörtern aus der Mundart von Regensburg. Genau 100 Jahre später lag der „*Versuch eines baierischen und oberpfälzischen Idiotikons nebst grammatischen Bemerkungen über diese zwo Mundarten und einer kleinen Sammlung von Sprüchwörtern und Volksliedern*" von *Andreas Zaupser* (1748–1795) vor (München 1789). Aus beiden Glossaren zitierte Schmeller in seinem „Bayerischen Wörterbuch" [48].

Als erstes wissenschaftlich fundiertes Wörterbuch eines deutschen Dialekts erschien 1806–1812 das „Schweizerische Idiotikon" von *F. J. Stalder.* Damit war ein neuer Ansatz geschaffen, der weit hinausging über das bloße Sammeln und Inventarisieren von Mundartwörtern, wie das Prasch, Zaupser und die Verfasser anderer bairischer Glossarien getan hatten, z. B. *Lorenz Westenrieder* (*Bairische Provinzialismen und Sprüchwörter,* München 1792), *F. Nicolai* (*Verzeichnis einiger bairischer Provinzialwörter,* Berlin 1785), *J. v. Delling* (*Beiträge zu einem baierischen Idiotikon,* 2 Bände, München 1820) u. a. m. Stalder ging davon aus, daß die Dialekte nicht als von der hochsprachlichen Norm abweichende Kuriositäten betrachtet werden dürfen, sondern daß sich gerade in ihnen die Sprachgeschichte am reinsten und folgerichtigsten offenbart. So ist die Wissenschaft von der deutschen Sprache, die Germanistik, in ihren Anfängen aufs engste verbunden mit dem Studium der deutschen Dialekte.

2. *Das Werk des Johann Andreas Schmeller*

Hier darf das Werk des gebürtigen Oberpfälzers Schmeller als herausragende Leistung gerühmt werden: vor allem seine Grammatik von 1821 [57] (siehe S. 217) und sein „*Bayerisches Wörterbuch*“, zuerst erschienen 1827–1837 [48]. Wie Stalder behandelt Schmeller den Dialekt als ein in sich geschlossenes Sprachsystem, das sich im Laufe von vielen Jahrhunderten konsequent und bruchlos als die eigentliche Volkssprache entwickelt hat, während das Schriftdeutsch als „Übereinkunft der Gebildeten“ recht unterschiedliche Entwicklungsstränge in sich vereinigt. Jacob Grimm schreibt in der Vorrede zum I. Band seines „Deutschen Wörterbuches“ (1854):

„Fürs deutsche wörterbuch behauptet die kenntnis aller hochdeutschen volksmundarten hohen werth, und ich musz sogleich zum lobe der Baiern hinzusetzen, dasz kein andrer unsrer stämme ein wörterbuch aufzuweisen

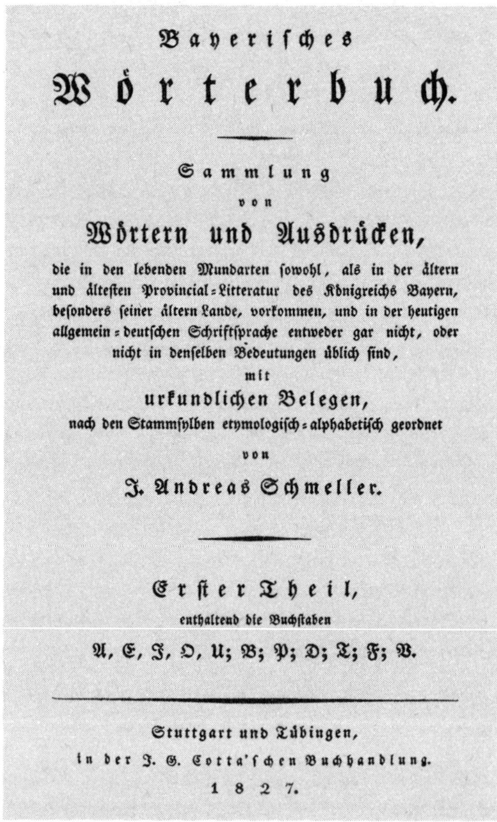
Bayerisches
Wörterbuch.

Sammlung
von
Wörtern und Ausdrücken,
die in den lebenden Mundarten sowohl, als in der ältern und ältesten Provincial-Litteratur des Königreichs Bayern, besonders seiner ältern Lande, vorkommen, und in der heutigen allgemein-deutschen Schriftsprache entweder gar nicht, oder nicht in denselben Bedeutungen üblich sind,
mit
urkundlichen Belegen,
nach den Stammsylben etymologisch-alphabetisch geordnet
von
J. Andreas Schmeller.

Erster Theil,
enthaltend die Buchstaben
A, E, I, O, U; B; P; D; T; F; V.

Stuttgart und Tübingen,
in der J. G. Cotta'schen Buchhandlung.
1 8 2 7.

hat, das dem von Schmeller irgend gleichkäme, so meisterhaft ist hier die sprache selbst und ihr lebendiger zusammenhang mit sitten und bräuchen hergestellt."

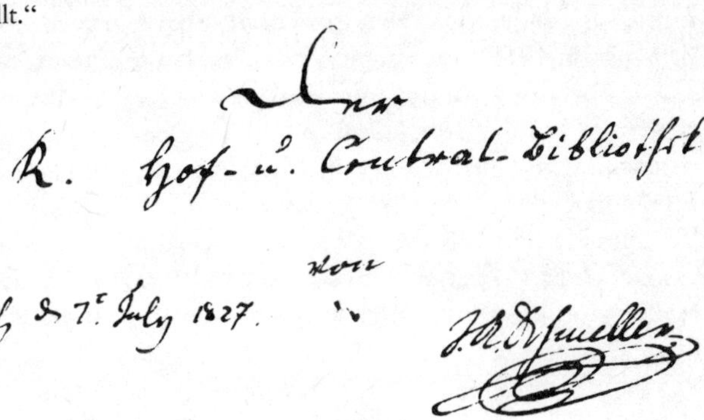

Widmung Schmellers in dem jetzt in der Staatsbibliothek München befindlichen Exemplar des „Bayerischen Wörterbuchs" (S. 212).

Johann Andreas Schmeller (1785–1852) wurde in Tirschenreuth als Sohn eines kleinen Landwirts und Korbflechters geboren, dem er in seinem Wörterbuch ein rührendes Denkmal kindlicher Dankbarkeit und Verehrung gesetzt hat. Im Artikel zum Stichwort „Körben, Kürben" (Bd. I, Sp. 1287) findet man die Berufsbezeichnung „Kürbenzäuner" mit der Erläuterung „der aus Holz- und Wurzelschienen Kürben flicht, zäunt" und mit dem Zusatz: „Unter allen Gewerben ist dieses unscheinbare dem Verfasser des b. Wörterbuchs das ehrwürdigste, denn es ist das eines bald achtzigjährigen Ehrenmannes, dem er sein Daseyn und seine erste Erziehung verdankt."

Aufgewachsen ist Schmeller dann im oberbayerischen Rinnberg (oder Rimberg) bei Rohr zwischen Wolnzach und Pfaffenhofen an der Ilm. Sein weiterer Lebensweg führte ihn aufs Gymnasium in Scheyern, dann nach Ingolstadt und München und schließlich als Soldat in einem Schweizer Regiment, das in spanischen Diensten stand, nach Madrid, wo er sich unter anderem als Lehrer betätigte. Die Jugend in verschiedenen Gegenden Bayerns, das Leben im Ausland und der wiederholte Standortwechsel als Soldat mögen Schmellers Ohr geschärft haben für die Nuancen sprachlicher Äußerungen – eine Fähigkeit, die beim Sammeln für seine Werke entscheidend war. Nach München zurückgekehrt, wurde er damit betraut, die Mundarten des Königreiches Bayern grammatikalisch und lexikalisch aufzunehmen und zu bearbeiten, wie es dem Wunsch des damaligen Kronprinzen, des späteren Königs Ludwig I., entsprach. 1816 legte Schmeller seinen Plan für dieses Unternehmen vor. Bei Fortzahlung seines Gehalts als Oberleutnant wurde er aus dem Militärdienst beurlaubt und konnte sich ganz der Mundartforschung widmen. 1826 erhielt er an der soeben von Landshut nach München verlegten Universität einen Lehrauftrag für altdeutsche Sprache und Literatur. Weitere Laufbahn: 1827 Promotion zum Dr. phil., 1828 a. o. Professor, ab 1829 an der Kgl. Hof- und Staatsbibliothek, 1846 auch Ordinarius für altdeutsche Philologie an der Universität.

Es lohnt sich, einen Blick auf die Methoden zu werfen, mit denen Schmeller die ungeheuere Materialfülle für sein Wörterbuch zusammentrug, das an die 20 000 Stichwörter umfaßt. Seine eigene Mundartkompetenz darf wohl als solide Basis angesehen werden. Auf Wanderungen durch die Landschaften Bayerns sammelte er unermüdlich Belege, die er durch Befragung von Rekruten und später von Kollegen und Freunden an Universität und Bibliothek ergänzte. Als Beispiel für Schmellers Art, Zufallsbelege heranzuziehen, diene die Angabe unter dem Stichwort „Vatter“ (Bd. I, Sp. 850):

> In einigen Gegenden der O.Pfalz wird das Haupt einer Wirthschaft nicht blos von seinen Kindern, sondern auch von seinen Dienstboten Vater genannt. Zeitschr. V, 338. „Is's nét so, *Vattə'?*“ spricht mich am 4. Juny 1843 unter dem Wetter in der Wirthsstube des Tülljägers im Forstenriederpark ein mir ganz unbekannter alter Bauer an. „Guət'n Abmd, *Vattə'!*“ grüßt mich auf der Waldtreppe von Ebenhausen nach Scheftlarn hinab ein jüngerer. Das sey die Courtoisie, der man sich gegen etwas vornehmere Unbekannte zu bedienen pflege, erklärt mir Herr Hagn, der Besitzer des jetzigen Badplatzes Scheftlarn, der mich am 5ten, wo wegen unabläßigen Regens an ein gemüthliches nach Hause Gehen nicht zu denken ist, in seinem Wagen mit heimkommen läßt.

In mehreren Aufrufen wandte sich Schmeller an die Öffentlichkeit mit der Bitte um Material, insbesondere um fachsprachliches Wortgut aus Landwirtschaft und Handwerk. Neben die Kundfahrten und die Spontanbelege trat als dritte Quelle die Exzerpierung von Schrifttum, was für die sprachgeschichtliche Fundierung der Wörterbuchartikel von entscheidender Wichtigkeit war. Seit Schmeller 1829 eine Stelle an der Kgl. Hof- und Staatsbibliothek erhalten hatte, war ihm der Zugang zu den dort verwahrten historischen Sprachdenkmälern, vor allem zu den wertvollen Handschriften, wesentlich erleichtert. Insgesamt umspannt das in sein Wörterbuch eingegangene Sprachgut einen Zeitraum von über einem Jahrtausend. Es ist also, wie es auf dem Titelblatt der Erstausgabe heißt, tatsächlich eine

„Sammlung von Wörtern und Ausdrücken, die in den lebenden Mundarten sowohl, als in der ältern und ältesten Provincial-Litteratur des Königreichs Bayern, besonders seiner ältern Lande, vorkommen, und in der heutigen allgemeindeutschen Schriftsprache entweder gar nicht, oder nicht in denselben Bedeutungen üblich sind, mit urkundlichen Belegen, nach den Stammsylben etymologisch-alphabetisch geordnet."

Diese von Schmeller angewandte Anordnungsmethode macht das Nachschlagen für den Laien problematisch, bis er sich an die Vorzüge dieser – für ein Dialektwörterbuch an sich genialen – Alphabetisierung gewöhnt hat. Vorrangiges Kriterium für die Reihenfolge der Stichwörter ist das Konsonantengerüst der Stammsilben, vorerst ohne Berücksichtigung der Vokale, die erst in zweiter Linie eine Rolle spielen. Das führt dazu, daß die Aufeinanderfolge der Wörter wesentlich von der in anderen Wörterbüchern, etwa im Duden, abweicht. Bei Schmeller steht z. B. *tueen* vor *tân* und *Tabak, Tobel* vor *tauchen,* gefolgt von *Tuech, Tächsen ... Tôd, ... Tâfel, ... Tuff, Tag, ... Tugend, Tâhen, Tâl, ... Täller, ... Tail, ... getân, Untertan, ... Toni, ... tuen, Tand, ... Topfen, ... tar, Tôr, ... Termin; Gumpen* steht vor *Gämß, gunnen* vor *Gander* usw. Diese Beispiele machen auch deutlich, warum der Benutzer oft vor den Kopf gestoßen wird durch die von der gewohnten Schreibform abweichende, historisch begründete (und damit „richtigere" Schreibung (z. B. *Täller, Tail* = „Teller, Teil") – und am Nachschlagen verzweifelt. Daher empfiehlt es sich, das vom Bearbeiter der 2. Auflage erstellte Register zu konsultieren, das dem Band II angefügt ist.

Noch heute gilt, was Otto Mausser vor 45 Jahren schrieb [48 c]:

„Die Fülle von volkskundlichem Material und die Wärme der Darstellung, dazu das stark Individuelle gewisser Artikel haben das Schmellersche Wörterbuch weltberühmt gemacht." Es ist ein Werk, „das nicht nur die Periode streng wissenschaftlicher Mundartlexikographie eröffnete und in gewissem Sinne heute noch richtungsweisend sein kann; . . . ein Werk, das einmalig ist, das in seiner Gesamtheit nie veraltet, das man wissenschaftlich immer benutzen muß, auch wenn die großen neuen Dialektwörterbücher vorliegen; . . . ein Buch, das man liest wie ein Hausbuch, wie eine Kulturgeschichte, ‚ein Meisterwerk', wie kein Geringerer als Jacob Grimm es nannte".

3. *Ein neues Bayerisches Wörterbuch im Entstehen*

1910/11 faßten die Bayerische und die Österreichische Akademie der Wissenschaften den Plan zu einem ehrgeizigen Gemeinschaftsunternehmen, einem neuen, umfassenden Wörterbuch des Gesamtbairischen. Dazu sollte der bairische Dialekt in Altbaiern (und in den angrenzenden Streifen von Schwaben, Ober- und Mittelfranken) und in Österreich sowie in Teilen Böhmens, Mährens, der Slowakei, Ungarns, Jugoslawiens, Italiens und der Schweiz (Inselmundarten) lexikographisch erfaßt werden, um dann, angereichert mit historischen und literarischen Belegen aus 12 Jahrhunderten – von den althochdeutschen Sprachdenkmälern bis herauf zum Schrifttum der Gegenwart – in einem gemeinsamen Werk veröffentlicht zu werden. Das war ein großartiges Konzept für ein gewaltiges wissenschaftliches Unterfangen. Die politischen Veränderungen dieses Jahrhunderts trugen das ihre dazu bei, daß der große Plan nicht wie vorgesehen Wirklichkeit wurde. 1961 entschloß man sich zur Trennung der beiden Kommissionen und teilte das Material nach Maßgabe der Landesgrenze auf. Kurz darauf fingen die Wiener an zu veröffentlichen: Seit 1963 erscheint als Teil I das „*Österreichische Wörterbuch*" in Lieferungen [49]. Die 1. Lieferung des Teils II, „Bayern", ist seit langem angekündigt und dürfte in Bälde erscheinen.

Wie ist das heute in Wien und München archivierte Material zusammengetragen worden; wie wird es heute noch vermehrt und ergänzt? Es begann mit systematischen Fragebogen, die an relativ wenigen Orten Material erhoben (1913–1931). Diesem ersten Ansatz folgten in den Jahren bis 1942 dann fast 300 mundartgeographische Fragebogen, deren Auswertung u.a. zu zahlreichen laut- und wortgeographischen Kartenskizzen führte. In den Jahren nach dem Zweiten Weltkrieg legte man in der Münchner Wörterbuchkanzlei das Hauptgewicht auf die Auswertung von historischen Quellen – Urkunden, Traditionen, Inventaren u. ä. – und bairischer Literatur. Zu den mittlerweile exzerpierten Werken (insgesamt etwa 1000) gehören selbstverständlich die Bücher von Ludwig Thoma, Georg Queri, Lena Christ und Oskar Maria Graf, um nur einige zu nennen. In dem Bestreben, die bei der Konzeption der ersten Probeartikel für das Wörterbuch sichtbar werdenden Lükken zu füllen oder auch, um zu erkunden, welche im Material nur fragwürdig belegten Wörter, Lautformen und Redensarten heute noch im Gebrauch sind, versendet die Kommission für Mundartforschung seit 1958 Fragebogen an etwa 500 freiwillige Mitarbeiter im Einzugsgebiet des Wörterbuchs. Diese sogenannten „Wörterlisten" (bisher über 100) stellen gezielte Fragen zu Lautung, Bedeutung oder Verwendung bestimmter Wörter. Während der sieben Jahrzehnte seit Bestehen der Institution „Bayerisches Wörterbuch" werden den Zettelkästen auch die Ergebnisse von Kundfahrten der Mitarbeiter sowie freigesammelte Belege aus der lebendigen Mundart einverleibt, in geringerem Umfang auch aus Dissertationen und anderen wissenschaftlichen Arbeiten. Die Münchner Arbeitsstelle verfügt gegenwärtig über etwa 5 Millionen Einzelbelege.

Ein so groß angelegtes Wörterbuch kann und wird niemals vollständig und restlos erschöpfend sein, da die lebendige Sprachwirklichkeit die institutionalisierte Gründlichkeit in immer größeren Schritten überholt. Auch Bayern möchte – in Anbetracht der vielen bereits vorliegenden oder im Erscheinen begriffenen anderen deutschen Dialektwörterbücher – in diesem Jahrhundert wenigstens noch ein paar Bände seines Wörterbuchs erleben! – Vorläufig kann und muß man sich mit den Nachschlagewerken behelfen, die das Gebiet südlich und westlich von Bayern abdecken: *J. Schatz: Wörterbuch der Tiroler Mundarten* (2 Bände, Innsbruck 1955/56); *H. Fischer: Schwäbisches Wörterbuch* (fortgeführt von *W. Pfleiderer*, 6 Bände, Tübingen 1906–1936).

4. Grammatiken und Werke zur Dialektgeographie

Auf dem Gebiet der Grammatik war es ebenfalls *Schmeller*, der fürs Bairische den Anfang setzte, und zwar mit seinem Werk *„Die Mundarten Bayerns grammatisch dargestellt"* (1821, [57]). Es folgten die „*Bairische Grammatik*" von *K. Weinhold* (1867, [58]) und die „*Altbairische Grammatik*" von *J. Schatz* (1907, [55]). In unserem Jahrhundert sind zahlreiche Ortsgrammatiken geschrieben worden, welche die Lautlehre der Mundart eines bestimmten Ortes oder eines eng begrenzten Landstrichs darstellen. Frühe Werke dieser Art sind etwa „*Die Mundart von Imst in Tirol*" von *A. Pfalz* (1897) und die „*Grammatik der Nürnberger Mundart*" von *A. Gebhardt* (1907). In jüngerer Zeit fand die „*Strukturelle Grammatik der Münchner Stadtmundart*" von *H. L. Kufner* (1961, [72]) Beachtung. Viel größeren Anklang findet verständlicherweise die im Ton volkstümlich gehaltene „*Bairische Grammatik*" von *Ludwig Merkle* (1975, [54]). Weist das Buch auch im Detail manche Unzulänglichkeiten auf, so ist es doch das große Verdienst des Verfassers, seit 1867 zum erstenmal wieder eine Formenlehre des gesprochenen Bairisch geschaffen zu haben, die er mit geschickt gewählten und oft auch sehr amüsanten Beispielen aus der – allerdings nur städtischen – Sprachwirklichkeit würzt. Merkle macht sich die unbestreitbare Nivellierung der Mundarten zunutze, verallgemeinert und vergröbert die Verringerung der binnenstrukturellen Unterschiede und nennt den Gegenstand seiner Grammatik ein „allgemeines Bairisch", das etwa dem entspricht, „was man in München und Umgebung redet". Das „andere Bairisch", vor allem das Nordbairische der Oberpfalz, harrt nach wie vor der exakten und umfassenden Beschreibung. (Vgl. dazu [2, 62, 63, 67, 82].)

Will man sich darüber informieren, welche Laut- oder Wortformen in einer bestimmten Gegend heimisch sind, wird man einen der beiden großen Atlanten zu Rate ziehen: den „*Deutschen Sprachatlas*" [39] oder den „*Deutschen Wortatlas*" [40]. Für viele deutsche Landschaften gibt es inzwischen Dialektatlanten, allen voran den hervorragenden „Sprachatlas der deutschen Schweiz" (seit 1962 erscheinend), ferner einen Tiroler, einen luxemburgischen, siebenbürgischen, elsässischen, schlesischen, südwestdeutschen und einen Vorarlberger Sprachatlas (die beiden letztgenannten sind im Entstehen) – aber bis heute keinen bairischen!

Bedauerlicherweise erblickte der „Dialektatlas für Altbayern" von *Bruno Schweizer* nie das Licht der Öffentlichkeit. Aus über 1000 Orten in Altbaiern und den angrenzenden Gebieten hatte der Forscher in 250 Kundfahrtheften nicht nur dialektale Laut- und Wortformen, sondern auch eine Fülle von volkskundlichem und kulturgeschichtlichem Material zusammengetragen, insgesamt an die 2 Millionen Belege, die er in Form von Wortkarten zu veröffentlichen gedachte. Widrige Umstände haben es vereitelt (1935; 1957). 140 Karten liegen fertig gezeichnet vor; sie ruhen – wie auch der übrige umfangreiche Nachlaß Schweizers – ungenutzt im Archiv des Instituts „Deutscher Sprachatlas“ in Marburg.

Eberhard Kranzmayer, der unvergessene Meister der österreichischen Dialektforschung (1897–1975, gebürtiger Kärntner, Professor in Wien), hat 1500 Kartenskizzen für einen nie veröffentlichten Dialektatlas von Österreich und Bayern entworfen, für die er die Ergebnisse der systematischen Erhebungen zum Bayerischen Wörterbuch (1927–1942) heranzog; sie liegen in den Archiven der Wörterbuchkommissionen in Wien und München – inzwischen historisch gewordenes Material! Gottlob hat Kranzmayer die Quintessenz daraus zusammenfassend dargestellt in seiner *„Historischen Lautgeographie des gesamtbairischen Dialektraumes“* (1956, [20]). Dieses Buch (mit Karten) ist unverzichtbar bei jeglicher weiterführenden Arbeit zur Dialektgeographie im Bairisch-Österreichischen.

Für einen Teilbereich gibt es ein sehr verdienstvolles Werk: den *„Nordbairischen Sprachatlas“* (1971, [44]) von *Adolf Gütter,* den er als Privatmann, ohne finanzielle und institutionelle Hilfe, erarbeitete.

Die letzten Jahre haben leichter zugängliche und handlichere Kartenwerke auf den Markt gebracht, in denen man sich wesentliche Informationen über die deutsche Sprachgeographie holen kann, so etwa im *„Wortatlas der deutschen Umgangssprachen“* (1977/78, [43]) von *J. Eichhoff* und im *„dtv-Atlas zur deutschen Sprache“* von *W. König,* einem Taschenbuch von unglaublicher Reichhaltigkeit, das die Früchte von anderthalb Jahrhunderten Germanistik in komprimierter Form bietet ([1]1978, [18]). Nützlich und informativ ist auch die Wortgeographie von *R. A. Wolff: „Wie sagt man in Bayern?“* (1980, [47]).

Zwar existieren viele Arbeiten über den Dialekt eines Ortes oder einer Gegend – sei es unter lexikographischem, lautgeographischem oder strukturalistischem Blickwinkel –, aber leider klaffen immer noch große Lücken, so daß sich die Einzelteile noch bei weitem nicht zu einem einigermaßen kompletten Mosaik der bairischen Dialektlandschaft vereinigen lassen.

5. Neuere dialektologische Ansätze

Seit einem Jahrhundert gibt es die technische Möglichkeit, Schall auf Tonträgern zu dokumentieren. Die große Begeisterung über die Erfindung des Phonographen (Edison 1878) – daß man nun auch Hörbares direkt konservieren, archivieren und der Nachwelt überliefern konnte – führte zur Gründung von Phonogramm-Archiven: 1899 in Wien, 1909 in Zürich. Von 1920 datiert die Berliner „Laut-Bibliothek", die mit Schallplatten und dazugehörigen Textheften eine Auswahl von insgesamt 1650 Proben deutscher Dialekte zugänglich machte.

Ab 1954 setzte *E. Zwirner* seine Idee eines *„Deutschen Spracharchivs"* in die Tat um. Nach einem Netz von Planquadraten mit 15 km Seitenlänge wurden die Aufnahmeorte festgelegt, an denen je drei Einheimische und ein Zugezogener in freier Rede ungefähr 15 Minuten lang aufgenommen wurden. Der gewaltige Fundus von annähernd 10 000 Aufnahmen (auch Vertriebenendialekte) harrt aber noch zum größten Teil der Transkription und Auswertung. Vor allem trifft dies für die Aufnahmen aus Bayern zu: Nur einige wenige sind bisher veröffentlicht, z. B. [82, 83].

Am Schluß dieses Überblicks über die bisher geleistete wissenschaftliche Erfassung des Bairischen bleibt die Erkenntnis nicht erspart, daß das Bairische im Hinblick auf die Errungenschaften und Ansätze der jüngeren Zeit einigermaßen beschämt dasteht im Vergleich mit den in Österreich, in der Schweiz, in Südwestdeutschland und Hessen geleisteten Arbeiten. Lag der glanzvolle Beginn der Mundartforschung in Bayern, so ist unser Land jetzt in Gefahr, das Schlußlicht zu werden, was die wissenschaftliche Erfassung des zeitgenössischen Dialekts anbelangt. Die meisten der heute vorliegenden „Bavarica" sind Unterhaltungsliteratur, Zugeständnisse an einen modischen Trend, Fremdenverkehrsartikel. Und viele der ernstgemeinten Ansätze zu einer Behandlung des Bairischen sind nur eine Fortsetzung der langen Reihe der biederen „Provinzialismen-Sammlungen" früherer Jahrhunderte, die methodisch längst überholt sind.

Halten wir abschließend fest, was es für das Bairische in Bayern alles *nicht* gibt:

- Es gibt noch kein neues bayerisch/bairisches Wörterbuch,
- keinen das ganze Dialektgebiet umfassenden Sprachatlas,

– kein bairisches Spracharchiv, wie es etwa in Wien oder Zürich existiert,

– an keiner bayerischen Universität einen Lehrstuhl für bairische Sprache und Literatur (erster Versuch: München 1984),

– keine zentrale Sammelstelle für bairische Sprache und Literatur.

– Es gibt immer noch sehr wenige einheimische Bayern, die sich wissenschaftlich mit dem eigenen Dialekt befassen. (Viele der in den letzten Jahrzehnten veröffentlichten Arbeiten stammen von Nichtbayern, häufig von Nicht-Deutschen.)

6. *Kulturelle Aktivitäten – Pflege des Bairischen*

Es sind aber auch positive Ansätze zur Erforschung und Pflege des Bairischen zu verzeichnen:

Da ist einmal die von der Universität München durchgeführte *Untersuchung zu Verbreitung, Funktion und Auswirkungen des Dialektgebrauchs in Bayern,* deren Ergebnisse teilweise in den Dritten Teil (I. und II.) dieses Buches eingegangen sind. Dieses Projekt ist in vielen methodisch-technischen Punkten zumindest für die Bundesrepublik neuartig.

1979 wurde die *Johann-Andreas-Schmeller-Gesellschaft e. V.* (mit Sitz in Tirschenreuth) gegründet. Sie stellt sich die Aufgabe, die dialektologische und literarische Hinterlassenschaft Schmellers zu erforschen, sein Werk einer breiten Öffentlichkeit bekanntzumachen, sowie Mundartforschung und Mundartpflege zu fördern. Die Gesellschaft veranstaltet Lesungen und Vorträge über Schmeller, Mundartforschung und verwandte Gebiete, mit Vorzug in den Städten Nordbayerns.

Seit 1980 finden in dreijährigem Turnus *Tagungen zur bayerisch-österreichischen Dialektologie* statt, wo sich Fachwissenschaftler und Mundartfreunde zu einem Gedankenaustausch treffen und über neue Erkenntnisse und Projekte diskutieren (1980 Bayreuth, 1983 Wien, 1986 Würzburg).

An den bayerischen *Universitäten* finden regelmäßig Lehrveranstaltungen zu Dialekt und Literatur in Bayern statt.

Das „Literaturarchiv Sulzbach-Rosenberg“ hat eine eigene Abteilung für die *Dokumentation der Mundarten Bayerns und des Egerlandes* eingerichtet, in welcher alle einschlägigen Dialektaufnahmen des Deutschen Spracharchivs (siehe oben) zur Verfügung stehen.

Der Verein der *Mundartfreunde Bayerns* (Starnberg) verwaltet die von ihm ins Leben gerufene *Bayerische Dokumentationsstelle für Mundart,* die auf freiwillige Überlassung von Belegexemplaren durch Autoren und Verlage angewiesen ist und deshalb kaum auch nur annähernde Vollständigkeit erreichen wird.

In ähnlicher Weise wie die „Mundartfreunde" ist auch der *Bayernbund e. V.* (München; Bezirksverband Altbayern in Regensburg) um die Pflege und Förderung der Dialekte bemüht (Monatsschrift „Weiß-Blaue Rundschau").

Die Brauchtumspflege und damit auch Belange des Dialekts fallen in den Aufgabenbereich der *Heimatpfleger.* Von den Bezirksheimatpflegern von Ober- und Niederbayern und der Oberpfalz werden die zahlreichen Laienspielgruppen betreut, Lesungen mit Mundartautoren veranstaltet und Seminare für Lehrer und andere Interessenten organisiert. Anregungen zur Sammlung von Sagen und Bräuchen, von Schnaderhüpfln, Liedern, Kinderreimen und anderer volkstümlicher Literatur gehen von den Heimatpflegern aus. Die Bezirks-, Kreis- und Ortsheimatpfleger sind teilweise selbst sehr rege auf diesem Gebiet. An Ergebnissen seien – stellvertretend für zahlreiche weitere – genannt: die ausgezeichneten Sagensammlungen von *Emmi Böck* (Hallertau, Regensburg, Ingolstadt, Niederbayern) und der Band mit Kinderreimen („Reserl mit'n Beserl") von *Wolfgang Johannes Bekh.*

Der *Bairische Mundarttag,* initiiert von Franz Kuchler, findet alle zwei Jahre in Deggendorf statt (1984 zum 8. Mal). Er dient in erster Linie der Begegnung von Mundartdichtern aus Altbayern und Österreich und umfaßt neben Referaten diverse Veranstaltungen in Schulen, Wirts-, Bauern- und Bürgerhäusern. In Deggendorf gibt es auch den *Niederbayerischen Mundartkreis.*

In diesem Zusammenhang verdient auch die Rolle des *Bayerischen Rundfunks* Erwähnung, der zum entscheidenden Mäzen und Vermittler für die zeitgenössischen Dialektautoren geworden ist. Eine einzige Lesung im Funk erreicht hundert- oder tausendmal soviel Hörer, wie der Autor in seinem ganzen Leben mit Vorträgen vor Publikum und seiner gesamten Buchauflage erreichen kann. Außerdem ist der Rundfunk das einzige Medium, das dem Dialektautor angemessene Honorare zahlt: Für eine viertelstündige Lesung im Funk kann der Autor mit 500 DM und mehr rechnen – allerdings nicht im Regionalprogramm, sondern nur in den besser zahlenden Unterhaltungs- und Kulturabteilungen ([117], S. 273 ff.). Im Bayerischen Rundfunk ist für Dialektliteratur Platz in den regelmäßigen Sendungen „Sonntagsbeilage", „Bairisch Herz" und „Bairische Musi und bairische Poeten". Die Regionalprogramme (München/Oberbayern und Ostbayern) sind bestrebt, volksnah zu sein; Interviewer und Moderatoren sprechen daher oft bairisch.

(Zu anderen Sendungen in Rundfunk und Fernsehen siehe auch S. 186 ff.)

Seit ihrem Bestehen (1911) erfüllt die *Kommission für Mundartforschung* bei der Bayerischen Akademie der Wissenschaften in München auch die Aufgabe einer Auskunftsstelle in Fragen der Mundart, wenngleich sie ihre vordringlichste Aufgabe in der Erarbeitung eines Wörterbuchs der bairischen Mundarten in Bayern sieht (siehe oben).

Die Erfassung und – soweit möglich – Erhaltung mundartlicher geographischer Bezeichnungen ist Anliegen der *Kommission für Orts- und Flurnamenforschung,* ebenfalls bei der Bayerischen Akademie der Wissenschaften.

Sprachatlanten über Teilgebiete des Bairischen sind in Vorbereitung an den Universitäten Augsburg und Bayreuth.

Nicht unerwähnt bleiben darf hier die Zeitschrift *„Schmankerl"* [141], 1969 von *Friedl Brehm* gegründet, der sie bis zu seinem Tode (1983) herausgab. Dieser Idealist hat sich, längst bevor es die neue Mundartwelle gab, allen wirtschaftlichen Widrigkeiten zum Trotz für Mundart und Mundartliteratur eingesetzt und vielen jungen Dialektautoren eine erste Möglichkeit geboten, an die Öffentlichkeit zu treten.

Vierter Teil

Bairische Literatur vom 17. Jahrhundert bis zur Gegenwart

I. Zum Begriff „Dialektliteratur“

Im Laufe des 17. Jahrhunderts begann sich in Deutschland der Begriff Literatursprache zu wandeln, und nach dem Ende des 18. Jahrhunderts, als die deutsche Standardsprache ihre literarische Blüte in der Weimarer Klassik erreichte, stellten der Dialekt in der Literatur sowie die Literatur im Dialekt einen Sonderfall dar.

1. Schriftsprache und Dialekt – unterschiedliche Funktion

Das neue Selbstverständnis des Bairischen als Literatursprache im Gegensatz zur Standardsprache brachte eine Reihe von Problemen mit sich. Maßstäbe literarischer Qualität werden nun von der Standardsprache her, also von einem Schrifttum bestimmt, das auf anderen Voraussetzungen beruht als das mundartliche. Die überregionale Standardsprache, die man nicht zu unrecht „Schriftsprache“ nennt, dient der schriftlichen Kommunikation in allen Bereichen des Lebens: Handelsverkehr, Nachrichtenwesen, Gesetzgebung, Wissenschaft, Religion sowie Dichtung und Literatur.

Sie entwickelte sich dementsprechend als „Apparat“, der gemäß seinem Medium, dem geschriebenen oder gedruckten Wort, und seiner Aufgabe, der eindeutigen Mitteilung von oft sehr komplexen Informationen, funktioniert. Die Schriftsprache bedient sich einer komplexen Satzlehre, die verwickelten Sachverhalten ökonomisch und präzise Ausdruck verleihen kann, und eines Wortschatzes, der Bedeutungsschattierungen und -nuancen für viele verschiedenartige Lebensbereiche zum Ausdruck bringt. Daher die oft zitierte Charakterisierung der Hoch-/Schrift-/Standardsprache als kompliziert im Satzbau und ausgebaut im Wortschatz, besonders was den abstrakten Bereich betrifft.

Anders die vorwiegend gesprochene Sprache, der Dialekt. Im Gespräch kann man es sich erlauben, nicht so präzise zu sein. Man kann verdeutlichen, indem man etwas wiederholt oder mit Körpersprache (Gestik) und Andeutungen den Gesprächskontext klärt. Die Gesprächssituation kann in den Sprachaustausch einbezogen werden; durch Rückkoppelungsmechanismen (bejahende oder verneinende Reaktionen des Partners) können mitten im Dialog Kurskorrekturen vorgenommen werden. Einfache Konstruktionen werden vorgezogen, weil kurze Sätze die Aufmerksamkeit des Sprechers und des Hörers weniger anstrengen als lange; das Sprechtempo kann nach Belieben und Bedarf variiert werden. Das sind Eigenschaften, mit denen der Dialekt als gesprochene Sprache gewöhnlich operiert, Merkmale, die seine Entwicklung mitbestimmt haben.

2. Dialektliteratur – ein paradoxer Begriff

Was sind die Folgen für die bairische Literatur? Der Terminus „Mundart-Literatur" deutet bereits ein Problem an, den Widerspruch zwischen „Mundart" – als gesprochener Sprache – und „Literatur" – als geschriebener Sprache. Freilich gibt es auch mündlich tradierte Literatur, aber außer den ursprünglichen Schnaderhüpfln kennt die bairische Dialektliteratur kaum Beispiele.

Für den Mundartautor liegt hier eine gefährliche Versuchung: schriftsprachlich zu denken und zu formulieren und dann das Produkt mit einer bairischen „Glasur" zu versehen. Dabei wird der Mundart häufig eine Leistung abverlangt, die ihr wesensfremd ist. Wenn sie zum Beispiel im alltäglichen Gebrauch abstrakte Vorstellungen durch konkrete Bilder darstellt, so muß sie das auch in der Dichtung so machen, und nicht etwa, indem sie lexikalische Fremdkörper mundartlich maskiert. Prinzipiell ist der künstlerische Umgang mit dem Dialekt nicht anders als der mit der Schriftsprache: Die schöpferischen Impulse müssen aus der jeweiligen Sprachschicht selbst kommen und dürfen nicht von außen aufoktroyiert sein.

Gleichzeitig liegt in dem Paradox „Mundart-Literatur" eine produktive Spannung. Die Ansprüche, die an den Dialekt als gesprochene Alltagssprache gestellt werden, mögen den literarischen Ansprüchen an eine Dichtung diametral entgegengesetzt sein. Aber gerade durch das schöpferische Manipulieren mit dem Dialekt in diesem Spannungsfeld erzeugt der Dichter Texte, die als gelungen gelten dürfen.

Ein Text, der konsequent in einer mehr oder weniger genau

lokalisierbaren Sprache verfaßt ist – sei es engräumig begrenzter Ortsdialekt oder regionale Umgangssprache –, qualifiziert sich als Dialekttext.

3. *Dialektliteratur – immer oppositionell*

Der Dichter, der in diesem Sinne einen Dialekttext schreibt, tut das in dem vollen Bewußtsein, gegen eine Norm zu verstoßen, die seit dem 17./18. Jahrhundert für geschriebene Texte gültig ist: die überregionale Standardsprache. Er fällt also die Entscheidung, sich nicht konventionell zu verhalten. Seine Gründe dafür mögen naiv sein, er kann aber auch schärfste Kulturkritik beabsichtigen. Es ginge sicher zu weit zu behaupten, Mundartliteratur sei von Haus aus aufrührerisch; aber die der Norm entgegengesetzte Haltung, die der Dialektliteratur eigen ist, schließt ein, daß sie als im weiteren Sinne „oppositionell" zu gelten hat. Dies gilt für ein Lobgedicht auf das heimatliche Dorf, das den Gegensatz zum Trubel der Welt darstellt, genauso wie für ein Protestgedicht, das zur politischen Agitation gegen soziale Ungerechtigkeit eingesetzt wird. Wer einfach in seiner eigenen Muttersprache ein harmonisches Heimatbild malen möchte, setzt sich und seine Adressaten durch die Sprache des Dialekttextes von der Großgemeinschaft aller Deutschsprachigen ab. Die latente Opposition der Mundart gegenüber der Standardsprache wird gelegentlich für sozialkritische Zwecke aggressiv ausgenutzt, so in der jüngeren bairischen Literatur etwa von Benno Höllteuffel oder Harald Grill.

4. *Kriterien*

Bei der Diskussion über bairische Literatur sind demnach folgende Gesichtspunkte zu berücksichtigen:

1. Bairische Literatur als bewußt von der standardsprachlichen Literatur unterschiedene gibt es erst seit ungefähr 250 Jahren.

2. Die Anforderungen an geschriebene und gesprochene Sprache sind unterschiedlich, und die Einschätzung und Beurteilung von Literatur im Dialekt muß dem Rechnung tragen.

3. Dialektliteratur ist sämtliches Schrifttum, das sich konsequent einer regional lokalisierbaren Sprache bedient.

4. Mundartschrifttum bedeutet Opposition (wie oben skizziert).

In der Übersicht über die bairische Literatur soll nur dasjenige Schrifttum vorgestellt werden, das in der Sprache einer der Regionen Altbayerns geschrieben ist, also im Dialekt von Ober- und Niederbayern oder der Oberpfalz. Ausgeschlossen bleiben damit einerseits die dialektschreibenden Franken und Schwaben, andererseits alle Altbayern, deren Werke auf hochdeutsch verfaßt sind, z. B. *Richard Billinger, Georg Britting, Hans Carossa, Ludwig Ganghofer, Josef Hofmiller, Annette Kolb, Heinrich Lautensack* oder *Mechthilde Lichnowsky*.

II. Das 17. Jahrhundert: Barock

1. Jesuitenliteratur: Drama, Traktat, Kirchenlied

Im Barock lag die Entwicklung der Literatur fast ausschließlich in den Händen der Geistlichen. Die Jesuiten, die Herzog Albrecht V. nach Ingolstadt und München berief, trugen besonders viel zur Förderung des Bairischen als Literatursprache bei. Zu den beliebtesten Mitteln, ihre Ziele – Belehrung, seelische Erschütterung und Festigung des Glaubens – zu erreichen, gehörte das Drama. Allerdings waren diese Dramen in lateinischer Sprache verfaßt. Nur eines davon wurde übersetzt. *Joachim Meichel* übertrug das wirksamste von allen Jesuitendramen, den „*Cenodoxus*" von *Jacob Bidermann* (1578–1639), in einen bairisch gefärbten Knittelvers. Die Dramatisierung der Legende des Heiligen Bruno, der, als erschütterter Zeuge der ewigen Verdammnis eines Pariser Doktors, beschloß, den Karthäuserorden zu gründen, wurde damit auch für ein deutschsprachiges Publikum zugänglich gemacht.

Bidermanns Zeitgenosse und Nachfolger als Leiter des Jesuitengymnasiums in München, *Jeremias Drexel* (1581–1638), übte ebenfalls Einfluß auf das literarische Leben Bayerns im 17. Jahrhundert aus. Seine Traktate, gleichfalls von Meichel ins Deutsche übertragen, griffen nicht nur religiöse Themen auf, sondern nahmen gegen die Lehren des Absolutismus und deren Gefahren Stellung. Sie wurden bis ins 18. Jahrhundert als Predigtvorlagen verwendet und verbreitet. Einer fruchtbaren Verbindung von klassischer Rhetorik und volkstümlichen Bildern verdankte es Drexel, über Bayerns Grenzen hinaus geschätzt zu werden.

Nicht mit Dramen, Traktaten oder Predigten machte sich der Pfarrer an der Münchner Peterskirche, *Johannes Khuen* (1606 bis 1675), einen Namen, sondern mit Liedern, die in ihrem naiven, volksliedhaften Ton dem Geschmack seiner Gemeinde entsprachen. Als Achim von Arnim und Clemens Brentano Anfang des 19. Jahrhunderts ihre Liedsammlung „Des Knaben Wunderhorn" zusammenstellten, bearbeiteten sie zwei Lieder Khuens.

2. *Passionsspiele*

Neben den theatralischen Unternehmen der Jesuitenschulen, die dem Doppelzweck der Untermauerung des religiösen Glaubens und der Förderung des Lateinunterrichts dienten, steht die aus den Karfreitagsprozessionen gewachsene szenische Darstellung des Leidens Christi, die sich im 16. Jahrhundert zum Passionsspiel entwikkelte. Als wichtiges Beispiel dafür gilt das Weilheimer Passionsspiel, dessen Text *Johann Älbl* um 1600 nach einer Vorlage aus Zürich aus dem Jahr 1540 neu bearbeitete. Stadtpfarrer Älbls Text wurde teilweise in die älteste Handschrift des Oberammergauer Spiels von 1662 übernommen. Man will für das Oberammergauer Spiel drei Textschichten erkennen: die älteste geht auf Auszüge eines spätmittelalterlichen Spiels von St. Ulrich und Afra in Augsburg zurück, die zweite auf eine im Geist der Reformation 1556 von dem Augsburger Sebastian Wild durchgeführte Revision, während die dritte im 17. Jahrhundert durch den Schulmeister Georg Kaiser zustandekam. 1750 arbeitete Pater *Ferdinand Rosner* (1709–1778) den Text noch einmal um *(„Passio Nova")*. Diese Version ist sehr einheitlich und ausgeglichen und kommt deutlich über die einfache Naivität der Prozessionsspiele hinaus. Rosner vermochte auch die Wort- und Klangspielereien, die der Barock so liebte, zu vermeiden, wenn er auch allegorische Figuren aus der barocken Tradition übernahm. Den Erfolg von Rosners Fassung bestätigt die Anzahl der Abschriften, die für Passionsspiele in Dachau, Tölz, Kiefersfelden und anderswo gemacht wurden. Als die Aufklärung Ende des 18. Jahrhunderts ihren Feldzug gegen die Passionsspiele begann, setzten sich die etwa 150 betroffenen Spielorte zur Wehr. Trotzdem verschwanden viele Aufführungen für immer. Das Oberammergauer Spiel fiel dank seiner theatralischen Stärke und Bekanntheit nur einmal aus (1770). Im 19. Jahrhundert ersetzte Pfarrer Daisenbergers Text die Rosnersche Version, aber die Suche nach einem in der heutigen Zeit akzeptablen Text dauert noch an.

III. Das 18. Jahrhundert: Aufklärung

Die Attacken der Aufklärung auf die Passionsspiele richteten sich hauptsächlich dagegen, daß die großen religiösen Geheimnisse auf der Schaubühne dargeboten wurden. Sie gingen zunächst von den Ordinariaten Regensburg, Passau und Salzburg aus und wurden danach von der weltlichen Herrschaft weitergeführt.

1. Satire

Auch der Münchner Geistliche *Anton von Bucher* (1745–1817) zog gegen solche unangemessene Repräsentation des Göttlichen ins Feld. Als Gymnasialdirektor war Bucher Befürworter der öffentlichen Schulen und bekämpfte den Privatunterricht, was für ihn zur Folge hatte, daß seine zahlreichen Gegner seine Entlassung aus dem Schuldienst durchsetzen konnten. Darauf erhielt er die Pfarrei Engelbrechtsmünster bei Ingolstadt, wo die meisten seiner literarischen Schriften entstanden. Der Mißbrauch der Religion gehört zu seinen Lieblingsthemen, und aus der Perspektive der bairischen Literaturgeschichte sind seine Satiren von größtem Interesse. Seiner Ansicht nach ist „die Sprache des Pöbels eben die rechte Sprache . . ., die Fehler des Pöbels aufs sinnlichste vorzustellen". Darunter versteht er die Ausdrucksweise der Ungebildeten und nicht Aufgeklärten im weitesten Sinne. Seine Lust, mit dieser Sprache frei umzugehen, verleiht seinen Texten Frische und Kraft. In Nadlers Literaturgeschichte [126] werden Buchers Dichtungen als Kunstwerke gerühmt, die „mit ihrem reichen Schatze mundartlicher Worte und Satzfugen, in ihrem ganzen Tun und Wesen Prachtstücke des baierischen Schrifttums von großem geschichtlichen Werte" sind. In seinem „Geistlichen Vorspiel zur Passionaction" (1782) beobachtet der Herrgott als Biedermann die Welt durch das Fernglas und bewundert seine Schöpfung: „Was ich gemacht, gemacht so gut, / Daß mir's wohl niemand nachi tut."

2. *Lyrik*

Den Anfang einer bairischen Dialektdichtung, die sich bewußt gegen eine hochsprachliche schriftstellerische Norm stellt, kann man in den Versen des Oberpfälzers *Marcellin Sturm* (1760–1812) sehen. Er ist ein von der Aufklärung geprägter Geistlicher; seine Mundarttexte dienen nicht mehr der religiös-geistlichen Erbauung. Geboren in Rötz in der Oberpfalz als Nikolaus Sturm, besuchte er nach der Schule in Amberg die Ingolstädter Universität. Nach wechselvollem Leben trat er in das Münchner Augustinerkloster ein und kam schließlich als Vikar nach Hiltersried/Opf. Seine Gedichte, von denen kaum eines weniger als hundert Zeilen umfaßt, erschienen 1819, also sieben Jahre nach seinem Tod, als „Lieder, zum Theil in baierischer Mundart. In Musik gesetzt nach den eigenen Melodien des Verfassers von dem kgl. Advokaten Giehrl in Neunburg vorm Walde." Seine witzigen und ausgelassenen Verse, die zum Teil als Gotteslästerung kritisiert wurden, schrieb Sturm vermutlich während seiner Studienzeit, als er bestrebt war, durch Auftreten bei geselligen Abenden sein Studium zu finanzieren. Die derbe Kraft der Mundart setzt er ungeniert ein, wenn er etwa die Hölle beschreibt. Diese ist keine todernste, bedrohliche, barocke Hölle, sondern eine in leichtfüßigen, oberpfälzischen Daktylen geschilderte Hölle, an deren Beschreibung der Dichter seinen Spaß hat:

> Kaum wirst du dei Nasn nei stecka
> ergreift dich schon Schauder und Schrecka:
> da kommt ein Haufen
> der Teufel gelaufen,
> empfangen dich schrecklich mit Brüllen
> net anders wia d'Jodln auf'n Zillen.
> Drauf führn s' di zum höllischen Richter
> in Lüftn – Bua, der schneid't erst Gsichter!
> da nutzt kein Liebkosen,
> er zittert dir d'Hosn,
> und alles Kuraschi fallt weg;
> wirst dastehn als wia's Kind vor'm Dreck.

IV. Das 19. Jahrhundert

1. Biedermeier: Verherrlichung des bäuerlichen Lebens

a) Verniedlichung und Sentimentalität

Ein ganz anderer Ton herrscht in den Versen des *Josef Anselm Pangkofer* aus Riedenburg (Altmühl) (1804–1854). Er stammte aus der oberen Gesellschaftsschicht und versuchte, sich in das Leben des Volkes einzufühlen. 1854 gründete er die Zeitschrift „Die Deutschen Mundarten" und gab sich Mühe, die Mundarten in ihrer grammatikalischen und lexikalischen Gestalt zu erfassen. So konnte er seinen eigenen Gedichten Erläuterungen beifügen, die aufs Althochdeutsche und Gotische zurückgreifen. Seine kleinmalenden, biedermeierlichen Verse stehen am Anfang einer Tradition von Schrifttum, das im Lauf des 19. Jahrhunderts das Bild des altbairischen Bauern verniedlichte und mit einer falschen Sentimentalität versah, was erst von Ludwig Thoma korrigiert wurde.

b) Kobell – Begründer der bairischen Dialektdichtung

Zur gleichen Zeit wie Pangkofer schrieb *Franz von Kobell* (1803 bis 1882). Dank seinem Talent und seiner Prominenz im geistigen und höfischen Leben Bayerns gilt er als Begründer der bairischen Dialektdichtung im modernen Sinn. Kobells Verdienst ist es, ohne leitende Vorbilder und trotz hoher Bildung und städtischer Erziehung eine lebendige, volksnahe Dichtung geschaffen zu haben. Es liegt nahe, Kobell als den Altmeister der bairischen Dichtung anzusehen. Das Talent eines Johann Peter Hebel besaß er zwar nicht, aber seine Bedeutung für die bairische Dialektdichtung blieb unübertroffen bis in die Zeit Ludwig Thomas.

Kobell war in München geboren, besuchte dort das Gymnasium, studierte in Landshut und zog 1826 mit der Universität in die Landeshauptstadt zurück. Er hatte drei Lieblingsbeschäftigungen: Mineralogie (dieses Fach vertrat er als Professor an der Münchner Universität), Jagd und Schreiben. Die Lebensfreude, die er aus dieser Existenz gewann, schimmert ungekünstelt und unmittelbar in seinen Werken durch. Von König Maximilian II. erhielt er den Auftrag, im bayerischen Oberland Volkslieder zu sammeln. 1860 erschien das „*Königsbüchl*", in das Kobell ein paar eigene Lieder eingeschmuggelt hatte. Die Politik spielt in seinem Schrifttum kaum eine Rolle, und wenn, dann nur, wenn er – als katholisch-konservativer Monarchist – Geschätztes bedroht sah. So mahnt er in seinem Gedicht „*Halt's enk zamm!*" das bayerische Volk in den unsicheren Tagen nach der Lola-Montez-Affäre zur Ruhe. Kobell scheint sich seiner Stärken vollkommen bewußt gewesen zu sein, denn er produzierte vorwiegend die kurzen, lustigen Verse und Schnaderhüpfln, die zu seinen besten Leistungen zählen. (Allein im Jahr 1845 verfaßte er an die 300.) Damit knüpft er an die mündliche Volkstradition der bairischen Literatur an, die das Schnaderhüpfl als Gattung bereits im 16. Jahrhundert kennt; gesammelt und aufgeschrieben wurden sie erst im 18. und 19. Jahrhundert. Neben dieser Kleinform schuf Kobell mit Witz und sicherer Pointierung lustige Versbilder aus dem Jagd- und Dorfleben, die das Gemüt direkt ansprechen. Gelegentlich wagte er sich auch an traurige Stoffe heran, wie in seinem Gedicht „*Die Sennderin*". Aber wenn ein einziges Werk Kobells einen sicheren Platz in der bairisch-literarischen Walhalla gewonnen hat, so ist es seine 1871 in den „Fliegenden Blättern" veröffentlichte „*G'schicht' von' Brandner-Kasper*". Diese völlig aus der bairischen Vorstellungswelt geschöpfte, meisterhaft ökonomisch erzählte Kurzgeschichte ist mindestens dreimal (von Eduard Stemplinger, Josef Maria Lutz und Kurt Wilhelm) für die Bühne umgearbeitet worden und hat Verfilmung sowie Rundfunk- und Fernsehübertragungen erlebt. Sie findet sich in fast jeder Anthologie, die den Anspruch erhebt, ein repräsentatives Bild der bairischen Literatur zu geben. Erwähnt sei auch Kobells Rolle als Begründer der pfälzischen Dialektdichtung, die er – als Dialektfremder – kreierte.

c) Pocci – „Kasperl Larifari"

Das literarische Leben in München um die Mitte des 19. Jahrhunderts ist geprägt durch die Rivalität zwischen den von König Max II. nach Bayern geholten „Nordlichtern" (u. a. Emanuel Geibel, Paul Heyse, Friedrich Bodenstedt) und den einheimischen Literaten und Künstlern, wie Kobell und seinem Freund, *Franz Graf von*

Pocci (1807–1876). Die Norddeutschen bildeten den Dichterkreis „Krokodil", dem auch die Bayern Melchior Meyr, Hermann Lingg und Karl August Heigel angehörten; die „Gesellschaft der Zwanglosen" formte sich um Kobell, Pocci und Karl Stieler. Als Künstler wurde Pocci mit einem gewissen Recht von Heyse als „Typ des vielseitig begabten altbayerischen Dilettanten" bezeichnet. Sein Talent investierte der Hofzeremonienmeister nach Belieben in Zeichnen, Komponieren und Erzählen. Märchen, Jägerlieder, Kinderlieder, Karikaturen, Satiren und Dramen bot er seinem Publikum. Es war seine Zusammenarbeit mit Josef Schmid, der 1858 mit dem Aufbau eines Marionettentheaters begann, die ihn zur Entwicklung seiner berühmtesten Figur, des *Kasperl Larifari,* anregte. Poccis eindeutig bairischer Kasperl ist „hilflos und frech, ‚impertinent' und aufsässig, gutmütig und lustig, pflichtvergessen und liederlich, unbekümmert und zuversichtlich, durstig natürlich und gefräßig, wie er es braucht". Kasperls natürliche Münchener Umgangssprache weicht einer affektierten, mit falsch verwendeten Fremdwörtern gespickten Sprechart, wenn er sich besonders „fein" ausdrükken will. Das Spiel mit Wörtern, Silben und Begriffen erinnert an Johann Nestroy, dessen Stücke Pocci kannte, und hat sich als Tradition fortgesetzt, unter anderem in den Szenen und Monologen Karl Valentins.

2. *Gründerzeit*

a) Nationale Gesinnung – einfaches Leben

Karl Stieler (1842–1885), nach Kobell der prominenteste bairische Dialektdichter des 19. Jahrhunderts, erkannte in diesem sein eigenes Vorbild und widmete ihm sogar ein Gedicht, *„Der Kobell"*, sowie anerkennende Bemerkungen in seinen Werken *„Weil's mi' freut"* und *„Kulturbilder aus Bayern"*. In München geboren, wuchs er in künstlerisch anregendem Milieu auf, das vom Beruf seines Vaters, des Hofmalers Josef Stieler, bestimmt war. Wie Pangkofer und Kobell war Stieler ein hochgebildeter Mann, der durch seine Dichtung das ländliche Alpenleben den Bürger- und Hofkreisen der Städte näherbrachte. Anders als Kobell betätigte sich Stieler auch direkt politisch, indem er bei Reichs- und Landtagswahlen Reden für die liberale Sache hielt. Auch seine Mundartgedichte kritisieren gelegentlich – freundlich aber bestimmt – die konservative Haltung der einfachen Leute. Vor allem in seiner Sammlung „*Weil's mi' freut*" (1876) schildert er satirisch das Wahlverhalten seiner Landsleute. Das Gedichtbändchen „*Um Sunnawend*" (1878) enthält Gedichte, in denen die mangelnde Aktivität der Abgeordneten angeprangert und die Wichtigkeit Preußens für Bayerns Zukunft betont wird. Trotz seiner Heimatgebundenheit läßt Stieler nie Zweifel an seiner deutschen Vaterlandsliebe.

Stielers erster Mundartband mit dem Titel „*Bergbleamln*" (1865) stand stark unter dem Einfluß Kobells und blieb bei seinem Erscheinen fast völlig unbeachtet. Stieler zeigt darin das Typische im Leben des einfachen, natürlichen Menschen, der naiv, tief empfindend und schlagfertig sich durchzusetzen versteht. Der freiwillige und unfreiwillige Humor im bäuerlichen Leben des Voralpenlandes, die ursprüngliche Bildhaftigkeit der Sprache und witzige Anekdoten bilden die Substanz seiner mundartlichen Dichtung. Gelegentlich hat man allerdings das Gefühl, seine Verse strebten allzu deutlich auf eine Schlußpointe hin, und zuweilen müssen Partikelsilben eine in Schwierigkeiten geratene Metrik retten. Trotz alledem ist eine Reihe seiner Gedichte in den festen Besitz des Volkes übergegangen, was bezeugt, daß er etwas tief in der bairischen Psyche Verwurzeltes angesprochen hat.

Wenn Kobell und Stieler oft als Dichterpaar angesehen werden, so muß daran erinnert werden, daß sie nichtsdestoweniger ihrer jeweils eigenen Zeit verhaftet blieben: Kobell als Gelehrter, Jäger und Alpenliebhaber der Biedermeierzeit richtete seinen Blick zustimmend auf Bayern und die herrschenden Verhältnisse; Stieler dagegen, 20 Jahre jünger, viel weiter in Europa herumgereist, gehörte der Generation der Gründerzeit an und neigte damit einer eher großdeutschen Gesinnung zu. Kobell spricht mehr zum Gemüt, Stieler mehr zum Verstand.

Dora Stieler (1875–1943), Karls Tochter, setzte die Familientradition als Mundartdichterin fort. Besonders das witzig pointierte Gedicht pflegte sie weiter. Sie thematisierte, was für die vorwiegend männlich geprägte bairische Literaturgeschichte rar ist, den Mann-Frau-Unterschied zugunsten ihres Geschlechts, zum Beispiel im Gedicht „*Die Kraft*", in dem die Liebe als weibliches Kennzeichen die Frauen auszeichnet. 1906 erschien ihr Mundartgedichtband „*Nussen*".

b) *Heimattümelei und Epigonentum*

Während der zweiten Hälfte des 19. Jahrhunderts und um die Jahrhundertwende griffen zahlreiche weniger und nicht Begabte zur Feder, um ihrer Heimat, einem überlebensgroßen Bayern, einen Lobgesang zu widmen. Ohne das schriftstellerische Können eines Kobell oder Stieler schrieben diese Autoren Verse, die trotz der wohl echten Gefühle ihrer Schöpfer bestenfalls als Epigonentum, meist aber eher als Heimattümelei ohne literarische Qualität zu bezeichnen sind. Diese Tendenz zur Verherrlichung der Heimat mündet in die Ideologie der Heimatkunstbewegung der Jahrhundertwende direkt ein. Die Anführer dieser Bewegung (Adolf Bartels, Friedrich Lienhard, Julius Langbehn, Ernst Wachler), deren Ziel es war, expansionistische Gesinnung durch Stärkung des deutschen Bodenständigkeitsbewußtseins zu fördern, waren allerdings keine Befürworter der Mundartdichtung, und es wäre unrichtig, den Aufschwung in der Produktion von Dialektliteratur gegen Ende des 19. Jahrhunderts als Leistung der Heimatkunstbewegung zu sehen. Beide Erscheinungen gehen jedoch auf dasselbe steigende Interesse an der Heimat als unscharf definierten, aber stark gefühlsbetonten Begriff zurück.

Das gilt auch für die Gedichte von *Peter Auzinger* (1836–1914). Wenn er auch die Höhe seiner Vorbilder nicht erreichte, so erhob er sich doch über die Unmenge der Sonntagsreimer. Seine Nähe zu Stieler zeigt sich nicht nur in der Art und Weise, wie er seinen Humor in Wort und Reim zu setzen versteht, sondern auch in der Thematik. Neben Stielers Gedicht *„Von der Wahlsach“*, in dem die Bauern geschildert werden, die trotz ihrer liberalen Gesinnung doch immer „schwarz“ wählen, steht Auzingers *„Vo da Wahl“*. Da wählt der Hias den konservativen Kandidaten, um ihn nach Berlin zu schicken, damit er ihn als Nachbarn los hat. Auzingers Interesse an einfachen Menschen blieb nicht auf den Inhalt seiner Gedichte beschränkt, die in drei Bänden zwischen 1877 und 1899 erschienen; er bewies es auch, indem er seine Mundartgedichte bei Wohltätigkeitsveranstaltungen selbst vortrug.

Um eine Generation jünger als Auzinger ist *Karl Bauer* (1871 bis 1926), der ebenfalls in der Kobell-Stieler-Nachfolge steht. Wenn auch seiner Wortkunst der letzte Schliff oft fehlt, gelang es ihm doch, bisher nicht genutzte Rhythmen in seiner bairischen Dichtung anzuwenden. Seine heimatliche Kleinmalerei schafft einen warmen Gemütston, der statt eines lauten Lachens ein befriedigtes Lächeln hervorruft. Am Ende seines Lebens erschien sein Gedichtband „*Bairisch Blut*“ (1926), und vierzehn Jahre nach seinem Tod gab Max Dingler eine Sammlung von Bauers Gedichten unter dem Titel „*Aus dem Isarlandl*“ heraus.

c) Dorftheater

Trotz der regen Lyrikproduktion im 19. Jahrhundert soll nicht der Eindruck entstehen, daß das bairische Drama dieser Zeit bedeutungslos war. Die Leistungen Poccis mit dem Kasperl-Theater wurden bereits erwähnt, aber es ist auch an vier andere Bühnenautoren zu erinnern.

Beim ältesten Dorftheater Deutschlands in Kiefersfelden, das seine Ursprünge an der Wende vom 16. zum 17. Jahrhundert hatte, war der Tiroler Kohlenbrenner *Joseph Schmalz* aktiv, den man einen „Bauern-Shakespeare“ genannt hat. Seine Ritterspiele und Dramen nach alten Volksbüchern und Schauerromanen lösten die überlieferten Heiligenlegenden und Mirakelstücke ab. Er schrieb insgesamt 23 Stücke, die zwar hochdeutsch verfaßt, aber im Geist der Mundart konzipiert sind. Die Figur des Kasperls fehlt nie, was das Oberbayerische an diesen Dramen nur unterstreicht.

Hermann von Schmidt schrieb in der zweiten Hälfte des 19. Jahrhunderts Bühnenstücke, die wegen der idealisierenden Darstellung der Bauern als „Volksstücke“ nur zweifelhaften Wert besitzen.

Gleiches gilt für die Stücke des aus Eschlkam im Bayerischen Wald stammenden Maximilian Schmidt, genannt *Waldschmidt,* (1832–1919), der außer Theaterstücken auch romanartige Volkserzählungen mit mundartlichen Dialogen schrieb. Sein Band „*Altboarisch*“ von 1884 enthält Gedichte und Geschichten.

Freiherr *Carl von Gumppenberg* (1833–1893) zeichnete sich als Verfasser des von urwüchsiger Wortwahl geprägten mundartlichen Hexameterepos „*Der bsundere Ring*“ (1867) aus, das er Kobell widmete. Der Einfluß Kobells zeigt sich in den lyrischen Einlagen.

V. Das 20. Jahrhundert

1. Ludwig Thoma und seine Zeitgenossen

a) Realistische Darstellung des Volkslebens

Mehr gelobt als gelesen wird der Thoma-Zeitgenosse *Josef Ruederer* (1861–1915). Er stammte aus reichen Familienverhältnissen, brachte es selbst jedoch nicht zum erwarteten Erfolg als Kaufmann. Statt dessen setzte er sich für die „schonungslose Bloßstellung unserer Holdrio-Gaudi" ein, des durch den Fremdenverkehr verdorbenen Bayerntums. Ruederer kritisiert die „Loabitoaggesellschaft", in der er sich selbst befangen weiß, und nimmt nicht die Haltung des Besserwissers ein, sondern die eines selbst Betroffenen. Ludwig Thoma war Ruederers Art „unsympathisch"; er wehrte sich dagegen, Ruederers „mißgünstige und verärgerte Darstellung als scharfe, aber treue Beobachtung" zu akzeptieren, denn „er hatte die Ansichten eines allem Ländlichen ferne stehenden Städters". Durch Ruederers Urteil sei „einem großen, tüchtigen Volk" Unrecht getan; die „lächerlichen Auswüchse des Fremenverkehrs" seien „griesgrämig als Entartung des Volkes, als typische Eigenschaften des Stammes" hingestellt; auch die völlige Genauigkeit des Dialekts habe Ruederer vernachlässigt. Trotz der scharfen Kritik Thomas, die auch wichtige Hinweise auf dessen eigene Ästhetik vermittelt, besaß Ruederer bildnerische Phantasie, Formgefühl und einen Sinn für Atmosphäre. In seiner politischen Einstellung war er von Thoma gar nicht so weit entfernt; wie dieser verehrte er Bismarck und verurteilte Kaiser Wilhelm II. Wie Stieler war auch er liberal und national gesinnt. Seine Schriften erschienen wie diejenigen Thomas unter anderem im „Simplicissimus". Das literarische Verdienst Ruederers ist es, Bahnen gebrochen zu haben, die sich als fruchtbare Wege für Thoma erwiesen. Ruederers Roman *„Ein Verrückter"* (1894) nimmt Themen von Thomas „Andreas Vöst" (1906) vorweg; die Komödie *„Die Fahnenweihe"* (1895), die Korruption und Heuchelei im Großbürgertum angreift, steht am Anfang einer neuen Tradition der bairischen Volksdramatik, an die sich Thomas anschloß; auch in Ruederers Erzählungen wird ein neuer Ton angeschlagen, der von Thoma noch überboten wurde.

b) Ludwig Thoma: Leben – Werk – Wertung

Ludwig Thoma (1867–1921) gilt unangefochten als der höchstgeschätzte Schriftsteller der bairischen Literaturgeschichte. Geboren in Oberammgergau, verbrachte Thoma die ersten sechs Jahre seines Lebens in der Vorderriß bei Lenggries in den bayerischen Alpen. Seine Schulzeit führte ihn nach Landstuhl (Pfalz), Neuburg an der Donau, Burghausen, München und Landshut, bis er in Aschaffenburg Forstwirtschaft zu studieren begann. Nach zwei Semestern wandte er sich der Jurisprudenz zu und kam so über München nach Erlangen. Als Anwalt zog er 1894 nach Dachau, wo er zweieinhalb Jahre blieb und die Welt und Sprache der Dachauer Bauern kennenlernte und studierte, auf die er in seiner schriftstellerischen Arbeit oft zurückgriff. Die Geschichtensammlung *„Agricola"* (1897) entstammt unmittelbar seiner Dachauer Erfahrung. Er schätzte das tüchtige Volk und die Liebe zur Arbeit, die dessen ganzes Denken und Handeln zu bestimmen schien: „Es liegt eine so tiefe, gesunde, verständige Sachlichkeit in dieser Lebensführung eines ganzen zahlreichen Standes, in dieser Auffassung von Recht und Unrecht, von Pflicht und Ehre, daß mir daneben die höhere Moral der Gebildeten recht verwaschen vorkam." In späteren Jahren, als er in München die Redaktion der satirischen Zeitschrift „Simplicissimus" leitete, fuhr Thoma oft zur Erholung hinaus nach Dachau.

Seine Beiträge für den „Simplicissimus" verfaßte Thoma meist in der Standardsprache, und zwar unter dem Pseudonym Peter Schlemihl; zwischen seiner Brotarbeit für die Zeitschrift und seinem literarischen Schaffen pflegte er eine klare Trennungslinie zu ziehen. In seinen Romanen *(„Andreas Vöst", „Der Wittiber", „Der Ruepp"),* die in einer bäuerlichen Welt spielen, ebenso wie im Trauerspiel *„Magdalena"* herrscht die Mundart der Dachauer Gegend vor. In den Kleinstadtgeschichten, Humoresken und anderen Romanen *(„Altaich", „Der Jagerloisl", „Münchnerinnen")* treffen verschiedene Mundarten, Umgangs- und Hochsprache aufeinander. Die Lustspiele präsentieren typische Personen aus verschiedenen Lebens- und Sprachbereichen. Durch das Nebeneinander und

Gegeneinander von Sprachebenen und Sprachformen entsteht ein Großteil der Wirksamkeit von Thomas Schriften: Hochsprache, Dachauerisch, Oberlandler-Dialekt und Münchnerisch lassen sich neben anderen Schattierungen identifizieren. Thomas wirkungsvoller Umgang mit Sprache fußt auf dem eingehenden Studium der Eigentümlichkeiten verschiedener Gebiete [175]. So treffsicher ist die Wortwahl, so genau die Satzstellung und Idiomatik, so ökonomisch und klar die Linie des Arguments, daß Thomas Mundart von denjenigen gleich verstanden wurde, die keine Sprecher des jeweiligen Dialekts waren. So ist es verständlich, daß *„Magdalena"* in Berlin uraufgeführt wurde und der *„Briefwexel des bayrischen Landtagsabgeordneten Jozef Filser"* (1909) ausgerechnet in der Reichshauptstadt zum beliebten Lesestoff wurde.

Thoma als Heimatautor zu bezeichnen, ist vielleicht die passendste Charakterisierung seiner literarischen Arbeit, aber auch womöglich irreführend angesichts des niedrigen künstlerischen Niveaus, das gewöhnlich mit dieser Bezeichnung verbunden wird. Die bayerische Heimat liegt zweifellos im Zentrum seiner Welt; Heimatliebe ist Ursprung und Motivierung seines Schreibens. Seine Themen sind jedoch keineswegs provinziell, sondern verlassen sich auf die Einsicht in eine universelle Menschlichkeit, die nicht nur in Bayern zu Hause ist, aber ihre spezielle Prägung dort erhält. Schönstes Beispiel der Allgemeingültigkeit von Thomas Kunst ist seine Versetzung der Weihnachtsgeschichte nach Bayern: *„Heilige Nacht: Eine Weihnachtslegende"* (1916) ist nämlich nicht etwa eine bloße Übersetzung des biblischen Textes ins Bairische, sondern eine bairische Handlung mit bairischen Figuren in einer bairischen Welt.

1914 gab Thoma seine Arbeit beim „Simplicissimus" auf und meldete sich zum Kriegsdienst. Als Sanitäter kam er an die Front (Rußland und Frankreich), war aber den Strapazen nicht gewachsen und kehrte 1915, an Ruhr erkrankt, in die Heimat zurück. Eine Zeit großer Produktivität folgte bis Kriegsende, als seine vertraute Welt in der Revolution total zusammenzubrechen drohte; der Verlust seiner engsten Mitarbeiter und eine gescheiterte Ehe ließen ihn ohne Freude in die Zukunft blicken. Am 26. August 1921, nach einer mißlungenen Operation an Magenkrebs, starb er in seinem Hause in Rottach am Tegernsee.

Spätere Generationen bairischer Autoren haben Thomas Arbeit

als den bisherigen Höhepunkt der bairischen Literatur anerkannt, auch junge Autoren der „Neuen Dialektdichtung“, die sich bewußt von der konservativen Tradition der Mundartliteratur absetzen. Wie Thoma befassen sie sich mit Fragen, die den Menschen als solchen betreffen, und versuchen, diese in ihrer Sprache, dem Dialekt, und in ihrem kulturellen Zusammenhang zu behandeln.

c) Sammlung volkstümlicher Literatur

Thomas Beitrag zur bairischen Literatur beschränkt sich nicht auf seine eigenen Romane, Erzählungen, Stücke und Gedichte, sondern schließt auch die Zusammenarbeit mit *Georg Queri* (1879–1919) am *„Bayernbuch“* (1913) ein. In diesem Band sammelten die beiden Freunde Texte von „hundert bayerischen Autoren eines Jahrtausends“ [142]. Queri war Journalist in München und schrieb für Tageszeitungen, für den „Simplicissimus“ und die „Jugend“. Seine farbige, lebendige Schreibart kam in Mundartgedichten, Schnurren und Späßen, aber auch in Arbeiten zu Brauchtum und Volkskunde zum Ausdruck. 1912 erschien seine Sammlung *„Kraftbayrisch: Ein Wörterbuch der erotischen und skatalogischen Redensarten der Altbayern“*, die zunächst von der behördlichen Zensur beschlagnahmt wurde und erst nach Thomas Einspruch erscheinen durfte; 1981 erschien eine Neuauflage als Taschenbuch (dtv). Sein Versuch, mit dem Singspiel *„Matheis brichts Eis“* (1919) eine komische Volksoper zu schaffen, scheiterte nicht zuletzt daran, daß Queri gleich nach der Uraufführung (in Tegernsee) erkrankte und sich nicht mehr erholte.

Das Sammeln von mundartlichen Volksliedern, das mit Kobell ernsthaft begann und bei Thoma und Queri im Zusammentragen von bayerischen Texten aus tausend Jahren fortgesetzt wurde, setzte der *Kiem Pauli* (1882–1960) erfolgreich fort. Die erste Anregung zum Sammeln verdankte er Thoma; danach erhielt er von den Herzögen Ludwig Wilhelm und Albrecht von Bayern finanzielle Unterstützung. Wissenschaftlich zur Seite stand ihm der im Auftrag der Akademie der Wissenschaften sammelnde Professor *Kurt Huber* (1893–1943), der als Gegner der NS-Ideologie und Mitglied der Widerstandgruppe „Weiße Rose“ mit den Geschwistern Scholl hingerichtet wurde. Seine maßgebende *„Sammlung oberbayrischer Volkslieder“* erschien 1934.

Auch der Hallertauer Hilfsgeistliche *Josef Schlicht* (1832–1917) profilierte sich als Sammler von bairischem Volksgut und als Pfleger des Brauchtums, vor allem des niederbayerischen. Auch als Heimatdichter konnte er sich einen Namen machen: Sein Volksstück *„Der Heänft"* ist auszugsweise in mehreren Anthologien bayerischer Literatur vertreten.

d) Roman

Der Kontakt zu Thoma förderte die schriftstellerische Karriere der aus Glonn/Obb. stammenden *Lena Christ* (1881–1920). Thoma empfahl ihre Arbeit dem Verleger Albert Langen, für Thoma war auch ein Abschiedsbrief bestimmt, als sie sich, vor menschlicher und wirtschaftlicher Not verzweifelt, im Münchner Waldfriedhof das Leben nahm. Christ war keine Sammlerin im Sinne der Folklore, aber in ihren wenigen Werken befinden sich genaue, treffsichere Bilder aus dem bäuerlich-kleinbürgerlichen Leben des beginnenden 20. Jahrhunderts, die eine Fundgrube von Einzelheiten aus der altbairischen Welt bieten. Die erste Kinder- und Schulzeit verbrachte sie, das ungewünschte uneheliche Kind, bei den Großeltern mütterlicherseits, armen Kleinbauern, zu denen Lena eine herzliche Anhänglichkeit entwickelte. Mit acht Jahren wurde sie von der Mutter geholt, die, inzwischen verheiratet, ein Dienstmädchen für die Vorstadtkneipe ihres Mannes brauchte. Im Haus ihrer Mutter wurde sie häufig geprügelt und riß mehrmals aus Verzweiflung aus. 1898 kam sie als Novizin ins Kloster Ursberg (Schwaben), kehrte aber bald zu ihrer Mutter nach München zurück. Während ihrer ersten Ehe brachte sie sechs Kinder auf die Welt (zwei als Totgeburten). Die überlebenden mußten in eine Anstalt aufgenommen werden, als ihre Mutter für sie das Kostgeld nicht aufbringen konnte und 1910 wegen einer beginnenden Tuberkulose ins Krankenhaus mußte. Die zweite Ehe verlief etwas harmonischer. Ihr Mann, Peter Benedix, förderte ihre schriftstellerische Tätigkeit, bis sich ihre Verbindung während seiner Abwesenheit als Soldat 1917/18 zu lösen begann.

In einer direkten, stilistisch sicheren süddeutschen Hochsprache erzählt Christ mit mundartlichen Dialogeinlagen, die nach sozialer und geographischer Herkunft des Sprechers wohldifferenziert sind, von dem Milieu, das sie am besten kennt. Sie hat genau beobachtet;

Begebenheiten und Figuren beschreibt sie ohne Sentimentalität aus nächster Nähe, zumeist ausgehend von ihrer eigenen bitteren Erfahrung. Die Erzählperspektive ist nicht immer eine weibliche, aber die Einsichten weiter Teile ihres Werkes gehen auf die Erlebnisse einer Frau zurück. Erst mit dreißig Jahren hat sie angefangen zu schreiben: drei Romane („*Erinnerungen einer Überflüssigen*“ 1912, „*Mathias Bichler*“ 1914, „*Die Rumplhanni*“ 1916), der angefangene Roman „*Madame Bäuerin*“ (1920), ein paar Theaterstücke und eine Sammlung von Erzählungen, „*Bauern*“, bilden ihr Œuvre.

e) Lyrik – Erzählungen

Neben Lena Christ steht als eine zweite unglückliche bairische Schriftstellerin die aus Schiefweg bei Waldkirchen im Bayerischen Wald stammende *Emerenz Meier* (1874–1928). Um die Jahrhundertwende hatte sie Erfolg mit Geschichten, die ihre Heimat und deren Menschen darstellten. Ihre Gedichte, von denen ihr die mundartlichen noch am besten gelangen, zählen nicht zu ihren stärksten Leistungen. Nach einem Bildungsaufenthalt in Würzburg wurde sie 1902 Pächterin einer Schifferkneipe in Passau, die sie als Künstlerlokal betreiben wollte. Das Scheitern dieses Unternehmens führte sie zuerst zurück in die Waldheimat, wo die wirtschaftlichen Verhältnisse ihre Familie zum Auswandern trieben. 1906 folgte sie ihrem Vater und ihren Schwestern nach Chicago. Zweimal verheiratet, gleichzeitig begeistert und verzweifelt über die Zustände in der neuen Heimat, erlebte sie in den Kriegsjahren die verbitterte anti-deutsche Haltung in den USA, die sie in ihren Briefen beschreibt. Die sozialistische Einstellung, die sie in Bayern bereits angenommen hatte, verstärkte sich durch die Erfahrung des Weltkrieges so sehr, daß sie – in ihren eigenen Worten – „fürchterlich radikal gesinnt“ wurde.

Im Schrifttum der Emerenz Meier befindet sich tief empfundenes Heimatliche neben radikal Politischem, eine Mischung, die ihre Heimatliebe und Frustration gegenüber ihrer bairischen Existenz sowie ihre idealisierende und zugleich wütende Haltung gegenüber dem geldgierigen Amerika wiedergibt. Es ist kaum verwunderlich, daß diese Kombination das Interesse eines Dichters aus den Reihen der Neuen Deutschen Mundartdichtung fand (siehe S. 267).

f) Drama

Als dritte und wohl prominenteste bairische Dichterin des frühen 20. Jahrhunderts verdient die Ingolstädterin *Marieluise Fleißer* (1901–1974) Erwähnung. Nach unglücklichen Schuljahren bei den Englischen Fräulein in Regensburg – „Ich wußte bloß, daß ich aufgewachsen bin in einem Kloster und daß alles, was ich dort gelernt habe, für mein Leben falsch ist. Ich war erzogen, daß ich gehorchte" – fing sie 1919 ihr Studium in München an, wo sie Lion Feuchtwanger kennenlernte, in dessen Haus Bertolt Brecht verkehrte. Über diese Männer erhielt die Studentin Verbindung zum Theater, vor allem zu den Münchner Kammerspielen. Durch Vermittlung Brechts, der inzwischen nach Berlin umgesiedelt war, wurde ihr Stück *„Fegefeuer in Ingolstadt"* von der „Jungen Bühne" im Deutschen Theater Berlin am 26. April 1926 uraufgeführt. Helene Weigel spielte die Rolle der Clementine. Publikum und Kritiker waren sich darin einig, Zeugen eines wichtigen Theaterereignisses gewesen zu sein; in ihrer Heimatstadt wurde sie allerdings als „Nestbeschmutzerin" verfemt. Das Stück verarbeitet Erfahrungen, die die Autorin während ihrer Schulzeit mit der katholischen Klostererziehung gemacht hatte. Gleichzeitig schildert es die erstickende Enge kleinstädtischer Lebensform. Die Jugendlichen im „Fegefeuer" leben in einer Welt, die ausschließlich von den Erwachsenen geprägt ist; ausweglos sind sie an die starren Formen in Familie, Schule und Kirche gebunden. Mit ihren Problemen bleiben sie allein und unverstanden; die Suche nach Wärme, Begegnung, nach einem eigenen Leben bleibt ohne Unterstützung, der Sexualität stehen sie hilflos gegenüber. Das Stück spielt in einer Atmosphäre, die durch die Anfänge des Faschismus gekennzeichnet ist, wo Außenseiter gnadenlos verfolgt werden. Alfred Kerr schrieb über die Fleißer, sie sei „eine Beobachterin; eine Festhalterin (nicht ranzige Naturepigonin); eine kostbare Anschreiberin kleinmenschlicher Raubtierschaft, im hiesigen Mittelalter". Über ihre Erzählungen, die im „Berliner Börsen-Courier" erschienen, urteilte Herbert Ihering: „Ihre Prosastücke ... offenbaren eine epische Kraft, die weit über novellistische Reize hinausging ... Das Wort ist wieder Bild geworden. Die Darstellung Gleichnis. Marieluise Fleißer hat die entscheidende Begabung der dichterischen Erzählerin: die Mitteilung sofort als Ausdruck zu geben."

Nach dem Erfolg des „Fegefeuer“ wurde die Bindung an Brecht enger; er meinte, eine Mitstreiterin für das epische Drama gefunden zu haben. Am 30. März 1929 fand im Berliner Theater am Schiffbauerdamm die Uraufführung von *„Pioniere in Ingolstadt“* statt. Daß dieses Stück zum großen Politikum wurde, war eher von Brecht als Fleißer beabsichtigt. Nationalkonservative Kräfte der Weimarer Republik suchten eine Konfrontation mit der Linken. Für die Autorin bedeutete das, daß ihr der Prozeß gemacht wurde, wobei die Klage wegen Beleidigung gegen den Ingolstädter Oberbürgermeister abgewiesen wurde. Den massiven politischen Angriffen war sie nicht gewachsen, und sie sah sich außerdem von ihren politischen Freunden alleingelassen. Menschliche Enttäuschung erlitt sie zudem, als Brecht Helene Weigel heiratete.

Das bairische Volksstück erhielt durch Marieluise Fleißer neue Impulse, indem sie die zerstörerischen zwischenmenschlichen Verhältnisse der kleinen Leute bloßlegte. Sie bringt Menschen auf die Bühne, die aus ihrer geschlossenen Welt herausbrechen wollen, aber ihren Zorn nicht gegen die sie unterdrückenden Mächte richten können, sondern nur gegeneinander. Die Familie als Muster der gesellschaftlichen Ordnung stellt sie unzweideutig in Frage in *„Der starke Stamm“*. Für die Entwicklung der bairischen Dramatiker der sechziger und siebziger Jahre – Kroetz, Sperr, Fassbinder – ist die Leistung der Fleißer maßgeblich. Fassbinder: „Ich glaube, daß . . . unser Erfolg ohne die Widerentdeckung der Fleißer wahrscheinlich nicht möglich gewesen“ wäre. Diese Wiederentdeckung fiel in die sechziger Jahre, als viele junge Menschen gegen ihr bürgerliches Elternhaus revoltierten und das Los der kleinen, sprachlosen Leute wieder ins Rampenlicht rückten. Die Stücke der Fleißer, deren Werke im Dritten Reich verbrannt wurden, und diejenigen ihres Zeit- und Gesinnungsgenossen Ödön von Horváth erscheinen immer häufiger auf den Spielplänen bundesdeutscher Theater.

Marieluise Fleißers Sprache trägt die Zeichen ihrer bairischen Muttersprache und der Liturgie der katholischen Kirche. Satzbau, Wortschatz und Idiomatik ihrer Dramen geben direkt und unverfälscht die Sprachwelt ihrer Ingolstädter Heimat wieder. In ihrer Prosa läßt sie die Gestalten für sich sprechen, ohne durch Beschreiben, Schildern und Erklären den Erzähler in den Vordergrund zu stellen. Durch Aussparung und Verdichtung entsteht eine Sachlichkeit der Ausdrucksweise, deren Quelle die genaue Beobachtung ist.

Die Menschen werden von außen gesehen, nicht von innen. Die Ursprünglichkeit der bairischen Volkssprache verleiht ihrem Ausdruck seine Einprägsamkeit. Auch in ihren Romanen neigt sie, mundartnahem Sprechen gemäß, eher zur Hauptsatzwortstellung als zum hypotaktischen Satzbau.

g) Volksstück – Roman – Erzählung

Ein weiterer Schriftsteller, der Brechtsche Elemente in das bairische Volksstück einführte, ist *Alois Johannes Lippl* (1903–1957). Bereits mit neunzehn Jahren verfaßte er sein erstes Theaterspiel und wurde auch im Ausland mit *„Die Pfingstorgel“* (1933), *„Der Holledauer Schimmel“* (1937) und *„Das Schloß an der Donau“* (1944) bekannt. Er greift in seinen Stücken Stilmittel des Volkstheaters auf und setzt sie verfremdend ein, um eine Lehrabsicht zu erreichen. Die Figur des Moritatensängers, aus Brechts „Dreigroschenoper“ bekannt, kommentiert auch bei Lippl häufig das Geschehen. Hinter humorvollen und menschenfreundlichen Darstellungen steht Lippls feste christliche Überzeugung. Neben Volksstücken schrieb er auch Hörspiele (er leitete bis 1935 die Hörspielabteilung des Bayerischen Rundfunks), Romane und Erzählungen, die gerade in den Jahren nach dem Weltkrieg Optimismus und ideelles Streben bekunden.

Als die Werke der Fleißer 1933 von den Nazis verbrannt wurden, beschwerte sich *Oskar Maria Graf* (1894–1967), daß man ihn nicht verbrannte – und zog nach Amerika ins Exil.

„Laut ‚Berliner Börsencourier‘ stehe ich auf der ‚weißen Autorenliste‘ des neuen Deutschlands, und alle meine Bücher, mit Ausnahme meines Hauptwerkes ‚Wir sind Gefangene‘, werden empfohlen: Ich bin also dazu berufen, einer der Exponenten des ‚neuen‘ deutschen Geistes zu sein! Vergebens frage ich mich: Womit habe ich diese Schmach verdient?“

Indem sie ihn schonten, hatten die Nationalsozialisten den kernigen Volksdichter Graf für ihre Blut-und-Boden-Sache gewinnen wollen. Dabei unterschätzten sie die sozialistische Überzeugung des Bäckersohns aus Berg am Starnberger See, der sich als Humanist und Pazifist während des Ersten Weltkriegs dem revolutionären Kreis um Kurt Eisner, Gustav Landauer und Erich Mühsam angeschlossen hatte. Von 1933 bis zu seinem Tod lebte er in New York, wo er durchaus noch Bayer blieb – er weigerte sich z. B.

standhaft, Englisch zu lernen – und durch die Distanz einen neuen Zugang zu seinem Heimatland fand.

Seine Erzählungen stützen sich in ihrer Sprache stark auf den Dialekt; Dialoge werden in ihrer Schreibweise der bairischen Lautung angenähert. Wie Marieluise Fleißer gelingt es Graf dank einer ausgeprägten Beobachtungsfähigkeit, die humanen Aspekte des ländlichen Lebens überzeugend darzustellen. So sehr Graf in seinem Schaffen Ludwig Thoma nahezustehen scheint, ist er keineswegs Thoma-Nachahmer. Grafs Geschichten sind härter und roher, z. B. im *„Bayrischen Dekameron“* (1928). Lion Feuchtwanger urteilte in einem Brief an Graf ([150], S. 170): „. . . es ist meine tiefe Überzeugung, daß unter Ihren ‚Kalendergeschichten‘ einige sind, die das Wesen des bayerischen Menschen unserer Zeit zentraler sehen als Thoma dies tat . . . Sie . . . sind bösartiger, was in diesem Fall ein außerordentliches Plus bedeutet.“

Als Stegreiferzähler zeichnete sich auch der Rechtsprofessor, Ministerialrat und Generaldirektor des Bayerischen Staatstheaters *Wilhelm Diess* (1884–1957) aus. Nach Karl Pörnbacher bedeutet Diess für Niederbayern in etwa das, was Ludwig Thoma für Oberbayern ist. 1936 erschienen seine *„Stegreifgeschichten“*. Ursprünglich trug Diess seine Geschichten mündlich vor; viele der gedruckten Erzählungen gingen dann aus den stenografierten Mitschriften hervor. Durch Unkompliziertheit und drastisch-komische Charakterdarstellung gekennzeichnet, sind seine Texte durch eine Gelassenheit der Sprache charakterisiert, die dem gesprochenen Dialekt viel verdankt.

Diess' niederbayerischer Zeitgenosse, der Volksschullehrer *Max Peinkofer* (1891–1963), stand seinem Landsmann als Erzähler um einiges nach, dafür aber wurde er wohl der bekannteste und volkstümlichste Heimatschriftsteller des Bayerischen Waldes. Er wurde in Tittling geboren, lebte seit 1928 als freier Schriftsteller in Passau und Bodenmais und war 1924–1936 Schriftleiter der Beilage „Heimatglocken“ der Passauer Donau-Zeitung. Neben Erzählungen und Gedichten verfaßte er auch volkskundliche Arbeiten. 1954 gab er eine Sammlung von Gedichten der Emerenz Meier heraus, wobei er allerdings deren politische Texte unbeachtet ließ.

2. *Kabarettisten – Komiker – Volkssänger*

a) Parodie

Schon im späten Mittelalter wurde der Dialektsprecher als komisches Element in der Literatur eingesetzt, und mit der Entwicklung der regionalen und überregionalen Hochsprachen wurde diese Stereotypisierung immer stärker ausgeprägt. Die enge Assoziation von Dialekt mit Humor lebt bis in unsere Tage weiter, sei es in Form von Kasperl-Figuren, tölpelhaften Dorfdeppen, witzigen Schlußpointen in Gedichten oder im Mundart-Kabarett. Zu den Mitbegründern des Kabaretts „Die Elf Scharfrichter" gehörte *Hanns von Gumppenberg* (1866–1928), von 1901 an als Theaterkritiker für die „Münchner Neuesten Nachrichten" tätig. Er schrieb literarische Parodien „nach" zeitgenössischen Dichtern, so zum Beispiel:

Das Oadelwoaß (nach einer oberbairischen Dialektdichterin):

O Berg – eich liab' ich allezoat,
Ja selbscht im Winta, wenn es schnoat!
Ich grüaß' den roanen Sonnenschoan,
Und stoag' ins stoale Gwänd hinoan:
Da wer'n miar wohl die Woadl hoaß,
Doch grüaßt mich z'letzt oan Oadelwoaß,
Oan Oadelwoaß!

Mit solchen Versen wird nicht nur die heimatlich-sentimental orientierte Mundartdichtung verhöhnt, sondern auch und ganz besonders die falschen Versuche, „Dialekt" zu schreiben bzw. zu verwenden, wobei auch derlei mundartphilologischer Unsinn zustandekommen könnte, wie etwa, wenn man für jedes hochdeutsche *ei* ein bairisches *oa* setzt (vgl. dazu S. 80 f. § 10).

b) Karl Valentin

Die Münchner Kabarett-Kunst erreichte ihren Höhepunkt in den Liedern, Monologen, Dialogen, Szenen und Filmen von *Karl Valentin* (1882–1948). Valentin Ludwig Fey, so sein bürgerlicher Name, lebte von seiner Geburt (im Stadtteil Au) bis zu seinem Tod (am Rosenmontag) in München; seine Eltern waren übrigens keine Bayern: der Vater kam aus Darmstadt, die Mutter stammte aus Zwickau (Sachsen). Nach Lehr- und Gesellenzeit als Schreiner und zeitweiliger Leitung der elterlichen Speditionsfirma begann er 1908 mit dem Vortrag selbstverfaßter Couplets. Bald lernte er Elisabeth Wellano (1892–1960) kennen, die seit 1913 als *Liesl Karlstadt* mit ihm zusammen Szenen konzipierte, schrieb und aufführte. Die mehr als 400 Dialoge und Sketche wurden auf kleinen Bühnen in München und auf Gastspielreisen (Zürich, Wien, Berlin) vorgetragen.

Der Volkssänger und Komiker war von namhaften Zeitgenossen wie Lion Feuchtwanger, Kurt Tucholsky, Alfred Polgar und Bert Brecht geschätzt; Brecht arbeitete 1919 sogar in Valentins Truppe mit und war von der verfremdenden Wirkung seiner Spielformen beeindruckt.

Vor allem ist es aber Valentins Umgang mit der Sprache, der seine starke Wirkung ausmacht. Als „Wortzerklauber" (A. Kerr), als Kämpfer gegen „die lasche Phrase der Alltagssprache" (K. Pinthus), als „Linksdenker" (Brecht) hat man ihn charakterisiert. Sprache war für Valentin zuallererst das Münchnerische, genauer der Vorstadtdialekt von München-Au, den er, gelegentlich auch in seiner plastischen Vulgarität, benutzte:

Dua fei du mi ned omöwen, du oida Pfannakuacha, gell, sonsd hau a da oane nauf aufs Haupt, daß d' moansd, da Zeppelin hod de gschroafd! ... Dea unzeidige Embryo vaschdehd ja no nix vom Schaffladanze. Wann's Eahna ned paßd, dann fahr i Eahna a soichane hi, daß S' das Zeidliche segnen. (Schäfflertanz, [184], S. 23)

Oskar Maria Graf nannte ihn den „münchnerischsten aller Münchner", und Wilhelm Hausenstein betonte, daß Valentin „in keiner anderen Stadt möglich geworden wäre, namentlich von der Sprache her, in welcher seine Kunst auf so besondere Weise verankert war". Münchnerische Sprachklänge hört man sogar aus dem *„Chinesischen Couplet"* heraus:

... Wanni ko na kimmi, kummi aber nimmi,
kim i, kumm i, aber i kim kam ...

„Umkippen" in die Hochsprache (z. B. oben: *Haupt; das Zeitliche segnen*) tritt bei Valentin häufig auf. Vordergründig kann man das einfach als Mittel der Komik sehen: Die Spannung zwischen den Sprachebenen wird humoristisch genutzt. Er läßt sich aber auch soziolinguistisch interpretieren. Die durch das Aufeinandertreffen von Mundart und Hochsprache ausgelösten Verständigungsschwierigkeiten gehören wesentlich zu Valentins Kunst, so z. B. in der Gerichtsszene *„Zeuge Winkler"*:

Zeuge: Der soi froh sei, daß a eahm koane gschdiad hod!
Richter: Ja, was ist denn das schon wieder? Was heißt den g-schdiert, ge-s-tiert? ...
Zeuge: Oh mei, Herr Richter, wenn Sie die Münchner Ausdrück ned vaschdenga, dann ghead hoid zu soiche Grichtsvahandlungen a Dolmetscher her, der den bayrischen Dialekt ins Deutsche übersetzt. Denn dees rendiert si wirkli ned, daß a Münchna weng a einstündign Grichtsvahandlung die deutsche Sprache leand. Des moan i! Auf deutsch: das ist meine Meinung! ([184], S. 25)

Mißverständnisse, Aneinandervorbeireden, verbissenes Festhalten an der vordergründigen Bedeutung einzelner Wörter („die Sprache beim Wort nehmen") sind wesentliche Kennzeichen Valentinischer Komik. Auf diese Weise stellt er die Zulänglichkeit der Sprache – nicht nur der bairischen Umgangssprache, in der die Dialoge meist geführt werden, sondern der menschlichen Sprache schlechthin – in Frage, indem er die Verständigung als unmöglich erscheinen läßt:

Ein Vorwort ist eigentlich nur ein Wort – und mit einem einzigen Wort auf der ersten Seite des Buches wäre dem Leser nicht gedient. Also sagen wir passender, ich schicke dem Buch einen Vor-Artikel voraus. Das Wort ‚Wort' ist ja für sich schon ein Blödsinn – was man dadurch erkennt, wenn man das Wort ‚Wort' fünfzigmal hintereinander hersagt. Machen Sie die Probe, und Sie werden sagen, es ist tatsächlich ein saudummes Wort, das Wort ‚Wort'. ([184], S. 44)

Hartnäckig geht er der Entlarvung der Doppelbödigkeit von Sprache nach, spürt jede Mehrdeutigkeit auf, jede Diskrepanz zwischen Sprache und Wirklichkeit. Darin wird auch Valentins Vorstellung von Wirklichkeit deutlich, die er ebenfalls als doppelbödig, unsicher und rätselhaft empfindet. So versteht man seine Flucht in die sprachliche Übergenauigkeit, auch seine Nonsensdichtung hat hier ihren Ausgangspunkt.

Liesl Karlstadt: Ich hab's ja gsagt: Semmelknödel.
Karl Valentin: Nein, Semmelnknödeln.
Liesl Karlstadt: Nein, man sagt schon von jeher Semmelknödel.
Karl Valentin: Ja, zu einem – aber zu mehreren Semmelknödel sagt man Semmelnknödeln.

Liesl Karlstadt: Aber wie tät man denn zu einem Dutzend Semmelknödel sagen?

Karl Valentin: Auch Semmelnknödeln – Semmel ist die Einzahl, das mußt Ihnen merken, und Semmeln die Mehrzahl, das sind also mehrere einzelne zusammen. Die Semmelnknödeln werden aus Semmeln gemacht, also aus mehreren Semmeln, du kannst nie aus einer Semmel Semmelnknödeln machen. ([210], S. 217)

Über 25 Jahre lang trat Valentin mit seiner besonderen Art von Humor auf, bis er sich 1941, nicht zuletzt nach Schwierigkeiten mit den braunen Machthabern, nur noch dem Schreiben widmete. Erst 1946 war er wieder auf der Bühne zu sehen. Seine Hypochondrie und Menschenscheu, seine Neigung zu Sadismus und Misanthropie, die von Anfang an nachweisbar sind, hatten sich angesichts des Krieges und der Notzeit zu regelrechtem Menschenhaß gesteigert:

Karlstadt: Anständige Menschen lernt man überhaupts nimma kenna.

Valentin: Ned amal mehr unanständige! . . . Glaubn S' mir, am besten san die Menschen dran, de wo gar ned geborn wern! Aber des san nur wenige, die wo ned geborn wern. I kenn nur geborene Menschen. ([184], S. 101)

In einem Dialog zwischen Vater und Sohn, in dem die altbewährte Technik des sturen Nachbohrens bei scheinbar unleugbaren Tatsachen angewandt wird, fragt der wißbegierige Sohn nach den Begründungen für den Krieg; Valentins bittere Verdammung der Kleinbürger und Kapitalisten als NS-Mitläufer rückt ihn ganz in die Nähe Brechts [183, 184].

Nach seinem Tod wurden Valentins Texte liegengelassen; ohne den Valentin selber, meinte man, seien sie nicht brauchbar. Erst Anfang der siebziger Jahre riskierten die Theater schüchterne Annäherungsversuche. Die Wiederbelebung begann in München (Kammerspiele, Residenztheater, Theater am Sozialamt, Das Freie Theater), und andere Bühnen faßten Mut (z. B. Ingolstadt, 1973), nicht zuletzt das Deutsche Schauspielhaus in Hamburg, wo Ulrich Heising 1977 sogar Valentin auf plattdeutsch aufführen ließ. Der Einfluß des Valentinschen Stils auf bairische Kabarettisten und Texter unserer Tage ist auf Schritt und Tritt feststellbar. Es sei hier nur auf *Fredl Fesl* und *Gerhard Polt* hingewiesen; auch der Passauer Kabarettist und Volksstückautor *Siegfried Zimmerschied* ist hier zu nennen. Ebenso wie Liesl Karlstadt die Ratsch-Kathl-Figur von Benno Rauchenegger (1843–1910) übernahm und damit eine Tradition fortsetzte, so findet man Spuren von ihrem Chinesischen Couplet in dem offensichtlichen Un-Sinn, der doch einen nicht ganz greifbaren Sinn durchschimmern läßt, in den „schnubiglbaierischen" Versen von Felix Hoerburger (siehe S. 264 f.).

c) Volkssänger

Von geringerem literarischen Rang als Valentin, aber bei den breiteren Bevölkerungsschichten populärer waren Volkssänger wie der Weiß Ferdl oder der Roider Jackl. Der *Weiß Ferdl* (1883–1949), eigentlich Ferdinand Weißheitinger, gab einem seiner Bücher nicht zufällig den Titel *„Ich bin kein Intellektueller"* (1941). Über 35 Jahre hinweg war er mit dem Münchner „Platzl" verbunden, einer Volkssänger- und Komikerbühne, auf der weiß-blaue Humoristen ihre Sketche und Couplets zum besten gaben.

Markenzeichen des *Roider Jackl* (1906–1975) waren die vierzeiligen Gstanzln, mit denen er „seine Zeitkritik nicht elegant ins Ohr, sondern in einem fast eckigen Rhythmus ins Gewissen der Menschen gesungen" hat (Walter von Cube). Der Roider Jackl kommentierte die große wie die kleine Politik, „derbleckte" die großen wie die kleinen Leute, und so wurde aus dem kleinen Bauernsohn (aus Weihmichl bei Landshut, dann Förster in Freising) selbst ein Prominenter. Da er mit seinen Attacken niemals verletzte, sondern den „Ausgesungenen" eher noch zu Popularität verhalf, war er ein von allen gern gesehener und geliebter Spötter. Seine Kritik richtete er auf alles Einseitige und Extreme, und sein Standpunkt war der eines liberalen bayerischen Patrioten [206].

Es gibt nur ganz wenige Menschen,
de d'Wahrheit vertragn,
und sogar i hab des dick,
wenns es mir amal sagn.

I sing am liabstn alloa,
do konn i sagn, was i moan,
denn wenn ma mit da Masse mitsingt,
woaß ma nia, ob des stimmt.

Ja, mir Bayern samma koane Raudi,
und unsa Volksmusi is koa Gaudi,

und unsa Wesn is net gschert,
mir samma scho Leit, wia sa se ghört.

3. *Um die Mitte des Jahrhunderts*

a) In der Kobell-Tradition

Zu den mundartdichterischen Begabungen des frühen und mittleren 20. Jahrhunderts gehört der Oberbayer *Max Dingler* (1883 bis 1961), der nicht nur als Literat hervortrat, sondern auch als Kenner der bairischen Sprache und Verfasser einer wertvollen Abhandlung über „Die oberbayrische Mundartdichtung" (1953 [118]). Dingler, der von Beruf Zoologe war, schrieb Kinder- und Jugendbücher sowie Bühnenstücke und brachte in seinem Band *„Das bairisch Herz"* (1940) neue Töne in die bairische Lyrik. Was die Thematik betrifft, bewegt sich Dingler noch im von Kobell und Stieler ausgesteckten Bereich der Bua-Deandl-Liebelei und der holden Natur; erfrischend neu ist bei ihm das Experimentieren mit klassischen Versformen, die sich gelegentlich mit überraschendem Erfolg dem bairischen Sprechrhythmus anpassen. Er stellt einen Unterschied fest in den poetischen Verträglichkeiten der bairischen Mundart und der Hochsprache: „Während die ... zumeist aus den römischen Ländern stammenden Reimweisen der Dichtung in der Hochsprache vorbehalten bleiben, erweisen die ungereimten griechischen Versmaße – und zwar sowohl die epischen (Hexameter, Distichon) als auch die lyrischen (alkäische, asklepiadeische, sapphische Strophe) – ihre besondere Eignung für unsere bairische Mundart" [118].

Diese Eignung führt Dingler unter anderem auf den Vokalreichtum und die Neigung zur lautlichen Angleichung zurück, die dem Griechischen wie dem Bairischen eigen sind. Bei aller Bemühung um die Gewinnung alter Versformen fürs Bairische weist Dingler berechtigterweise auf folgendes hin: „Die Echtheit der bäuerlichen Sprache, vor allem in der Satzstellung, muß unter allen Umständen erhalten bleiben." (Für „bäuerlich" würde man wohl besser „gesprochen" setzen.) Als Beispiel sei eine Strophe aus Dinglers „sapphischem" Gedicht *„Schöner Märztag"* zitiert, in der trotz der strengen Form dem bairischen Sprachfluß kein Zwang angetan wird:

Lang ham mar iatz koa'n so blauen Himmi
Nimma ghabt. De Nebeln san dick am Berg gehängt
Und da Talwind hat mit'n Schnee am Bichel
Ordentli aufg'rammt.

Gerade umgekehrt machte es der Altphilologe *Eduard Stemplinger* (1870–1964) aus Plattling, der in seinem *„Horaz in der Lederhos'n"* (1905) Horazsche Oden in altbairische Vierzeiler übertrug, und in seinem Buch *„Vom Dirndel- und Buabnfang"* mit Ovids „ars amatoria" ähnliches unternahm. Ebenfalls an historische Traditionen anknüpfend veröffentlichte *Michl Ehbauer* (1899–1964) 1922 seine *„Baierische Weltgschicht"*, die ihn sofort berühmt machte. Der gebürtige Oberpfälzer (aus Amberg, von Beruf Eisenbahner) brachte es so weit, daß er mit Weiß Ferdl im „Platzl" in München auftreten konnte. Seine Sprache ist ein vom Münchnerischen geprägtes Mittelbairisch. In der „Weltgschicht" ist Ehbauers Herrgott, wie 140 Jahre früher bei Anton von Bucher, eine gemütliche, durchaus bayerisch gesinnte Figur. Vor dem Untergang von Sodom und Gomorrha spricht die Gottheit zu Lot:

Jetzt pack dein Hacklstecka, Lot,
Net lang – dann werd der Himmel rot
Und nachher wennst was zischen hörst,
Dann woaßt as, daß dees allerschwerst
Und allerärgste ist scho gschehgn –
Geh weiter, führ a reinlichs Lebn
Und grüaß ma schö mei' Bayernland
Halts drinna zsamm und bleibts beinand.

b) Traditionalisten

Die erste Hälfte des 20. Jahrhunderts bringt in der Mundartliteratur im großen und ganzen eine Fortsetzung der Tendenzen mit sich, die schon im 19. Jahrhundert vorhanden waren. Die alten Themen von Dorf- und Bauernleben, Jahreszeiten, idealisiertem Alltag und Naturwelt werden beibehalten, der pointierte Witz ist noch beliebt; im Hinblick auf Versformen kommt Neues hinzu, aber die Mundartdichtung bleibt von Neuerungen und Fortschritten im Hauptstrom der deutschen und europäischen Literatur unberührt. *Hermann Franz, Walter Habersetzer* und *Otto Blümel* tragen das ihrige zur Festigung der Tradition bei. In diesen Jahren traten Frauen in verstärktem Maße hervor. Es wären zu nennen: *Helene Raff, Maria Zierer-Steinmüller, Elsa Barbara Rust, Hedwig Zimmermann-Reber, Annette Thoma, Therese Bauer-Peißenberg* und *Afra Schulz*. Ein Kulturbild des Volkslebens in Nabburg und Umgebung liefert die Oberpfälzerin *Maria Schwägerl* (1895–1960) in ihrem Band *„dalust und daspächd"*. Wesensart und Weltbild, das Verhältnis des Oberpfälzers zur Umwelt und sein hintergründiger Humor werden in einem ungezwungenen Nordbairisch dargeboten. Aus dem nordöstlichsten Eck des bairischen Raumes stammt *Otto Schemm*, der mit seinen *„Deas-Gschichten"* aus dem Sechsämterland 1965 einen großen Erfolg hat (3 Auflagen bis 1978). Die für ihren volksnahen Effekt sich auf Dialog im Dialekt verlassenden Erzählungen, z. B. *„Stoagoaß Nummera 17"* (1980), fanden den Weg auf die Bühne und ins Rundfunk- und Schallplattenstudio.

c) Hörspiel – Fernsehspiel

Zu den Männern, die sich einer weiterreichenden Bekanntheit erfreuen, gehört *Josef Martin Bauer* (1901–1970), der ein Pionier des Rundfunkhörspiels war und mit seinen bäuerlichen Romanen *„Achtsiedel"* (1930), *„Die Salzstraße"* (1932) und *„Bäuerliche Anabasis"* (1933) bekannt wurde. *Josef Maria Lutz* (1893–1972) aus Pfaffenhofen an der Ilm steht als Lyriker, Erzähler und Verfasser von Volksstücken und Mundarthörspielen gedanklich Ludwig Thoma und Lena Christ nahe. Nach einer Lungenentzündung, die er sich während des Ersten Weltkriegs zuzog, konnte er nicht mehr in der Landwirtschaft arbeiten und griff statt dessen zur Feder. Neben seinen Gedichtsammlungen *„Vater Unser"* (1948) und *„Vertrautes Land, vertraute Leute"* (1956) stehen das Volksstück *„Der Brandner Kaspar schaut ins Paradies"*, eine Kobell-Bearbeitung (1934), das Lustspiel *„Der Geisterbräu"* (1937) und mehrere Erzählungen. *Georg Lohmeier* (geb. 1926) verfaßt bayerische Volksstücke für Funk und Fernsehen. Seine Bekanntheit verdankt er hauptsächlich der Fernsehserie *„Königlich Bayerisches Amtsgericht"* (1968 ff.) und dem Band *„Liberalitas Bavariae"* (1971). Stofflich greift Lohmeier meist auf die Vergangenheit zurück, er behandelt sein Sujet aber mit Ironie und implizitem Gegenwartsbezug.

d) *Feuilletonisten*

Stellvertretend für die vielen Schriftsteller, die in ganz Bayern in Zeitungen und Feuilletons bairische Spalten veröffentlicht haben, seien an dieser Stelle zwei Münchner erwähnt. Bei den „Münchner Neuesten Nachrichten" schrieb unter dem Pseudonym Justus Guckindiluft *Julius Kreis* (1891–1933). Während der zwanziger Jahre erreichte Kreis den Höhepunkt seines Ruhms als Graphiker, Satiriker und Humorist. 1922 erschien sein mit Rudolf Grashey unter den Namen A. Kraut und K. Würstl verfaßter lustiger Führer durch München. Zu einer leibhaftigen Münchner Institution ist inzwischen *Sigi Sommer* (geb. 1914) geworden. Der gebürtige Münchner war bereits vor dem Krieg als freier Schriftsteller tätig; 1945 ging er zur „Süddeutschen Zeitung" und später zur „Abendzeitung". Unter dem Pseudonym *Blasius* veröffentlichte er Erzählungen, Kurzgeschichten und Lokalglossen, die Probleme der einfachen Leute in mundartnaher Sprache behandeln. Über seinen Milieu-Roman *„Und keiner weint mir nach"* (1953), der das Leben in einer Giesinger Mietskaserne darstellt, meinte Brecht, dies sei der beste Roman, der in Deutschland nach dem Kriege geschrieben wurde. In Sommers Kolumnen geht es um die verlorene Kindheit, um das verschwindende alte München, um menschliche Verhältnisse und um den Tod. Und dadurch entsteht im Lauf der Jahrzehnte ein München-Bild, eine Art Gedanken-Chronik, die als Dokument aus der Froschperspektive ihresgleichen sucht. (Die sprachliche Treue Sommers bestätigt eine wissenschaftliche Grammatik der Münchner Stadtmundart [72], die Texte von Sommer als Grundlage für die Sprachanalyse heranzieht.)

4. *Erfolgsautoren der Bavarica-Welle: Nostalgie – Humor – Zeitkritik – Groteske*

Herbert Rosendorfer (geb. 1934) erweist sich der poetischen Un-Wirklichkeit oder dem Surrealismus verpflichtet. Die Erzählungen und Romane des Münchner Amtsgerichtsrats sind über die Grenzen Bayerns hinaus geschätzt. Freude am Bizarren, skurrile Phantasie und grotesk-grandiose Darstellungsweise stellen Rosendorfer in die Tradition von E. T. A. Hoffmann und Jean Paul, von Karl Valentin und Eugène Ionesco.

In einer vor kurzem in Bayern abgeschlossenen Umfrage wurde die Frage gestellt: Welche Dialektautoren lesen Sie am liebsten? [191]. Die Auswertung zeigt, daß hinter Thoma und Valentin drei zeitgenössische Dichter im ganzen bairischen Sprachraum bekannt und beliebt sind. Einer von diesen ist *Herbert Schneider* (geb. 1922 in Ebersberg), der mehrfach für seine Mundartgedichte und Prosabände ausgezeichnet wurde (Münchner Literaturpreis, Bayerischer Poetentaler, Ludwig-Thoma-Medaille). Schneider hat die Kindheitsnostalgie vom Lande in die Großstadt geholt und mit der Retrospektive des traditionellen Dialektgedichts die vergangene Jugend in München besungen:

I bin a echter Tulbeckstraßler:
Da hab i gspuit, des war mei kloane Welt;
Da war i Gassnbua und erster Klaßler,
Hab gwoant und glacht, hab meine Schusser zählt.
...
In d'Schui, in d'Lehr, in' Krieg: mei Straßn
Des war da Anfang und a wieder's End.
Und war i furt, na hats mi grüaßn lassn
Und hat mi oft im Traam beim Nama gnennt.

Schneider ist es gelungen, durch Aneignung unregelmäßiger Versformen und Verarbeitung zeitnaher Themen die Gegenwart zu verdichten, und zwar ohne radikalen Bruch mit der Tradition der Dialektpoesie.

Etwas näher an den überlieferten Formen und stärker der Pointentechnik verhaftet bleibt der zweitbeliebteste Autor hinter den Klassikern Thoma und Valentin, nämlich *Franz Ringseis* (Pseudonym für Anton Neuhäusler, geb. 1919, Professor für Philosophie in München). Sein Schaffen umfaßt neben humorvollen, witzigen Versen auch Nachdichtungen, die ihre Anregung aus der deutschen Literatur beziehen (z. B. Goethe, Heine und mittelhochdeutsche Liebeslyrik). Trotz seines Strebens, „die leisen lyrischen Töne" der bairischen Sprache anzuschlagen und „tiefe Gedanken auszudrükken" schimmert meist an irgendeiner Stelle der Humor durch, sei es im gemütlich abgerundeten Reim- und Versschema oder in der vorsichtig balancierten Gedankenführung:

Die Totn vo Schliers

Allerheiligen im Schnee.
Eiskoit is da See.

Um an See rum im Kreis
die Berg pudaweis.
Wiar i owablick
her i d Trauamusik.
In Friedhof eikeit
s ganz Dorf volla Leit.
Bei dem Wind do heroom
hoits di net lang oom.
I kriag koide Fiaß
wie die Totn vo Schliers.
Oa Untaschied besteht:
I gspürs und si net.

Knapp vor Ringseis (aber doch mit großem Abstand hinter Thoma und Valentin) steht in der Beliebtheitsskala dessen Berufskollege *Helmut Zöpfl* (geb. 1937), der auflagenstärkste der heutigen bairischen Autoren. Mit seinen meist gereimten Versen in regelmäßigen, traditionellen Versformen kommt Zöpfl dem naiven Geschmack eines Großteils der Leser entgegen. Er befriedigt ihr Bedürfnis nach friedlichem Humor und wirklichkeitsgebundener Thematik und schreibt ein jedem verständliches Münchnerisch, wobei er es nicht scheut, Entlehnungen aus der Standardsprache zu übernehmen *(„Geh weida Zeit, bleib steh“).* Er scheut sich auch nicht, aus der Bajuwarisierung fremder Wörter Kapital zu schlagen, wie zum Beispiel in seinem Gedicht *„Vom Bodybuidn“*. Seine Beliebtheit verdankt Zöpfl nicht zuletzt seinen Auftritten in Rundfunk und Fernsehen. Die Auflagenhöhe seiner Gedichtbände liegt im Durchschnitt um 25–30 000, wobei das Bändchen *„Zum G'sundlachen“* 1983 bei 55 000 stand. (Die normale Erstauflagenhöhe, über die die meisten Mundartbändchen nicht hinauskommen, liegt bei 1000.)

Neben Schneider, Ringseis und Zöpfl steht eine Reihe bairischer Poeten, die mehr oder weniger die Mundartdichtung, wie sie aus dem 19. Jahrhundert überliefert ist, fortsetzen. Zu dieser Tradition stehen grundsätzlich die Mitglieder der Münchner Schriftstellervereinigung „Die Turmschreiber“. Man nimmt Themen aus dem modernen Alltag hinzu, hält sich – wenn auch nicht ganz streng – an die traditionellen Vers- und Reimformen und läßt zeitkritische Töne nur hin und wieder behutsam anklingen. Man könnte weitere Namen nennen: *Josef Fendl, Leopold Kammerer, Sepp Kiefer, Ste-*

phan Metzger, Paul Schallweg, Werner Schlierf und die katholischen Geistlichen *Heinrich Wismeyer, Fritz Morgenschweis* und *Max Huber,* die gleichfalls einen beachtenswerten Marktanteil für sich erobert haben.

VI. Die Neue Dialektdichtung

Im Gegensatz zu diesen Zeitgenossen, die ihrer Welt nur gemäßigt kritisch gegenüberstehen, ist eine bemerkenswerte Gruppe meist junger Autoren hervorgetreten, die absolut kompromißlos und radikal die traditionelle Mundartdichtung ablehnt und mit sozialkritischem Ansatz die Werte, die man mit Dialekt, Dialektdichtung und Heimat assoziiert, neu zu definieren versucht.

1. Lyrik im Gefolge der Wiener Gruppe

Erste Impulse dieser „Neuen Mundartdichtung", die in allen deutschsprachigen Regionen feststellbar ist, kamen aus Wien: von *H. C. Artmann* und der sogenannten „Wiener Gruppe", die ihrerseits von den Werken der Surrealisten und der konkreten Poesie angeregt waren. Artmanns bahnbrechender Gedichtband *„med ana schwoazzn dintn"* erschien 1958, und es dauerte ein gutes Jahrzehnt, bis Carl Ludwig Reichert (geb. 1946) und Michael Fruth (geb. 1943) unter dem Pseudonym *Benno Höllteuffel* 1969 einen vergleichbaren Durchbruch in Bayern schafften. Ihr *„warum nacha ned?"* erschien im Kleinstformat beim Verlag Friedl Brehm in Feldafing am Starnberger See und enthielt als ersten Beitrag ein Gedicht, das programmatisch den Anschluß an die Wiener und die ablehnende Haltung gegenüber der Tradition ankündigt:

marterl

arma oida
himmifatta
las an baya konrade
sein sextn sinn
in rua
sunst lexd mi am oasch

Radikaler könnte dieses Bändchen kaum gegen die Konventionen der Mundartdichtung gerichtet sein. Höllteuffel behandelt Themen aus dem Bereich des Anstößigen, Obszönen, Brutalen, ja

Kriminellen, und immer in einer drastischen, unverblümten Sprechsprache, die eine in der bairischen Mundartdichtung vorher nicht erreichte Kraft besitzt. Die spitzen Prosagedichte verstoßen trotzig gegen die Regelmäßigkeiten, die Glätte und die Konventionalität der überlieferten Dialektpoesie. Großschreibung und Interpunktion fehlen fast völlig; das &-Zeichen wird für „und" eingesetzt; die Schreibweise entfernt sich weit von der Standardorthographie; was als Einheit ausgesprochen wird, wird zusammengeschrieben („fixnomoia, hodaxagdsogda"). Zwei Jahre später erschien ein zweiter Höllteuffel-Band, *„Friß wos i sog"*, und 1980 ein Sammelband unter dem Titel *„ois midnand"*, der Gedichte, Lieder und Hörspiele aus den früheren Veröffentlichungen enthält. Reichert und Fruth, die beide Germanistik studiert haben, gehören der Nachkriegsgeneration an, die im „Wirtschaftswunderland" aufwuchs und 1968 – wie ihre Altersgenossen in Frankreich und den USA – die Wertvorstellungen ihrer Eltern in Frage stellten. Nach ihnen kamen andere jüngere Dichter, die diesen Ansatz weiterführten.

2. Sprachspiele aus dem Geist der Musik

Ein Mann, der rückblickende Sentimentalität mit experimentellem Sprachspiel verbindet und damit eine Sonderstellung in der Entwicklungslinie der neueren Dialektdichtung einnimmt, ist der emeritierte Regensburger Musikwissenschaftler *Felix Hoerburger* (geb. 1916). Bei ihm fließt vieles zusammen, was ihm vorausging, aber das Produkt ist etwas völlig Neuartiges: Unsinniges von Valentin/Karlstadt, Rhythmisches aus der Tradition des bairischen Volkstanzes, Klangfreude und Lautpermutationen aus dem Geist der Musik und Spielerisches aus der Nähe von Queri und Orff.

Carl Orff (1895–1982), in erster Linie als Komponist bekannt („Carmina Burana", 1937), schrieb unter anderem bairische Stükke: *„Die Bernauerin"* und das Weihnachtsspiel *„Ludus de nato infante mirificus"*, in dem es heißt:

Des Kindl
is gwindelt dringlegn
in am Kripperl voll Heu,
A Wuzl
a wunderwinzigs

kloans Wuzl
a goldigs Speranzl.

Die Freude an den bairischen Verkleinerungsformen wie auch an Vokalqualitäten verbindet Orff mit Hoerburger. In seiner „preambel an stelle einer gebrauchsanweisung" zu seinem zweiten Gedichtband, *„neueste nachrichten aus der schnubiglputanischen provinz"* (1977) schreibt Hoerburger:

a jédes schtückl ghört aúfgsagt
und schlawúzl schlingl schlangl
schlick schlack verschtehst
a jédes schtückl ghört ghǿrt
ghört schlawúzl klingl klangl ghǿrt
verschtehst mi ötzat

Seine höchsteigene Sprachvariante nennt Hoerburger *schnubiglbaierisch,* und wie aus diesem Beispiel hervorgeht, kommen seine Texte erst in gesprochener Form zur vollen Geltung. Durch den Unsinn schimmert nicht ganz faßbarer Sinn; Anspielungen und Anklänge lassen Resonanzen entstehen, die nicht zu präzisieren sind. Wie im Falle Höllteuffel war es der Verlag Friedl Brehm, der 1975 den bairischen Avantgardisten Hoerburger einem breiten Publikum vorstellte.

3. *Zeitkritik und Protest*

a) Die Oberbayern

Die wort- und lautspielerische Richtung erwies sich in der Höllteuffel-Nachfolge weniger fruchtbar als die zeitkritisch-protestlerische. 1972 erschien – wiederum bei Brehm – der erste Gedichtband von *Josef Wittmann* (geb. 1950). In dieser und späteren Sammlungen schreibt ein genauer, scharfsinniger Beobachter kritisch über gesellschaftliche Zusammenhänge, besonders in der Großstadt. Trauer und ein Hauch von Verzweiflung kennzeichnen seine sparsamen Texte. Monologische und dialogische Gedichte setzen das Bairische als gesprochene Sprache mit großer Wirksamkeit ein. Sein *„dea, dea wo"* (1973) stellt einen Zyklus dar, der in der dritten Person die innere Geschichte einer schwierigen Jugend erzählt. Wittmann beschreibt den Leidensweg eines sensiblen Individuums in einer Gesellschaft, der die Fähigkeit zum Dialog verloren gegangen ist. Hörspiele und dramatische Szenen gehören zu Wittmanns neueren Arbeiten. Im Gegensatz zu Orff und Hoerburger wie auch zu den meisten Prominenten der Mundartdichtung, die Hochschulbildung haben, stammt Wittmann aus einer Arbeiterfamilie und machte eine kaufmännische Lehre.

Der Münchner *Rodja K. Weigand* (geb. 1945) ist ebenfalls kein „Intellektueller", sondern gelernter Betonbauer. Seine Gedichtbände *„biagts an stahl"* (1975) und *„vom gefährdeten lachen"* (1976) bringen durch ihre mundartliche Sprache neue Energien in die Natur- und Liebeslyrik. Die gewöhnlich der Wirklichkeit eng verhaftete Sprechsprache bewegt sich bei Weigand in einer Welt von Symbolen, die zwar an der Oberfläche eine handfeste Plastizität besitzen, aber weit über sich selbst hinaus weisen:

as meea

wias meea
mächat i sei
so a kraft ham
das d'erdn bruit
und an stoa
zu sand zamanschen
von da möwn
gstreichelt werdn
und de fisch
da sauerstoff sei
des mächat i

Das grundsätzlich Lebensbejahende an Weigands Gedichten zeigt sich im Vertrauen zum Menschen angesichts des drohenden sozialen und ökologischen Zerfalls. Zeitkritik und Gesellschaftskritik gehen Hand in Hand mit dem Aufruf zur menschlichen Solidarität:

d'nacht

d'nacht
hat ihr maul aufgrissn
und hat uns alle vaschluckt
ohne a wort
hats uns einfach vaschluckt.
und jetzt miassma alle
zammhoitn

dass ma ans liacht kumma
dass ma uns nähakumma
und freind werdn

Ebenfalls mit dem Verlag Friedl Brehm verbunden ist der Prosaist *Bernhard Setzwein* (geb. 1960). Setzwein unternimmt, was vor ihm wenige versucht haben: das Schreiben von bairischen Prosatexten. Es handelt sich dabei um Monologe oder Gedankengänge, die konsequent um ein soziales Thema kreisen und dabei ein kritisches Licht auf das Text-Ich selber oder auf seinen Gegenstand werfen. Aus Setzweins eigener Erfahrung als Ersatzdienstleistender stammt seine Beschäftigung mit der sozialen Stellung von geistig Behinderten. Sein kompromißloses Engagement für die Sache der modernen Mundartdichtung hat ihn in eine scharfe Auseinandersetzung mit den etablierten Mundartschreibern geführt. Dieses Streitgespräch wurde in der Zeitschrift „Schmankerl" ([141] Nr. 43, 44) ausgetragen, die so oft als Forum für die Diskussion um bairische Dialektliteratur gedient hat. Setzweins dichterische und theoretische Beiträge gehören seit Jahren zu den Hauptstützen dieser Zeitschrift.

b) Die Oberpfälzer

Nach dem Tod Friedl Brehms (1983) übernahmen J. Berlinger und H. Grill die Herausgebertätigkeit der Zeitschrift „Schmankerl".

Josef Berlinger (geb. 1952 in Lam/Bayer. Wald) wurde in den frühen siebziger Jahren mit kurzen, witzig-pointierten kritischen Gedichten zuerst im Raum Regensburg bekannt. Den Durchbruch zu einer größeren Öffentlichkeit schaffte er 1976 mit dem Band *„wohnzimma gflimma"*, in dem der Fernsehfetischismus ironisiert und angegriffen wird. Neben Protestgedichten zu Themen wie Tourismus und Atomkraft hat Berlinger auch Dramatisches produziert. Sein Stück *„Emerenz und die Reise ins Amerika"* (Szenen aus dem Leben der Dichterin Emerenz Meier), wurde in Ingolstadt, Regensburg und Passau aufgeführt. Die Tendenz der jüngeren bairischen Autoren, sich mit theoretischen Fragen der Mundartdichtung auseinanderzusetzen, ist auch und besonders beim Germanisten Berlinger zu beobachten. Er hat sich nämlich nicht nur in „Akzente" und „Schmankerl" über Gegenwart und Zukunft der Mundartdichtung geäußert, sondern auch zwei wissenschaftliche Bücher zur Mundartlyrik veröffentlicht [117, 123].

Einer der erfolgreichsten unter den modernen bairischen Lyrikern ist *Harald Grill* (geb. 1951), der in Regensburger Umgangssprache schreibt und wie Berlinger einem lockeren Kreis von Autoren im Regensburger Raum angehört. Zu überregionalem Ruhm brachte es Grill, als 1982 seine *„Geschichten vom Land“* in der Rotfuchs-Reihe bei Rowohlt verlegt wurden. Grills erste Gedichtsammlung *„Zündholzschachtel“* (1978) enthält einige kritische Gedichte aus dem Alltag des Bayerischen Waldes, die oft mit einer witzigen Pointe ausklingen: Familienleben, Ausverkauf der Heimat, Gleichgültigkeit und das Los der Frauen gehören zu seinen Themen, jüngst auch das Schicksal der Stadt Regensburg. Sein Gedichtband *„a scheene stood hots net leicht ...“* (1979) befaßt sich mit Entwicklungen, die das alte Stadtbild zum schlechteren verändert haben und protestiert dagegen. Ebenso zieht er gegen fragwürdige Traditionen ins Feld:

bauerntheater

roudkarierte
tischdeckn

blaukarierte
Hemada

kloakarierte
stückln

Die humorvolle Pointe ist nahezu verschwunden in Grills Band *„eigfrorne gmiatlichkeit“* (1980). Hier ist der Protest schärfer, die dichterische Vision klarer und der Ausdruck abstrakter geworden:

in de baam
hängen kolte gloosaung
draußt aaf de felder
stehst bis zu de knia
im gift
schwoaze blaadln
schwoaze schrift
...

Im Mittelpunkt von Grills literarischer Produktion steht ein Heimatbegriff, der zukunftsorientiert ist, der das am Alten Wertvolle überliefern will und das Bedrohliche und Umweltfeindliche zu bannen sucht. Ob er sein Augenmerk auf den Wald, die Stadt oder

Bayern richtet, wie in den genannten Bänden, für Grill ist Dichten nicht vom Engagement zu trennen.

Ähnlich in der Tendenz sind die Gedichte von *Albert Mühldorfer* (geb. 1952).

Die Gedichte von *Joachim Linke* (geb. 1950) sind weniger durch kritisches Engagement gekennzeichnet als durch das Artikulieren von menschlichen Reaktionen auf alltägliche Erlebnisse. In seinem bilderreichen Regensburgerisch, dessen Ausdrucksmöglichkeiten er voll auskostet, präsentiert Linke eine eigene Perspektive, die mal sein Unbehagen an modernen Lebensverhältnissen ausdrückt, mal die verzweifelte Haltung junger Männer, die das ideale Frauenwesen nur in Schaufenstern und nicht im Leben finden können. Sein Bändchen *„valiabt"* (1981) artikuliert zwar die Freude am Liebeserlebnis, aber noch stärker die Enttäuschung an der Unmöglichkeit, die Freude festzuhalten, sowie die Desillusionierung durch die Unerreichbarkeit von Idealbildern.

Es sind mit wenigen Ausnahmen Männerstimmen, die die bairische Literatur beherrscht haben und beherrschen. In den letzten Jahren traten jedoch zwei Oberpfälzer Lyrikerinnen mit einer betont weiblichen Dichtung an die Öffentlichkeit.

Margret Hölle (geb. 1927, aus Neumarkt in der Oberpfalz) bringt mit überzeugender Sprachkraft die weibliche Perspektive bekannter Situationen zum Ausdruck:

> Du Bsuffana, du Muckada,
> du Graurischda, du Buckada!
> Du Blärada, du Gröitzada,
> du Bläida, hockad Böitzada –
> Kumma nau hoam!

Hölle scheut den Reim nicht, läßt sich aber nicht zu bequemen metrischen Mustern verleiten. Sie bleibt meist bei den traditionellen Themenbereichen der Dialektlyrik und belebt sie neu mit einem sensiblen Wahrnehmungsvermögen und einer sprachlichen Frische, die der gesprochenen Alltagssprache entspringt. Wenn auch eine weibliche Sichtweise in vielen der Gedichte Hölles unverkennbar ist, so wäre es verfehlt, sie in den Rahmen der Frauenemanzipation zu stellen.

Bei *Christine Blumschein* (geb. 1946) ist das eher der Fall. In ihren Texten wird die Unterdrückung der Frau durch diskriminierende Bildungserwartungen und -möglichkeiten und versteinerte Einstellungen vor Augen geführt.

owa mia san billig

Unsare Kinda bracha a Voaschul
Unsare Männa a Umschulung
Fia uns Hausfraun
Douds allawal nu d Volksschul

Auch der abstumpfende Alltag im Haushalt zählt zu Blumscheins bevorzugten Themen.

Außer den hier genannten wären noch andere Literaten zu erwähnen, z. B. *Christian Buck, Helmut Eckl, Otmar Engl, Fritz Fenzl, Helmut Jäger* und *Peter Meier.*

4. *Drama und Film*

Das bairische Volksstück, das durch Thoma und Fleißer in neue Bahnen gelenkt wurde, fand erst wieder in den späten sechziger Jahren gesteigertes Interesse.

1968 wurde das Stück „*Katzelmacher*" von *Rainer Werner Fassbinder* (1946–1982) uraufgeführt, ein Jahr später erschien die Filmfassung. Darin wird die mangelnde Fähigkeit zur Kommunikation und die bornierte, fremdenfeindliche Haltung von Dorfbewohnern angeprangert, durch die die Aufnahme eines griechischen Arbeiters unmöglich gemacht wird. Die Sprache der Dorfleute ist auf der Bühne als stark dialektgefärbte Umgangssprache zu realisieren, wenngleich sich der gedruckte Text an standarddeutsche Schreibnormen hält. Die Leere und Formelhaftigkeit dieser Sprache trägt in hohem Maße zum sozialkritischen Gehalt des Stückes bei.

Ähnliches findet man bei *Franz Xaver Kroetz* (geb. 1946), etwa in dem Stück „*Wildwechsel*", das Fassbinder 1972 verfilmte. Hier, wie auch in einer Reihe von neueren Volksstücken, zeigt Kroetz eine kleinbürgerliche oder bäuerliche Welt in ihrer provinziellen Beschränktheit und läßt die Menschen an ihren eigenen Unzulänglichkeiten zugrunde gehen. Seine Figuren reiben sich aneinander und an der Wirklichkeit, ohne sich darüber hinwegsetzen zu können. Der Sprachzwang wird zum sozialen Problem. Mit seinen „*Chiemgauer Gschichten*" (1977) dokumentiert Kroetz Gespräche seiner Landsleute und gestaltet sie zur Grundlage für einen Neubeginn mit der Hoffnung, aus der sprachlich-kulturell bedingten Unmündigkeit herauszukommen.

Neben Kroetz und Fassbinder hat sich *Martin Sperr* (geb. 1944) um das erneuerte bairische Volksstück verdient gemacht. Seine *„Jagdszenen aus Niederbayern“* behandeln das Problem der Homosexualität im Dorf-Milieu. Ein Fremdkörper in der geschlossenen Welt der Dorfbewohner wird nicht geduldet; die Mechanik des Konformismus stößt alles Andersartige hinaus. Sperr zeigt, wie Vorurteile und Unbelehrbarkeit zur maßlosen Brutalität führen können. Sein Stück wurde 1968 von Peter Fleischmann verfilmt. Ein bemerkenswerter theoretischer Text ist Sperrs „Plädoyer für eine bayerische Literatur“, worin der Autor bei aller Anerkennung der Wichtigkeit der Standardsprache eine Neubewertung des Bairischen als Träger einer neuen Literatur verlangt.

5. *Roman*

Von einem bairischen Roman kann man nicht in dem Maß sprechen wie von bairischer Lyrik oder bairischem Drama. Während das Bairische für kurze Texte als Erzählsprache ohne weiteres verwendet werden kann (wie zum Beispiel bei Setzwein), mochte bisher kein Schriftsteller seinen Lesern einen Dialektroman zumuten. *Herbert Achternbusch* (geb. 1938), bayerisches Unikum, Filmemacher, Romanautor und Provokateur gegen alles Institutionelle, ist einer, der seine bairische Sprache auch im Roman zur Geltung kommen läßt. Die Sprache seiner extrem formfreien Schriften leitet sich eindeutig von seiner bairischen Muttersprache ab.

Während Achternbusch die Sprachebenen durcheinanderfließen läßt, wird in Romanen von *Kroetz* (*„Der Mondscheinknecht“*, 1981 ff.) und *Uwe Dick* (geb. 1942) (*„Sauwaldprosa“*, 1976) Dialekt großzügig als Dialogsprache verwendet.

6. *Liedermacher*

Ohne einen Satz über die Liedermacher darf kein noch so knapper Überblick über die bairische Literaturgeschichte schließen. Anstelle von vielen soll hier der Name des Prosaisten, Poeten und Liedermachers *Konstantin Wecker* (geb. 1947) stehen. Wenn auch nur ein

Bruchteil seiner literarischen Produktion auf bairisch verfaßt ist, so ist dieser Teil doch von Bedeutung; denn Liedermacher erreichen durch Rundfunk, Fernsehen, Schallplatten und Konzertauftritte ein wesentlich größeres Publikum als die Autoren in anderen literarischen Genres. Weckers Texte sind von den witzigen Reimen und Heimatbildern der traditionellen Mundartdichtung wie auch vom Volkslied weit entfernt. Es sind vielmehr lyrische Ausbrüche, die ohne Sentimentalität über den Zustand des modernen Menschen im Alltag und die Rolle des einzelnen im Prozeß des sozialen Fortschritts reflektieren. Mit Texten von höchster Sensibilität und durch zeitgemäße Vertonung gelingt es Wecker, mit der bairischen Sprache neue Wege zu gehen und nicht nur ein großes, sondern auch ein neues Publikum zu erreichen.

Noch viele Namen wären zu nennen: *Willy Michl* etwa, der den amerikanischen Blues mit bairischen Balladentexten verbindet, *Hanns Meilhammer* mit seinen skurrilen Liedern, oder der *Geiss Haeim* (Helmut Geiß), in dessen Balladen und Liedern im Dialekt seiner Heimat (Kötzting) die Tradition bairischer Volkssänger mit Rock- und Folkmusik kombiniert erscheint; ferner Gruppen wie „Sparifankal", „Dulljöh" und „Haindling", die die bayerische Rockmusik mit alten Volksmusikklängen bereichern, oder die „Biermöslblasn" und die „Guglhupfa", die volkstümlichen Melodien aktuelle satirische Texte unterlegen und sich mit ihrer neuen, demokratischen, „grünen" Volksmusik in die politischen Auseinandersetzungen unserer Tage einmischen.

7. *Ausblick*

Diese Übersicht konnte die Tiefe und Breite der gegenwärtigen bairischen Dichtung nur andeuten.

Die Anzeichen deuten darauf hin, daß die neuentwickelte Richtung Zukunft hat: Junge Autoren beteiligen sich an der Diskussion um Theorie und Praxis. Sie greifen nicht nur regionale, sondern auch überregionale und allgemeinmenschliche Themen auf. Lyrik, Prosa, Drama, Kabarett und Dialektlied sind nebeneinander und durcheinander lebendig. Ihren Vertretern gelingt der Zugang zu den Medien (Rundfunk, Fernsehen, Schallplatte und Kassette). Hier wie in öffentlichen Lesungen wird die „Lesebarriere" überwunden ([117], S. 278).

Auch immer mehr Verlage engagieren sich für bairische Dialektliteratur, z. B. Friedl Brehm (München), Ehrenwirth (München), Rosenheimer Verlagshaus, W. Ludwig (Pfaffenhofen/Ilm), Süddeutscher Verlag (München), Passavia (Passau), Klaus G. Renner (München), Morsak (Grafenau), Glock & Lutz (Nürnberg), Welsermühl (Wels/München).

Dennoch ist im Bewußtsein der Herausgeber von Anthologien, der Programmgestalter in den Medien und damit auch der Leser und Hörer die Trennung „hie Dialektdichtung – da hochsprachliche Dichtung" noch nicht überwunden; die unterschiedliche Sprachform wiegt schwerer als die Gemeinsamkeit: daß beides deutsche Literatur ist.

Bibliographie

I. Sprachgeschichte, Grammatik und Dialektgeographie des Bairischen

1. *Bibliographien*

1 Wiesinger, Peter/Raffin, Elisabeth: Bibliographie zur Grammatik der deutschen Dialekte. Laut-, Formen-, Wortbildungs- und Satzlehre 1800 bis 1980. Bern/Frankfurt 1982

2 Harnisch, Felicitas: Die Erforschung der nordbairischen Mundart von den Anfängen bis 1980. Eine forschungsgeschichtliche Bestandsaufnahme mit annotierter Bibliographie. Wiesbaden 1983

2. *Sprachgeschichte – Mundartforschung*

3 Agricola, Erhard/Fleischer, Wolfgang/Protze, Helmut (Hrsg.): Die deutsche Sprache (Kleine Enzyklopädie), 2 Bde., Leipzig 1969/70; Bd. 1 ^{2}1984

4 Althaus, H. P./Henne, H./Wiegand, H. E. (Hrsg.): Lexikon der Germanistischen Linguistik. Tübingen ^{2}1980

5 Bach, Adolf: Deutsche Mundartforschung. Ihre Wege, Ergebnisse und Aufgaben. Eine Einführung. Heidelberg ^{3}1969

6 Bach, Adolf: Geschichte der deutschen Sprache. Heidelberg 1961

7 Bausinger, Hermann: Dialekte – Sprachbarrieren – Sondersprachen. Frankfurt ^{2}1978 (= Fischer Taschenbuch 6164)

8 Besch, Werner/Knoop, Ulrich/Putschke, Wolfgang/Wiegand, Herbert E. (Hrsg.): Dialektologie. Ein Handbuch zur deutschen und allgemeinen Dialektforschung. 2 Bde., Berlin/New York 1982/83

9 Eggers, Hans: Deutsche Sprachgeschichte. 3 Bde. Reinbek 1965/69

10 Fleischer, Wolfgang: Wortbildung der deutschen Gegenwartssprache. Tübingen ^{4}1975

11 Freudenberg, Rudolf: Bairische Mundartforschung. In: L. E. Schmitt (Hrsg.): Germanische Dialektologie I, Wiesbaden 1968, S. 30–74

12 –: Ostoberdeutsch. In: LGL [4], S. 486–491

13 Goossens, Jan: Strukturelle Sprachgeographie. Heidelberg 1969

14 –: Areallinguistik. In: LGL [4], S. 445–453

15 –: Deutsche Dialektologie. Berlin 1977 (= Göschen)

16 Henzen, Walter: Schriftsprache und Mundarten. Ein Überblick über ihr Verhältnis und ihre Zwischenstufen im Deutschen. Bern ^{2}1954

17 Keller, R[udolf] E[rnst]: German Dialects. Phonology and morphology. Manchester 1961
18 König, Werner: dtv-Atlas zur deutschen Sprache. Tafeln und Texte. München ^{5}1983 (= dtv 3025)
19 Kranzmayer, Eberhard: Der bairische Sprachraum. In: Jahrbuch der deutschen Sprache 2. Leipzig 1944. (Wiederabdruck in: Wiesinger [38], S. 23–34)
20 –: Historische Lautgeographie des gesamtbairischen Dialektraumes. Wien 1956
21 LGL = Lexikon der Germanistischen Linguistik, s. o. Althaus [4]
22 Löffler, Heinrich Probleme der Dialektologie. Darmstadt ^{2}1980
23 –: Dialekt. In LGL [4], S. 453–458
24 Martin, Bernhard: Die deutschen Mundarten. Marburg ^{2}1959
25 Mitzka, Walther: Hochdeutsche Mundarten. In: Deutsche Philologie im Aufriß, hrsg. v. Wolfgang Stammler, Bd. 1, Berlin ^{2}1957, S. 1655 bis 1784
26 –: Bairisch. In: W. Mitzka (Hrsg.): Wortgeographie und Gesellschaft. Festgabe für L. E. Schmitt. Berlin 1968, S. 185–210
27 Moser, Hugo: Annalen der deutschen Sprache. Stuttgart ^{4}1972 (= Sammlung Metzler 5)
28 Niebaum, Hermann: Dialektologie (= Germanistische Arbeitshefte Bd. 26). Tübingen 1983
29 Noble, Cecil A. M.: Modern German Dialects. Bern/Frankfurt 1983
30 Reiffenstein, Ingo: Mundarten und Hochsprache. In: Handbuch der bayerischen Geschichte, hrsg. v. Max Spindler, 4. Bd., 2. Halbband, München 1974, S. 708–731
31 –: Salzburg und Bayern. Zur Mundartgeographie des Westbairischen. In: Mitteilungen der Gesellschaft für Salzburger Landeskunde, Festschrift zum 100jähr. Bestehen. Salzburg 1960, S. 471–486
32 Rosenfeld, Hellmut: Karte zur althochdeutschen Lautverschiebung. München ^{4}1967
33 Schirmunski, Viktor M.: Deutsche Mundartkunde. Vergleichende Laut- und Formenlehre der deutschen Mundarten. Berlin 1956
34 Schmidt, Wilhelm: Geschichte der deutschen Sprache. Berlin ^{3}1980
35 Schwarz, Ernst: Die deutschen Mundarten. Göttingen 1950
36 –: Sprache und Siedlung in Nordostbayern. Nürnberg 1960
37 Straßner, Erich: Nordoberdeutsch. In: LGL [4], S. 479–482
38 Wiesinger, Peter (Hrsg.): Die Wiener dialektologische Schule (= Wiener Arbeiten zur germ. Altertumskunde und Philologie Bd. 23). Wien 1983

3. Sprachgeographie – Sprachatlanten

39 Deutscher Sprachatlas, bearb. v. F. Wrede, B. Martin, W. Mitzka. 23 Lieferungen. Marburg 1927–1956

40 Deutscher Wortatlas, hrsg. v. W. Mitzka, L. E. Schmitt. 22 Bde., Gießen 1951–1980

41 Kleiner Deutscher Sprachatlas, bearb. v. W. H. Veith und W. Putschke, Bd. 1, Tl. 1. Tübingen 1984

42 Braun, Hermann: Wortatlas des Sechsämter-, Stift- und Egerlandes. Marktredwitz 1973

43 Eichhoff, Jürgen: Wortatlas der deutschen Umgangssprachen. 2 Bde. Bern/München 1977/78

44 Gütter, Adolf: Nordbairischer Sprachatlas. München 1971

45 Kretschmer, Paul: Wortgeographie der hochdeutschen Umgangssprache. Göttingen 1918

46 Weifert, Ladislaus M. (Hrsg.): Deutsche Mundarten. 2 Schallplatten und Leitfaden. München 1964

47 Wolff, Roland A.: Wie sagt man in Bayern. Eine Wortgeographie für Ansässige, Zugereiste und Touristen (= Beck'sche Schwarze Reihe 211). München 1980

4. Wörterbücher

48 Schmeller, Johann Andreas: Bayerisches Wörterbuch

a] 1. Auflage in 4 Teilen. Stuttgart/Tübingen 1827–1837

b] 2., mit des Verfassers Nachträgen vermehrte Ausgabe, bearb. von G. K. Frommann (mit alphabetischem Register), 2 Bde. München 1872/77

c] Nachdruck von [b], hrsg. von O. Mausser (mit wissenschaftlicher Einleitung und umfangreicher Bibliographie). Leipzig 1939

d] Nachdruck von [b] mit einem Vorwort von O. Basler. Aalen 1961 und 1966

e] Wiederabdruck von [c]. Aalen 1973

f] 4. Nachdruck (mit Einleitung bzw. Vorwort aus [c], [d]). München/Wien/Aalen 1983

49 Bayerisch-Österreichisches Wörterbuch. Teil I: Wörterbuch der bairischen Mundarten in Österreich. Im Auftrag der Österreichischen Akademie der Wissenschaften, hrsg. von der Kommission für Mundartforschung und Namenkunde. Wien 1963 ff. (bis 1983 3 Bände abgeschlossen („A–Cy"))

50 Aman, Reinhold: Bayerisch-österreichisches Schimpfwörterbuch. München o. J. (1972)

51 Braun, Hermann: Unser Wortschatz. Ein kleines Idiotikon des Sechsämter-, Stift- und Egerlandes. Marktredwitz [2]1978

52 Ebner, Jakob: Wie sagt man in Österreich? Wörterbuch der österreichischen Besonderheiten (= Duden Taschenbücher 8). Mannheim ²1980

53 Schatz, Josef: Wörterbuch der Tiroler Mundarten. 2 Bde. Innsbruck 1955/56

5. Grammatiken

54 Merkle, Ludwig: Bairische Grammatik. München 1975

55 Schatz, Josef: Altbairische Grammatik. Laut- und Flexionslehre (= Grammatiken der althochdeutschen Dialekte, Bd. 1). Göttingen 1907

56 Schiepek, Josef: Der Satzbau der Egerländer Mundart. 2 Bde. Prag 1899/1908

57 Schmeller, Johann Andreas: Die Mundarten Bayerns grammatisch dargestellt. München 1821. (Nachdruck, besorgt von Otto Mausser. München 1929; dazu Registerband von dems., München 1930; von beiden Nachdruck Wiesbaden 1969)

58 Weinhold, Karl: Bairische Grammatik. Berlin 1867. (Neudruck Wiesbaden 1968)

6. Einzeluntersuchungen (Auswahl)

59 Ahldén, T.: ‚der-' = ‚-er'. Geschichte und Geographie. In: Göteborgs Högskolas Årsskrift 59. Göteborg 1953

59a Altmann, Hans: Das System der enklitischen Personalpronomen in einer mittelbairischen Mundart. In: ZDL [87] 51 (1984), S. 190–211

60 Bannert, Robert: Mittelbairische Phonologie auf akustischer und perzeptorischer Grundlage. Lund/Malmö 1976

61 Brandstetter, Alois: Semantische Studien zum Diminutiv im Mittelbairischen. In: Zeitschrift für Mundartforschung 30 (1963), S. 335–351

62 Denz, Josef: Die Mundart von Windisch-Eschenbach. Ein Beitrag zum Lautstand und zum Wortschatz des heutigen Nordbairischen. Frankfurt/Bern/Las Vegas 1977

63 Dozauer, Rudolf: A Phonology of the Dialect of Bergstetten. University of Michigan 1967

64 Freudenberg, Rudolf: Der alemannisch-bairische Grenzbereich in Diachronie und Synchronie (= Deutsche Dialektgeographie, Bd. 72), Marburg 1974

65 Gladiator, Klaus: Untersuchungen zur Struktur der mittelbairischen Mundart von Großberghofen. München 1971

65a Hinderling, Robert: Bairisch: Sprache oder Dialekt? In: Harnisch, Rüdiger (Hrsg.): Jahrbuch der J.-A.-Schmeller-Gesellschaft 1983. Bayreuth 1984, S. 47–64

66 Kargl, Johann: Die Verkleinerungsformen in den Mundarten von Niederbayern und Oberpfalz. In: Verhandlungen des Histor. Vereins für Oberpfalz und Regensburg, Bd. 116 (1976), S. 227–250
67 Keller, Thomas L.: The City Dialect of Regensburg. Hamburg 1976
68 Köck, Inge: Entwurf einer mittelbairischen Lautgeschichte nach Traditionen, Urbaren und Urkunden (Diss.). München 1946
69 Kranzmayer, Eberhard: Die Namen der Wochentage in den Mundarten von Bayern und Österreich. Wien/München 1929
70 –: Der pluralische Gebrauch des alten Duals ‚eß' und ‚enk' im Bairischen. In: Festschrift für Dietrich Kralik. Horn/NÖ 1954. (Wiederabdruck in: Wiesinger [38], S. 237–247)
71 –: Die bairischen Kennwörter und ihre Geschichte. Wien/Graz/Köln 1960
72 Kufner, Herbert L.: Strukturelle Grammatik der Münchner Stadtmundart. München 1961
73 Lindgren, K. B.: Die Apokope des mhd. ‚e' in seinen verschiedenen Funktionen. Helsinki 1953
74 Löfstedt, Inga: Zum Sekundärumlaut von germ. ‚a' im Bairischen. Lund 1944
75 Maier, Gerhard: Die südmittelbairischen Mundarten zwischen Isar und Inn. Bamberg 1965
76 Pfalz, Anton: Suffigierung des Personalpronomens im Donaubairischen. Wien 1928. (Wiederabdruck in: Wiesinger [38], S. 217–235)
77 –: Zur Phonologie der bairisch-österreichischen Mundart. In: Lebendiges Erbe, Festschrift für E. Reclam, Leipzig 1936, S. 9–19. (Wiederabdruck in: Wiesinger [38], S. 153–163)
78 Rein, Kurt: Die mittelbairische Liquidenvokalisierung. In: ZDL [87] 41 (1975), S. 21–37
79 Rowley, Anthony (Hrsg.): Sprachliche Orientierung I: Untersuchungen zur Morphologie und Semantik der Richtungsadverbien in oberdeutschen Mundarten (= Jahrbuch der J.-A.-Schmeller-Gesellschaft 1980). Bayreuth 1980
80 –: Mundart zwischen Steinwald und Stiftland. In: Harnisch, Rüdiger (Hrsg.): Jahrbuch der J.-A.-Schmeller-Gesellschaft 1983. Bayreuth 1984, S. 106–133
81 Trost, Pavel: Die ‚gestürzten Diphthonge' des Nordbairischen. In: Philologica 9 (1957), S. 9–10
82 Wickham, Christopher J.: Diendorf/Oberpfalz. Sprachwissenschaftliche Analyse einer Dialektaufnahme. Reading 1974 (erscheint in der Reihe Phonai, Tübingen 1985 (?))
83 Zehetner, Ludwig: Freising. In: Phonai. Deutsche Reihe 7, Monographien 2. Tübingen 1970, S. 95–185
84 –: Die Mundart der Hallertau. Systematische Darstellung der Phono-

logie und Dialektgeographie eines Gebietes im nördlichen Randbereich des Mittelbairischen (= Deutsche Dialektographie 105). Marburg 1978
85 –: Kontrastive Morphologie: Bairisch – Einheitssprache. In: Ammon u. a. [96], S. 313–331
86 –: Bairisch. Dialekt/Hochsprache – kontrastiv. Düsseldorf 1977
87 ZDL = Zeitschrift für Dialektologie und Linguistik. Wiesbaden

7. Volkstümliche Arbeiten über das Bairische

88 Bauer, Josef Martin: Auf gut bayerisch. Eine Fibel unserer eigenen Sprache. München 1969
89 Bekh, Wolfgang Johannes: Richtiges Bayerisch. Ein Handbuch der bayerischen Hochsprache. Eine Streitschrift gegen Sprachverderber. München ²1974
90 Kollmer, Michael: D'Waldlersprach'. Kurze Beschreibung der Mundart zwischen Regen und Cham mit Texten und Worterklärungen. Moosbach 1978
91 Kuen, Otto: Da taat a dar aa stinka. Bairisch für Fortgeschrittene. München 1977
92 Lachner, Johann: 999 Worte Bayrisch. Eine kleine Sprachlehre für Zugereiste, Fremde und Ausländer. München 1930 (viele Neuauflagen)
93 Merkle, Ludwig: Bairisch – Polyglott-Sprachführer. München 1972

II. Soziolinguistik

1. Allgemeine Arbeiten

94 Ammon, Ulrich: Probleme der Soziolinguistik. Tübingen ²1977
95 –: Dialekt, soziale Ungleichheit und Schule. Weinheim/Basel 1972
96 Ammon, Ulrich/Knoop, Ulrich/Radtke, Ingulf (Hrsg.): Grundlagen einer dialektorientierten Sprachdidaktik. Weinheim/Basel 1978
97 Bernstein, Basil: Soziale Struktur, Sozialisation und Sprachverhalten. Aufsätze 1958–1970. Amsterdam 1970
98 Dittmar, Norbert: Soziolinguistik. In: Studium Linguistik 12 (1982), S. 20–52; 14 (1983), S. 20–57
99 Hasselberg, Joachim: Die Abhängigkeit des Schulerfolgs vom Einfluß des Dialekts. In: Muttersprache 82 (1972), S. 201–223
100 Löffler, Heinrich: Die Mundart als Sprachbarriere. In: Wirkendes Wort 22 (1972), S. 23–39
101 –: Deutsch für Dialektsprecher. Ein Sonderfall des Fremdsprachenunterrichts? In: Deutsche Sprache 2 (1974), S. 105–122

102 –: Mundart als Problem und Möglichkeit im Unterricht. In: Rheinische Vierteljahrsblätter 43 (1979), S. 344–355
103 Mattheier, Klaus J.: Pragmatik und Soziologie der Dialekte. Einführung in die kommunikative Dialektologie des Deutschen. Heidelberg 1980 (= UTB 994)
104 –: Aspekte der Dialekttheorie. Tübingen 1983 (= RGL 46)
105 Oevermann, Ulrich: Sprache und soziale Herkunft. Frankfurt 1972
106 Ris, Roland: Sozialpsychologie der Dialekte. In: Ammon u.a. [96], S. 93–115

2. Mit Bezug aufs Bairische

107 Bücherl, Rainald F. J.: Regularitäten bei Dialektveränderung und Dialektvariation. Empirisch untersucht am Vokalismus nord-/mittelbairischer Übergangsdialekte. In: ZDL [87] 49 (1982), S. 1–27
108 Reiffenstein, Ingo: Zur Theorie des Dialektabbaus. In: Dialekt und Dialektologie (= Beihefte NF 26 der ZDL [87]). Wiesbaden 1978
109 Rein, Kurt: Empirisch-statistische Untersuchungen zu Verbreitung, Funktion und Auswirkungen des Dialektgebrauchs in Bayern. Bericht über das Forschungsprojekt „Bayerischer Dialektzensus". In: Papiere zur Linguistik 8 (1974/75), S. 88–96
110 –: Diglossie von Mundart und Hochsprache als linguistische und didaktische Aufgabe. In: Germanist. Linguistik 5/6 (1977), S. 207–220
111 Rein, Kurt/Scheffelmann-Meyer, Martha: Funktion und Motivation des Gebrauchs von Dialekt und Hochsprache im Bairischen. Untersucht am Sprach- und Sozialverhalten einer oberbayerischen Gemeinde (Walpertskirchen, Landkreis Erding). In: ZDL [87] 42 (1975), S. 257–290
112 Reitmajer, Valentin: Schlechte Chancen ohne Hochdeutsch. In: Muttersprache 85 (1975), S. 310–324
113 –: Der Einfluß des Dialekts auf die standardsprachlichen Leistungen von bayerischen Schülern in Vorschule, Grundschule und Gymnasium (= Deutsche Dialektographie 102), Marburg 1979
114 –: Auswirkungen des Phänomens „Dialekt" auf Schulklima und Sprachverhalten von Lehrern und Schülern. In: Linguistik und Didaktik 40 (1979), S. 321–331
115 Zehetner, Ludwig: Der Lehrer im Spannungsfeld zwischen Hochsprache und Dialekt. In: Schulreport 5/1980, S. 7–9

III. Bairisch als Sprache der Literatur

1. Literaturgeschichte

116 Bauer, Winfried: Bayerische Literatur. Themen, Motive, Gattungen. München 1982

117 Berlinger, Josef: Das zeitgenössische deutsche Dialektgedicht. Zur Theorie und Praxis der deutschsprachigen Dialektlyrik 1950–1980. Frankfurt/Bern/New York 1983

118 Dingler, Max: Die oberbayrische Mundartdichtung. Günzburg 1953

119 Englmaier, Rupert: Altbayerische Mundartdichtung. Diss. Würzburg 1975

120 de Boor, Helmut: Die deutsche Literatur von Karl dem Großen bis zum Beginn der höfischen Dichtung (770–1170) (= Geschichte der deutschen Literatur, von H. de Boor und R. Newald, Bd. 1). München ^{6}1964

121 –: Die höfische Literatur (= [120] Bd. 2). München 1953

122 Dünninger, Eberhard/Kiesselbach, Dorothee (Hrsg.): Bayerische Literaturgeschichte in ausgewählten Beispielen. 2 Bde. München 1965/67

123 Hoffmann, Fernand/Berlinger, Josef: Die Neue Deutsche Mundartdichtung: Tendenzen und Autoren, dargestellt am Beispiel der Lyrik. Hildesheim 1978

124 Hornung-Jechl, Maria: Bairisch-österreichische Mundartdichtung. In: Reallexikon der deutschen Literaturgeschichte. Bd. 2. Berlin 1965, S. 467–495

125 Karell, Viktor: Die Dichtung der Oberpfalz. In: Jahresbericht 1960/61 der Staatl. Mittelschule Landau/Isar

126 Nadler, Josef: Literaturgeschichte der deutschen Stämme und Landschaften. Bd. 1: Die altdeutschen Stämme 800–1740. Regensburg ^{3}1929; Bd. 3: Der deutsche Geist 1740–1813. Regensburg ^{3}1931

127 Nöhbauer, Hans F.: Kleine bairische Literaturgeschichte. München 1984

128 Pörnbacher, Hans: Wege und Wesen baierischer Literatur in der Neuzeit. München 1975

129 Unger, Helga/Attenkofer, Margot: Zwölf Jahrhunderte Literatur in Bayern (= Ausstellungskatalog). München 1975

130 Wickham, Christopher J.: Modern German Dialect Poetry as a Linguistic, Literary and Social Phenomenon: The Case of Bavarian and Austrian. Ann Arbor 1982

131 Winkler, Karl: Literaturgeschichte des oberpfälzisch-egerländischen Stammes. 2 Bde. Kallmünz o. J.

2. Textsammlungen

Eine umfassende Bibliographie zur zeitgenössischen bairischen Dialektdichtung findet sich in: Berlinger [117], S. 296–309

132 Beier, Heinz (Hrsg.): Bayerische Literatur in Beispielen. München 1983

133 Brehm, Friedl (Hrsg.): Sagst wasd magst. Mundartdichtung heute aus Bayern und Österreich. München 1975

134 Deckart, Gerald/Kapfhammer, Günter: Bayerisches Lesebuch. Geschichten, Szenen und Gedichte aus 5 Jahrhunderten. München 1971

135 Eichenseer, Adolf J. (Hrsg.): Zammglaabd. Oberpfälzer Mundartdichtung heute. Regensburg 1977

136 Eichenseer, Erika (Hrsg.): Oberpfälzer Mundart Lesebuch. Regensburg 1983

137 Kapfhammer, Ursula/Kapfhammer, Günter (Hrsg.): Oberpfälzisches Lesebuch: Vom Barock bis zur Gegenwart. Regensburg 1977

138 Merkle, Ludwig (Hrsg.): In dene Dag had da Jesus gsagd. Neues Testament Bairisch. München 1978

139 Das Münchner Turmschreiber-Buch. Bayerische Dichtersleut von heut. Rosenheim 1979

140 Pörnbacher, Hans/Hubensteiner, Benno (Hrsg.): Bayerische Bibliothek. Texte aus 12 Jahrhunderten. Bd. 1: Mittelalter und Humanismus. München 1978; Bd. 4: Von der Romantik bis zum Naturalismus. München 1980; Bd. 5: Die Literatur im 20. Jahrhundert. München 1981

141 Schmankerl. Literarische Blätter für bairisch-österreichische Mundarten. Feldafing/Obb. Nr. 1 ff. (1969 ff.), seit Nr. 51 mit dem Untertitel: Blätter für bayrisch-österreichische Heimatliteratur (Redaktion: J. Berlinger/H. Grill), München 1984 ff.

142 Valentin, Hans E. (Hrsg.): Bayernbuch. 100 bayerische Autoren eines Jahrtausends, begründet von Ludwig Thoma und Georg Queri. München/Wien 1975

143 Wachinger, Walther (Hrsg.): Fleckerlteppich. Bairisch-österreichisches Mundartlesebuch. Ebenhausen 1959

IV. Verzeichnis weiterer für diesen Band verwendeter Veröffentlichungen

1. Theoretische Arbeiten

144 Bausinger, Hermann (Hrsg.): Dialekt als Sprachbarriere? Tübingen 1973

145 –: Dialekt als Unterrichtsgegenstand. In: Der Deutschunterricht 35 (1983), S. 75–96

146 Baranek, Franz: Westjiddischer Sprachatlas. Marburg 1965
147 Besch, Werner (Hrsg.): Sprachverhalten in ländlichen Gemeinden. Forschungsbericht Erp-Projekt. 2 Bde. Berlin 1981/83
148 Bichel, Ulf: Umgangssprache. In: LGL [4], S. 379–383
149 Bosl, Karl: Bayerische Geschichte. München 1971
150 Dietz, Wolfgang/Pfanner, Helmut (Hrsg.): Oskar Maria Graf. Beschreibung eines Volksschriftstellers. München 1974
151 Dingler, Max: Geschriebene Mundart. Erfurt 1941
152 Der Große Duden Bd. 1: Rechtschreibung. Mannheim/Wien/Zürich [18]1980
153 Eichinger, Ludwig M.: Der Kampf um das Hochdeutsche. Zum 200. Todestag des Oberpfälzer Sprachforschers C. F. Aichinger (1717–1782). In: Sprachwissenschaft 8 (1983), S. 188–206
154 –: Mundartlyrik. In: Gerhard Köpf (Hrsg.): Neun Kapitel Lyrik. Paderborn 1984, S. 147–178
155 Erben, Johannes: „Tun" als Hilfsverb im heutigen Deutsch. In: Festschrift für Hugo Moser, hrsg. v. U. Engel u. a. Düsseldorf 1969, S. 46–52
156 Erlaß des Preußischen Ministers für Wissenschaft, Kunst und Volksbildung vom 17. 12. 1919
157 Frenzel, Elisabeth: Stoffe der Weltliteratur. Stuttgart [2]1963
158 Gallas, Klaus: München. Von der welfischen Gründung Heinrichs des Löwen bis zur Gegenwart. Köln 1979
159 Hain, Ulrike/Hain, Peter: Hochsprache im Deutschunterricht. Einige Bemerkungen zur Diskussion um einen demokratischen Deutschunterricht. In: Linguistische Berichte 65 (1980), S. 37–50
160 Hasselberg, Joachim: Sprachförderung in Abhängigkeit von Spracherschließung. In: Deutschunterricht 35 (1983), S. 87–95
161 Hessische Rahmenrichtlinien: Deutsch Sekundarstufe I. Wiesbaden 1972
162 Hildebrand, Rudolf: Vom deutschen Sprachunterricht in der Schule und von deutscher Bildung und Erziehung überhaupt. Leipzig/Berlin [4]1890
163 Hinderling, Robert: Lenis und Fortis im Bairischen. Versuch einer morphophonematischen Interpretation. In: ZDL [87] 47 (1980), S. 25–51
164 Jäger, Karl-Heinz/Schiller, Ulrich: Dialekt und Standardsprache im Urteil von Dialektsprechern. In: Linguistische Berichte 83 (1983), S. 63–95
165 Keyser, Erich/Stoob, Heinz (Hrsg.): Bayerisches Städtebuch, Teil 2. Stuttgart 1974
166 Kluge, Friedrich: Etymologisches Wörterbuch der deutschen Sprache. Bearb. v. W. Mitzka. Berlin [18]1960

167 Labov, William: Rules for ‚Ritual Insults'. In: D. Sudnow (Hrsg.): Studies in Social Interaction. New York 1972, S. 120–169
168 Legband, Paul: Münchener Bühne und Litteratur im 18. Jahrhundert. München 1904
169 Matzel, Klaus/Penzl, Herbert: Heinrich Braun und die deutsche Hochsprache in Bayern. In: Sprachwissenschaft 7 (1982), S. 120–148
170 Moser, Hugo: Regionale Varianten der deutschen Standardsprache. In: Wirkendes Wort 32 (1982), S. 327–339
171 Munske, Horst Haider: Abschiedsgrüße in bairischer Umgangssprache. Zum Aufbau lexikalischer Paradigmen aus Dialekt und Hochsprache. In: Wiesinger, Peter (Hrsg.): Beiträge zur bairischen und ostfränkischen Dialektologie. Göppingen 1984, S. 171–179
172 Raeber, Kuno: Vor einem sprachlichen Stellungswechsel? In: Sprachspiegel (Schweiz) 39 (1983) H. 3, S. 74–78
173 Rein, Kurt: Einführung in die Kontrastive Linguistik. Darmstadt 1983
174 –: Dialekt als Sprach- und Leistungsbarriere im bayerischen Dialektgebiet (unveröffentlichtes Manuskript)
175 Ronde, Gertrud: Die Mundart im Werk Ludwig Thomas. In: Schönere Heimat 56 (1967), S. 61–67
176 –: Das Bayerische Wörterbuch. In: Friebertshäuser, Hans (Hrsg.): Dialektlexikographie. Wiesbaden 1976, S. 49–64
177 Rosenfeld, Hellmut: Der Name des Dichters Ulrich Fuetrer (Furtter) und die Orthographie in bairischen Handschriften des 15. Jahrhunderts. In: Studia neophilologica 37 (1965), S. 116–133
177a Rowley, Anthony: Das Präteritum in den heutigen deutschen Dialekten. In: ZDL [87] 50 (1983), S. 161–182
178 Ruoff, Arno: Mundarten in Baden-Württemberg. Toncassette und Beiheft. Stuttgart 1983
179 Schlieben-Lange, Brigitte: Bairisch ‚eh – halt – fein'. In: Harald Weydt (Hrsg.): Die Partikeln der deutschen Sprache. Berlin/New York 1979, S. 307–317
180 Schlieben-Lange, Brigitte/Weydt, Harald: Für eine Pragmatisierung der Dialektologie. In: Zeitschrift für Germanist. Linguistik 6 (1978), S. 257–282
181 Schlosser, Horst Dieter: Die ‚Dialektwelle' – eine Gefahr für die Hochsprache? In: Der Sprachdienst 27 (1983), S. 38–47
182 Schmeller, Johann Andreas: Hinsicht aufs Vaterländische in der Erziehung (1812). Hrsg. v. H. Barkey in: Zeitschrift für Geschichte der Erziehung und des Unterrichts 25 (1935), S. 121–142
183 Schulte, Michael: Karl Valentin: Eine Biographie. Hamburg 1982
184 Schwimmer, Helmut: Karl Valentin. Eine Analyse seines Werkes. München 1977

185 Siebs. Deutsche Aussprache. Reine und gemäßigte Hochlautung mit Aussprachewörterbuch. Berlin [19]1969
186 Trudgill, Peter: Accent, Dialect and the School. London 1975
187 Ücker, Bernhard: Weißblaues Contra, das ist hilfreiche Betrachtungen für bayerische Gespräche mit Preußen. München 1974
188 Ulvestad, Bjarne: Die Fügung ‚werden + Part. Präs.' im Bairischen. In: Zeitschrift für Mundartforschung 34 (1967), S. 258–280
189 –: Bair. ‚Es wird regnat' in syntacticopragmatischer Sicht. In: Neuphilologische Mitteilungen (Helsinki) 84 (1983), S. 132–141
190 Wallner, Eduard: Altbairische Siedelungsgeschichte in den Ortsnamen der Ämter Bruck, Dachau, Freising, Friedberg, Landsberg, Moosburg und Pfaffenhofen. München/Berlin 1924
191 Wickham, Christopher J.: Was ‚Schmankerl'-Leser alles mögen. In: Schmankerl [141] 50 (1983), S. 27–30
192 Wiesinger, Peter: Sprachschichten und Sprachgebrauch in Österreich. In: Zeitschrift für Germanistik 4 (1983), S. 184–195
193 Wilpert, Gero von: Lexikon der Weltliteratur. Bd. 1: Biographisch-bibliographisches Handwörterbuch nach Autoren und anonymen Werken. Stuttgart [2]1975
194 Winkler, Karl: Heimatsprachkunde des Altbayrisch-Oberpfälzischen. Kallmünz 1936
195 Zehetner, Ludwig: Dialektinterferenz in Wortschatz und Wortbildung. Zum Problem dialektbedingter Ausdrucksschwierigkeiten am Beispiel des Bairischen. In: Blätter für den Deutschlehrer 1979, S. 10–25
196 –: Im Blickpunkt: Der Dialekt. In: Schönere Heimat 68 (1979), S. 156–162
197 –: Zur bairischen Flexionsmorphologie. In: ZDL [87] 50 (1983), S. 311–334
198 –: Der Bayerische Wald als Dialektlandschaft. In: Berlinger, Josef (Hrsg.): Grenzgänge. Streifzüge durch den Bayerischen Wald. Passau 1985
199 Zintl, Josef: Prosodic Influences on the Meaning of ‚Leck mich am Arsch' in Bavarian. In: Maledicta IV/1 (1980), S. 91–95

2. *Textausgaben*

200 Aventinus (= Johannes Turmair): Bairische Chronik. Akademie-Ausgabe. München 1881
201 Brandstetter, Alois: Vom Schnee der vergangenen Jahre. Salzburg/Wien 1979
202 –: Über den grünen Klee der Kindheit. Salzburg/Wien 1982
203 Fleißer, Marieluise: Ausgewählte Werke, hrsg. v. Klaus Schuhmann. Weimar/Berlin 1979

204 Herfurtner, Rudolf/Hetmann, Frederik (Hrsg.): Das bayerische Kinderbuch. Bayreuth 1979
205 Kraus, Carl von: Des Minnesangs Frühling. Nach Karl Lachmann, Moriz Haupt und Friedrich Vogt neu bearbeitet. Stuttgart ^{32}1959
206 Meichelbeck, Carl: Kurtze Freysingische Chronica oder Historia. Freising 1724. (Faksimiledruck Freising 1977)
207 Roider, Jakob: Der Roider Jackl. Rosenheim 1980
208 Sperr, Martin: Bayrische Trilogie. Frankfurt ^{3}1975
209 Thoma, Ludwig: Gesammelte Werke in 6 Bänden. München ^{2}1974
210 Alles von Karl Valentin. Monologe und Geschichten, Jugendstreiche, Couplets, Dialoge, Szenen und Stücke. Hrsg. v. Michael Schulte. München/Zürich 1978

Quellennachweis für die Karten und Abbildungen

S. 17: Zehetner nach [18], S. 230 f., und [47], S. 56
S. 35: [122], Bd. I, S. 29
S. 37: ebd., S. 37
S. 39: ebd., S. 37
S. 56: nach [4], S. 490
S. 61: Zehetner nach [20], Hilfskarte 1
S. 64: Zehetner nach [44], Karte 3–6, 12–15, 17–19, 39
S. 67: nach [80], S. 114
S. 71: Zehetner
S. 165: Zehetner
S. 168: [103], S. 54
S. 194: Eichinger nach [171]
S. 212 und 213: Bayer. Staatsbibliothek München
S. 214: [48 c], Bd. I, Sp. 850

Register

I. Sprachliches

II. Literarisches

III. Personen

IV. Orte und Landschaften